KB267183

일제강점기 한국기독교인들의 사회경제사상

일제강점기 한국기독교인들의 사회경제사상

사회주의와 자본주의를 통해 풀어내는 일제시대 한국기독교인들의 사회경제사상

강 명 숙 지음

한국학술정보㈜

차 례

서 론

10

문제의 제기

한말 기독교를 수용한 사람들 중에는 서구 문명을 받아들여 봉건성을 극복하려는 지도층도 있었지만[1] 봉건적 수탈과 제국주의 침략에서 벗어나려는 사람들이 대부분이었다.[2] 기독교를 통하여 서구 문명을 수용하고 근대화 세력으로 성장하여 자신의 삶을 개척하려던 것이 기독교인들의 입장이었다.[3]

그런데 이렇게 받아들인 근대성은 민족적 자각을 수반한 성숙한 것은 아니었다. 생존의 방법으로 기독교를 받아들였으므로 선교사들이 전해주는 기독교를 그대로 수용하는 것에 지나지 못하였고, 종교 속에 들어 있는 서구 문명마저 종교적 신념으로 절대화하였다. 이 면에서 기독교인들은 근대화를 서구화로 인식하고 신앙으로 실천하는 비민족적인 성격을 가지게 되었다.

그러나 독립협회 활동이나 105인 사건[4] 그리고 3·1운동을 통해서

---

1) 이광린, 「개화파의 개신교관」, 『한국개화사상연구』, 일조각, 1979, 217~223면.
2) 이만열, 「한말 기독교인의 민족의식 형성과정」, 『한국기독교와 민족운동』, 보성, 1986.
3) 이광린, 「개화기 관서지방과 개신교」, 『한국개화사상연구』, 일조각, 1979.
4) 윤경로, 『「105인사건」을 통해 본 신민회 연구』, 고대 사학과 박사학위논문, 1988, 44~62면.

보여준 것처럼[5] 기독교인들은 민족운동을 적극적으로 주도하였다. 서구적 가치를 종교적으로 신앙하던 기독교인들이 일제와의 경쟁을 거치면서 민족적 성격을 지니게 되었다고 할 것이다. 바꾸어 말하면 기독교인들은 기독교를 수용하여 근대화를 추진하였으나 일제의 방해로 정상적인 발전을 이루지 못하자 일제에 대하여 저항의식을 갖게 되었다. 이러한 민족적 성격은 3·1운동에 적극적으로 동원되었다.

그런데 3·1운동이 현실적 성과를 얻지 못하고 종결되자, 기존의 민족운동을 비판적으로 성찰하게 되었고 그 과정에서 공산주의가 수용되었다. 공산주의자들은 처음 민족운동을 위하여 공산주의를 수용하였지만, 공산주의를 전파시키기 위하여 여러 가지로 노력하였다. 노동운동, 소작운동, 청년운동, 여성운동을 통하여 공산주의운동을 전개하였으며, 학생들의 동맹휴학운동, 미신타파운동, 선교사 배척운동 등을 일으켜 사회문제로 쟁점화하였다.[6] 1920년대 공산주의자들은 반기독교이론을 기존의 민족운동 세력을 비판하는 사상적 기반으로 사용하였고, 반기독교운동을 공산주의 사상을 전파하고 공산주의 세력을 부식하는 데에 이용하려 하였다.

또한 공산주의자들은 일제에 효과적으로 저항하기 위하여 민족운동 세력들을 결집하여 민족협동전선을 구축하였다. 민족협동전선체인 '신간회(新幹會)'는 창립된 지 1년도 안 되어 100여 개의 지회를 설립하면서 민족적 역량을 결집하였다. '신간회'가 성장하자 민족주의 좌파로 구성된 '신간회' 지도부는 '신간회'를 민족 전체의 운동체로 발전시키기 위하여 민족주의 우파도 포섭하려 하였다. 노동자나 농민에 대한

---

5) 민경배, 『한국기독교사회운동사』, 대한기독교출판사, 1987, 170~199면. 한국기독교사연구회, 『한국 기독교의 역사』 Ⅱ, 기독교문사, 1990, 24~63면.
6) 강명숙, 「1920년대 중국의 반기독교운동과 식민지 조선의 사회주의운동」, 『한국기독교와 역사』 8, 한국기독교역사연구소, 1998.

영향력을 잃어 가던 우파 민족주의자들은 민족운동에서 고립되지 않으려고 '신간회'에 참여하였고,[7] 기독교인들도 많은 논란 끝에 '신간회'에 가입하였다. 그러나 기독교인들의 '신간회' 참여는 다른 민족주의자들과는 달리 정치적 타협에 그치는 것이 아니라 공산주의자들의 종교론과 그에 따른 종교 박해와 박멸에 관한 대응책도 모색해야만 했다.

실제로 공산주의의 영향력이 확대되면서[8] 반기독교운동도 거세어졌다. 공산주의자들은 반기독교운동을 기존의 민족운동과 자본주의를 비판하는 사상운동의 일환으로 전개하였다. 이러한 경향은 반기독교운동에 관한 심도 있는 연구로 구명해야 할 작업이기 때문에 다음 기회로 미루겠다. 여기서는 1920년대 기독교와 공산주의의 갈등에서 배태된 기독교의 사회주의에 관한 인식이 무엇인가를 이해하는 것으로 기독교인들의 민족적 성격과 공산주의자들의 민족적 성격의 차이를 구분하려 하였다. 나아가서 기독교인들의 사회주의 인식은 기독교인들의 사회경제적 입지를 어떻게 반영하였는가를 살피려 하였다. 즉 기독교인들의 민족적 성격은 누구의 무엇을 위한 민족주의였는가를 이해하려는 것이다.

---

7) 이균영, 『'신간회' 연구』, 역사비평사, 1991, 35~104면.
8) "反基督教運動을 하는 社會主義者들은 거개가 敎會에서 자라난 靑年들이다." 李敬道, 「朝鮮敎會의 衰退原因」 속, 『기독신보 ─ 이하 신보라 함』 1928. 4. 4, "老年들은 靑年들을 부랑자로 여기고 機密手段으로 堂會 意思에 附合하는 靑年들을 모아 새로운 靑年會를 組織하고" 金岡, 「轉換期를 앞에 둔 敎會」, 『신보』 1927. 4. 20.

연구사 정리

　지금까지 한국에서 이루어진 기독교와 공산주의에 관한 연구는 크게 세 가지로 나타난다. 첫째는 기독교인이었다가 공산주의자로 전향한 인물들 이동휘(李東輝), 여운형(呂運亨), 김창준(金昌俊), 최문식(崔文植)에 관한 연구이다.9) 이들 연구는 인물들의 활동을 연구하는 데에 중점을 두었으나 전향이유를 파악하는 일에는 소극적이었다. 더구나 공산주의로의 변신이 민족적 견지에서 정당하였다는 것을 암암리에 내비치어 명확한 전거 없이 기독교의 민족적 성격을 부정적으로 평가하였다. 공산주의가 새로운 민족운동의 방법론으로, 근대화론으로 수용되면서 사회 세력으로 성장하였고 상당수의 기독교인들이 공산주의자로 전향한 것은 사실이지만 기독교 지도부도 민족적 성격을 강하게 지니고 신앙과 민족을 지키며 근대화 추진을 위하여 다각적인 노력을 경주하였다.10) 그러므로 이들 연구가 타당성을 가지려면 이 시기 기독교인들이 전근대적이고 반민족적이었다는 사실적인 논증이 뒷받침되어야 할 것이다. 공산주의로의 전향만이 민족적이라는 인식에서는 벗어나야 각 세력의 민족주의가 무엇을 지향하였는가를 이해할 수 있을 것이다. 평가는 그 다음 문제일 것이다.

---

9) 사와마사히코, 「한국교회의 공산주의에 대한 태도의 역사적 연구」, 『기독교사상』 1983년 3월호, 한규무, 「그리스도인 맑스주의자 이동휘」, 『살림』 1990년 2, 3월 합집, 김흥수, 「김창준의 생애와 신학」, 『신학사상』 1991년 봄호, 연규홍, 「제2의 해방운동을 이끈 민중신학자 최문식목사」, 『살림』 1991년 2월호.

10) 김강, 「전환기를 앞에 둔 교회」, 『신보』 1927. 4. 20, 김준성, 「선교회의 부진원인과 그 대책 – 신흥사조와의 충돌」, 『진생』 1929년 9월호, 31면, 최계철, 「기독교와 사회주의」, 『진생』 1930년 3월호, 47면.

14

둘째는 한국 기독교인들의 사회주의에 관한 태도를 고찰하는 연구들이다.[11] 이들 연구는 1920년대와 1930년대 공산주의에 대한 기독교인들의 태도를 구명하려는 것으로 반기독교운동에 관한 기독교인들의 태도를 추적하거나 특정 세력의 자본주의에 관한 입장을 살펴보았다. 그러나 이들 연구는 사회주의에 관한 인식에서 부분적으로 나타나는 긍정과 부정, 시기를 달리하여 나타나는 변화의 의미를 충분히 파악하지 못하였다.[12] 그 결과 사상의 현실적 의미를 충분히 밝혀내지 못하였다. 이것은 기독교의 사회주의에 관한 인식을 전체적으로 또 구체적으로 고찰하지 못한 결과이므로 기독교의 사회주의에 관한 인식을 전체적으로 구체화해야 할 필요가 있다고 생각한다.

셋째는 기독교인들을 비판하는 공산주의자들의 반기독교운동을 종교적 의미에 국한하지 않고 민족운동의 측면에서 고찰하려는 연구들이 있다.[13] 이 연구들은 공산주의자들의 반기독교운동을 민족운동의 입장에서 해석하여 기독교문제를 사회문제와 연결하여 인식하는 데에

---

11) 민경배, 『기독교사회운동사』, 대한기독교출판사, 1987, 강원돈, 「한국민족 민주운동에 비추어 본 한국기독교」 I, 『신학사상』 1988년 봄호, 노치준, 「일제하 YMCA의 기독교사회주의 사상연구」, 『한국 종교와 사회변동』, 문학과지성사, 1987.

12) "사회주의를 철학적인 문제가 아니라 민족적 문제로 인식하여 교리적인 갈등이 문제되지 않았고 낭만적인 접근이 이루어졌다." 민경배, 앞글, 209~210면, "개신교가 사회주의 비판을 수용하려 하였으나 타협점을 찾지 못하여 기독교의 주체성을 강화하는 방향으로 기울어졌다." 강원돈, 앞글, 24면, "기독교가 사회주의 사상을 적극적으로 수용하여 기독교사회주의 사상을 형성하였으나 실천되기보다는 과정의 가능성을 제시하는 데 그쳤다." 노치준, 앞글, 146면.

13) 이준식, 「일제침략기 기독교 지식인의 대외인식과 반기독교운동」, 『역사와 현실』 10, 1993, 장창진, 「일제하 민족문제논쟁과 반종교운동」, 서울대 철학과 석사학위논문, 1994, 김권정, 「일제하 사회주의자들의 반기독교운동」, 숭실대 사학과 석사학위논문, 1995.

서 어느 정도 성과를 거두었다. 그러나 반기독교운동의 전체적 윤곽이
나 추이에 대한 설명이 소략하고, 어떤 부분에서 민족운동과 반기독교
운동이 연결되는지를 제대로 밝혀내지 못하여 반기독교운동과 민족운
동의 연관성을 추정하는 정도에 그치고 말았다. 그 결과 기독교인들의
미국에 대한 종속적인 면만을 부각시켜 비민족성을 강조하는 데 그쳤
다.[14] 이러한 인식은 선교사 배척운동을 조명하는 작업에서도 나타났
다. 배척운동의 결과를 사회문제와 연관시키지 못하고 교회의 문제로
만 이해하고 말았다.[15] 따라서 기독교와 공산주의의 갈등을 이해하려
면 이들의 관계 그리고 상대방에 관한 인식을 통합적이고 구체적으로
구명하는 것이 필요하다고 생각한다.

기독교와 공산주의의 갈등에 관한 이해는 한국사 연구에서도 별로
이루어지지 않았다. 박찬승은 민족주의자들의 실력양성운동에 관한 연
구에서 '개량주의'라는 용어의 사용을 절제하고, 민족주의 우파의 내적
분화, 민족운동 논리 등을 구체화하였다.[16] 그러나 이들을 구성하는
사회 세력에 대한 구체적 연구에는 이르지 못하였다. 특히 수양동우회
로 불리는 기독교 세력에 관한 연구는 극소수이며,[17] 기독교인들의
활동을 언급한 경우에도 박찬승은 청년학우계열의 활동으로 논의하는
정도에 그치고 말았다.[18] 결국 민족주의 우파로 분류되는 기독교인들
의 사회적, 경제적, 민족적 성격을 이해하는 작업은 거의 이루어지지

---

14) 이준식, 윗글, 41면.
15) 유예경, 「1920년대 조선에서의 개신교 선교사 배척운동에 관한 연구」, 『한
　　성사학』 6·7합집, 110~118면.
16) 박찬승, 『한국근대정치사상사연구』, 역사비평사, 1992.
17) 김상태, 「1920~1930년대 동우회·흥업구락부 연구」, 『한국사론』 28,
　　1992. 안태정, 「1920년대 이광수의 '민족운동론'의 성격」, 고대 사학과 석
　　사학위논문, 1986.
18) 박찬승, 앞글, 99면~107면.

않았다. 서북지방 기독교를 바탕으로 광범위하게 전개되는 민족운동의 사회적 경제적 기반이나 사상적 연원, 작동 논리가 전혀 고려되지 않고 있다고 하겠다. 따라서 자본주의적 근대화를 지향하는 세력의 분화와 그에 상응하는 계급적 기반, 사상 형성의 경로 등의 내적 차이와 그 내적 차이에서 비롯되는 일제에 대한 대응양식의 차이를 명확하게 구명하지 못하였다.[19) 또한 1920년대 민족운동 역량을 결집하는 과정에서 나타난 민족주의와 공산주의의 갈등은 포착되었지만 갈등 과정에서 나타난 문제점이나 이후 '신간회'에 관한 각 세력의 입장과 참여도 등을 적절하게 설명하지 못하였다.

이 글은 새롭게 민족주의 세력으로 성장하던 공산주의자들의 기독교 비판에 대응하던 기독교인들의 사회주의에 관한 인식을 고찰하려는 것이다. 기독교인들의 자본주의적 근대화에 대한 공산주의자들의 비판은 무엇이었으며, 기독교인들의 대응은 무엇이었는가를 살피려는 것이다.

연구 방법

식민지 조선의 기독교인들과 공산주의자들의 갈등을 사상적으로 이해하는 것은 민족주의 우파로 지목되는 기독교 세력에 대한 총체적 이해를 도모하는 과정의 일환이다. 지금까지 기독교 세력에 대한 이해는 경제활동은 평양 자본가들의 활동으로, 민족운동은 수양동우회나 흥업구락부의 활동으로만 이해되어 왔다. 이러한 부분적 인식은 '수양

---

19) 역사문제연구소 민족해방운동사 연구반, 『민족해방운동사-쟁점과 과제』, 역사비평사, 1990, 178면.

동우회'나 '흥업구락부'의 모든 활동을 규제하는 기독교를 논의에서 제외시켜 이들의 활동을 통일적으로 이해하지 못하게 만들었다. 그런데 문제는 기독교 집단을 사회적, 경제적, 정치적으로 이해할 수 있는 자료가 희소하다는 것이다. 이들의 사회적 활동은 신앙활동과 같이 공식적이고 직접적인 것이 아니어서 기록도 없으며 포착하기도 어렵다. 기독교인들의 사회적, 경제적 활동은 우회적이고 간접적인 방법으로 이해할 수밖에 없었다. 지금까지의 연구가 기독교 주변을 맴돌고 있는 것도 연구 대상이 가지는 종교적 특성에 기인한다고 할 것이다.

따라서 본 연구를 진행시키면서 해결해야 할 첫 번째 과제는 기독교인들의 경제적 기반을 파악하는 일이었다. 이를 위하여 선교 초기에 개종한 사람들의 경제적 성격을 고찰하고 나아가 이들의 직업적 변화를 주목하였다. 기독교 선교가 경제적으로 어떤 사람들을 대상으로 삼았으며, 이들은 기독교로의 개종을 통해 어떤 경제적 이익을 얻었는지를 살펴보려 하였다. 특히 일제의 침략에 어떻게 대응하였으며 여기에 기독교는 어떤 역할을 담당하였는가를 파악하려 하였다. 그런데 이러한 과제를 성공적으로 수행하지는 못하고 몇몇 사례를 발견하는데 그쳐 기독교인들의 경제적 성격으로 일반화하기에는 부족하였다. 연구자는 이러한 문제를 보완하는 방법으로 기독교 언론에 나타난 경제 기사를 수집하고 거기에 제시된 경제적 관점을 추출하고 해석하는 방법으로 기독교인들의 경제적 성격을 파악하려 하였다.

두 번째 과제는 기독교인들의 사회적 성격을 추출하는 것이다. 기존의 연구들은 기독교인들이 가지는 개인주의적 전통과 자본주의적 성향 그리고 미국에 대한 전폭적 지지를 이유로 개량주의적인 타협적 집단으로 규정하고 있다. 그러나 한국의 기독교인들도 식민지의 피지배집단이라는 객관적 조건을 극복할 수 없었고 어떤 면에서든지 식민지 지배의 제한을 받았으므로 이를 극복하려는 민족운동을 전개하였다. 따라서 기독교인들의 사회성격을 이해하기 위하여 민족운동이 전개되는 과정에서 보인 공산주의와의 갈등을 계기적으로 고찰하여 기독교인들이 가진 입장과 태도의 변화를 이해하는 것이 필요하다고 보았다. 일제의 수탈에 저항하는 노동자와 농민을 대변하는 공산주의에 대한 기독교인들의 인식을 통하여 1920년대 민족해방운동에 대한 기독교인들의 입장과 성격을 추출하려는 것이다. 바꾸어 말하면 반제반봉건의 과제를 수행해 온 기독교인들이 새로운 반제반봉건의 이념으로 수용되던 공산주의에 관하여 어떤 인식을 가지고 있었는가를 살펴 기독교인들의 사회적 성격을 추출하려 하였다.

여기서 문제되는 것은 '공산주의자들이 주도하는 노동운동과 농민운동이 민족운동으로 발전하는 과정에서 부르주아 민족운동을 어떻게 평가할 것인가'이다. 필자는 민중들의 민족운동만이 민족적이라는 평가는 일면적이라고 생각하고, 기독교인들이 추구하는 자본주의와 민족운동은 어떤 관계를 유지하였는가를 추출하려 하였다. 사회적 움직임에 간접적으로 작용하는 기독교라는 종교 세력을 사회주의 인식이라는 사상적 방법을 통하여 사회 세력으로 추출하고 이해하려 하였다.

연구 자료

기독교와 공산주의의 관계는 3·1운동 이후 민족주의자들이 제공한 근대화의 모델과 민족운동에 대한 비판적 성찰이 이루어지면서 나타났다. 기존의 민족운동을 비판하고 공산주의자들이 민족해방운동을 주도하게 되면서, 기독교인들은 '신간회'를 매개로 최소한의 협동관계를 형성하였다. 그러나 국제공산당의 전략이 좌경화하고 세계공황으로 경제 상황이 악화되면서 공산주의자들은 폭력적 대중혁명을 도모하고 '신간회'를 해소하여 민족주의자들과의 협동관계를 청산하였다. 공산주의자들은 일제의 탄압을 피하여 표면적 합법적 활동을 중단하고 지하로 잠적하였으며, 기독교인들은 공산주의자들에 관한 미온적인 입장을 정리하였다.[20]

이러한 변화에 따라 다루는 시기는 3·1운동 이후부터 '신간회'가 해소되는 시기까지로 제한하고, 기독교인들이 발행하는 신문과 잡지에서 사회주의에 관한 기사를 자료로 추출하였다. 자료로 추출한 기사는 보도 기사보다는 해설 기사를 중심으로 하였으며 보도 기사는 기독교와 공산주의와의 관계 변화를 참고하는 데에 그쳤다. 또 연구자가 주목한 시기를 전후하여 몇몇 자료가 나타나지만 그것은 기독교인들의 정리된 의견을 확인하거나 강조하는 정도로 새로운 면모를 보이지 않아 참고하는 데에 그쳤다. 기독교인들의 사회주의에 관한 기사로 필자가 수집한 기사의 수는 아래의 표와 같다.

---

20) 김준성, 「기독교와 사회주의」 1~26, 『신보』 1930. 1. 1~1930. 11. 26, 「유물이냐 유심이냐」 1~5, 『진생』 1930년 3월호~10월호, 전영택, 「19세기 기독교사회운동」 1~9, 『신보』 1931. 2. 17~1931. 5. 20, 박형룡, 「현사상의 역사적 배경」, 『신학지남』 1932년 3월호.

〈1920년대 한국 기독교 언론에 나타난 사회주의 관계 기사〉

	기독신보	청 년	신 생	신학세계	진 생	신학지남	
발행 기간	1915. 12 ~ 1933. 7	1921. 3 ~ 1940. 12	1928. 10 ~ 1934. 1	1916. 9 ~ 1940. 4	1925. 9 ~ 1930. 12	1918. 3 ~ 1940. 10	
	주간	월간	월간	계간	월간	계간	기사 총계
1919년	1						1
1920년	0						0
1921년	1	6					7
1922년	1	7		1		1	9
1923년	24	12		2		1	39 *
1924년	19	2		0		3	24
1925년	10	3		4	0	3	20
1926년	39	1		3	0	0	43
1927년	78	8		5	2	0	93 *
1928년	43	6	3	5	4	3	64
1929년	19	2	5	1	15	1	43
1930년	53	5	6	3	20	5	92 *
1931년	56	5	0	0	0	0	61

연구자가 수집한 자료임.
*표는 기사의 수가 크게 변화한 것을 표시하였음.

이들 기사들이 실린 언론 매체들을 살펴보면 먼저 『기독신보(基督申報)』는 장로교와 감리교가 연합으로 발행한 교계를 대표하는 주간 신문이며 "복음정신의 구현자"로 교회의 사회 문화적인 입장을 대변하는 신문이었다.[21] 『청년(靑年)』은 '경성중앙기독교청년회(京城中央基督敎靑年會)'가 청년들의 정신 계몽을 목적으로 발간한 월간 잡지이며[22] 『샌생(新生)』과 『진생(眞生)』은 감리교(신생사)와 장로교(기독청년면려회조선연합회)가 청년을 대상으로 발간한 월간 잡지이다.[23]

---

21) 한영제 편, 『한국기독교 정기간행물 100년』, 기독교문사, 1987, 67면.
22) 한영제, 윗글, 88면.
23) 한영제, 윗글, 90~93면.

『신학세계(神學世界)』는 감리교 협성신학교 교수회가 발행한 계간 잡지로 시대적 계몽과 신학연구를 폭넓게 다룬 잡지이며[24] 『신학지남(神學指南)』은 평양장로회신학교와 조선예수교서회에서 발행한 계간 잡지로 한국의 보수주의 신학의 구형과 발전에 중심적인 역할을 수행한[25] 언론 매체이다. 그 밖에도 기독교와 연관이 있는 『신민(新民)』, 『동광(東光)』, 『신생활(新生活)』에서 사회주의를 다룬 글들을 수집하였고, 당시 일반 사회의 모습을 투영하는 일간 신문인 『동아일보(東亞日報)』, 『조선일보(朝鮮日報)』, 『시대일보(時代日報)』 등에서 사회 상황을 참고하였다.

이렇게 볼 때 이 글에서 사용한 자료는 장로교와 감리교를 중심으로 수집한 것이다. 필자가 장로교와 감리교를 중심으로 수집하게 된 이유는 먼저 이들 교단의 교인 숫자가 압도적으로 많기 때문이었다. 장로교인은 전체 교인의 68.8%(182,650명)이고 감리교인은 북감리교와 남감리교를 합하여 전체 교인의 21.6%(57,434명)로 양 교단의 교인이 전체 교인의 90% 정도를 차지하였으므로[26] 그들의 의견이 기독교를 대변한다고 생각하였다. 그 밖에 참고할 만한 언론으로 군소 교단이 발행하는 잡지가 있었으나 지속적으로 발행된 경우는 극히 소수로, 무교회주의자 김교신(金敎信)이 발행한 『성서조선(聖書朝鮮)(1927. 7~1942. 3)』과 '동양선교회성결교회'가 발행한 『활천(活泉)(1922. 11~1942. 12)』이라는 월간 잡지가 있다.[27] 그런데 이들 잡지의 내용에는 사회주의에 관한 기사가 거의 없어서 실제로 활용하지 못했다.

다음은 다수의 필자와 잡다한 내용의 기사를 누구의 의견으로 자료

---

24) 한영제, 윗글, 84면.
25) 한영제, 윗글, 86면.
26) 한국기독교사연구회, 『한국 기독교의 역사』 II, 기독교문사, 1990, 96면.
27) 한영제, 앞글, 137~176면.

화할 것인가가 문제였다. 이들 신문과 잡지는 교계의 지도 이념을 형성하고 전파하는 것을 근본 목적으로 하며 목적을 달성하기 위한 편집 방침이 있었을 것이다. 따라서 기독교 언론에 나타난 기사는 기독교의 근본 목적에 기여하는 것이며 그것을 통해서 기독교인들의 의견을 수렴하는 일에 도움을 줄 수 있는 글들이 게재되었다고 생각한다. 필자마다 신분, 직업, 취미, 사상이 다르지만 기독교 언론에 나타난 기사들은 이러한 개인적인 차별이 여과된 교계의 지도 이념을 수렴하고 전파하는 내용을 담보하였다 할 것이다. 또한 언론에 나타난 기사는 편집에서 선택된 글이며 개인의 의견을 넘어 신문사나 잡지사의 견해로 또는 교회의 견해로 변화될 수 있는 내용을 가지고 있었기에 게재될 수 있었을 것이다. 따라서 이것을 사료로 사용하는 경우 개인적인 차별성은 언론의 편집 의도 속에서 집단적인 것으로 변화된 것으로 간주하여도 무방하리라고 생각하였다. 바꾸어 말하면 언론에 게재되어 여론의 일각을 구성하는 경우는 개인적 차별성은 무시해도 무방하다고 생각하였다. 신문이나 잡지 기사를 사료로 이용하는 경우는 개인의 문집이나 저서를 사료로 사용하는 경우와는 다르며, 더욱이 해설 기사는 언론이 기독교 집단의 사회 지도 이념을 형성하고 전파하는 데에 충실하게 봉사한다고 생각하였다.

본고에서 취급한 기사들은 사회주의라는 다소 어려운 주제를 다루었으므로 아무나 쓸 수 있는 기사는 아니었고 대부분 지식인들이 서술한 것이다. 더구나 기독교와 공산주의가 첨예하게 충돌하였으므로 공산주의에 관한 대응책 모색에 각고의 심혈을 기울이고 있는 상황에서 나타난 기획 기사들이었다. 그리고 대부분이 해설 기사이므로 사건 보도 기사와는 달리 편집 의도가 명확하였던 기사들이며 기독교인들의 의도와 지도 이념이 충실히 반영된 기사들이라고 해도 무방할 것이다.

본 론

제1장
1920년대 한국 기독교와 사회주의

제1절 한국 기독교와 자본주의

1. 한국 기독교인들의 직업적 특성

전통적으로 무역이 성행했던 의주지방에 기독교가 들어오게 된 계기는 영국산 목면에 관심을 가진 조선 상인들이 중국에 드나들면서 비롯되었다.[1] 한국 선교는 목면 상인들 사이에 끼여 중국 무역에 참여하려던 영세한 인삼 상인인 이응찬(李應贊), 백홍준(白鴻俊), 서상륜(徐相崙), 김청송(金靑松) 등이 영국인 선교사 로스(J. Ross)와 메킨타이어(J. Macintyre)를 만남으로써 이루어졌다.[2] 이들 인삼 상인들은 시세에 적응한 목면 상인들이 아니라 전통적인 인삼 무역으로 기회를 잡아 보려던 영세한 소상인들로, 개종한 후에도 조선에 돌아와 연고지를 중심으로 성경을 팔면서 선교하였다.

백홍준의 활동으로 만들어진 의주의 기독교인들도 대개가 상인들이

---

1) C. Robson, "The Korean Mission of the Presbyterian Church(North) of the United State of America" UPMR, 1892. 10. 1. 345면, 이만열, 『한국 기독교와 민족의식』, 지식산업사, 1991, 41면.
2) 「故 徐相崙氏 약력」, 『신보』 1926. 1. 20; 이만열, 앞글, 1986, 42면.

었던 것으로 보인다.[3] 또한 김관근(金灌根: 백홍준의 사위)의 친구이며 서상륜의 선교로 기독교인이 된 의주 사람 한석진(韓錫晋)도 약재 행상에 종사했던 사람으로[4] 평양 선교를 위하여 최치량(崔治良)의 객주를 중심으로 활동하였다. 개종하기 이전 드나들던 최치량의 객주를 선교중심지로 삼고 이곳의 상인들에게 선교하였던 것이다.[5]

평양 기독교의 지주로 불리는 조만식(曹晩植)도 부친이 객주를 운영하였으며 그도 평양 종로거리에서 백목전(白木廛: 국산 무명과 베를 거래)을 운영하였고, 서당 친구 한정교(韓鼎敎)와 같이 지물포도 운영하였다.[6] 조만식은 산정현교회에 출석하여 1923년에 장로가 되었다. 산정현교회의 교인으로 경제계에서 활동한 사람은 객주(광신상회)를 운영하면서 물산장려운동을 주도한 오윤선(吳胤善) 장로와 동익사(東益社: 공칭자본금이 25만 원인 회사)의 전무취체역과 평안고무공업주식회사(자본금이 10만 원)의 사장 그리고 평안농사회사(공칭자본금이 45만 원)의 취체역을 지내면서 평양 경제계에서 커다란 역할을 담당한 김동원(金東原) 장로와, 개벽지에서 평양의 삼저(三猪)로 불린 최정서 장로 등이 있었다. 산정현교회는 1929년에는 강규찬(姜奎燦) 목사와 박형룡(朴亨龍) 조사가 교회를 돌보았으며 이후 주기철(朱基徹) 목사

---

3) 의주교인들 중에서 해방 이후 영락교회 초창기 교인이었던 이들을 중심으로 살펴보면 의주의 정거장 통로에서 점포를 경영하던 상인들이 다수 포진하고 있다. 포목을 다루던 金應洛의 玉商會, 白志燁의 梨花時計店, 崔昌根의 崔商會, 鄭碩福의 東亞織物商會, 金仁範의 文化堂, 李泰興의 東亞洋服店 등을 들 수 있다. 金光洙, 『한국기독교인물사』, 한국교회사연구원, 1974, 243면.
4) 채필근, 『한국기독교개척자-韓錫晋牧師와 그時代』, 대한기독교서회, 1971, 27면.
5) 박용규, 『한국교회인물사』 6, 한조문화사, 1978, 32~38면.
6) 『古堂 曹晩植』, 평남민보사, 1966, 10~13면.

가 시무하면서 신사참배반대운동을 주도한 교회이기도 하다.[7]

평양 '중앙교회(감리교)' 설립자로[8] 평양상공회의소 회두(會頭)까지 지낸[9] 박경석(朴經錫)도 객주 출신으로 한인 상공업자를 중심으로 한 '평양북금융조합'을 발의하고 운영한 대표적인 상공업자였다.[10] 이외에도 주요한·주요섭 형제의 부친 주공삼(朱孔三)도 보부상으로 평양에 갔다가 모펫(S. A. Moffet) 선교사의 선교로 기독교인이 되었으며 모펫의 어학선생으로 일하면서 장대현교회에 출석하다가 1903년에는 장로로 장립되었다. 이후 주공삼은 평양신학교를 졸업하고 목사가 되었으며, 1912년에는 평남노회 초대 회장에 선출되었고, 1920년부터 1921년에는 총회 회계, 1922년에는 총회 부회계를 담당한 평양의 대표적 기독교인이었다.[11] 유한양행의 설립자인 유일한(柳一韓)의 부친도 경북 예천 출신으로 머슴으로 전전하다가 평양에 정착하여 잡화점을 운영하던 사람이었다. 그는 모펫에게서 세례를 받았으며 이후 비단상회와 미국 싱거(Singer)미싱 평양대리점을 경영하였다.[12]

평양의 기독교인들이 주로 상공업에 종사하는 사람들이었다는 것을 보여주는 또 다른 증거는 주일이 되면 물건의 흥정이 불가능하다는 서술에서도 나타난다.[13] 이런 몇몇 예로 평양 기독교인들의 직업에

---

7) 『고당 조만식』 14~18, 조기준, 『한국기업가사』, 박영사, 1983, 일기자, 「평양교회를 차저서」 18 - 山亭峴敎會, 『신보』 1929. 6. 26.
8) 「교회순례 - 평양교회를 차저셔 - 중앙교회」, 『신보』 1929. 1. 16.
9) 부산일보사, 『全鮮商工會議所發達史』 - 平壤編, 1937, 46면.
10) 「平壤漫筆」, 『동아일보』 1921. 10. 28.
11) 『기독교대백과사전』 13, 기독교문사, 1478면.
12) 『나라사랑의 참기업인 유일한』, 유한양행, 1995, 66면.
13) "평양에는 신쟈가 만흠으로 쥬일이 되면 거의다 샹뎜문을 닷게되야 야모리 쟝날이라도 흥졍을할수업다함은 쟝돌림하는 쟝군들의 니야기어니와" 일기자, 「평양교회를 차져셔」 3 - 西門外敎會, 『신보』 1928. 12. 5.

대하여 단정하기는 어려우나 평양 선교의 기반이 상인 세력에게 두어졌으며 기독교인이 되는 것은 상업활동에 도움을 주는 요인이 있었음을 추측하게 한다.

기독교의 한국 선교는 상인을 대상으로 하였을 뿐 아니라 상인조직을 이용한 것으로 보이기도 한다. 한국 선교는 처음 권서(勸書)들이 만주에서 발간된 쪽복음을 조선에 들여와 파는 것이었다.[14] 즉 한국인 약품 행상조직의 성경 판매가 전도였다. 권서들의 판매 상품은 주로 교회서적이었을 것이나 권서들은 교회서적을 파는 것만으로 생활비를 해결하기는 어려웠을 것이다. 권서들이 가지고 다닌 상품에 대한 공식적인 문서는 남아 있지 않지만 권서들이 약품 행상을 겸하였다는 것을 알려주는 간접적인 자료는 남아 있다.

먼저 초기 권서들의 전직(前職)이 대개 약재 행상이었다는 점이다. 이들의 성경 판매는 이전에 자신들이 확보한 약재 행상의 판로를 이용하였을 것이며 자연스럽게 약품 행상으로 생활을 해결하였을 것이다. 권서들의 약품 매매활동은 선교 방침과도 일치하였다. 당시 한국 선교는 의료선교가 중심이었고 대단한 효력을 발휘하였으므로 한국인들은 서양 의술을 신뢰하였다. 선교사들이 지방을 순회하는 경우 한국인들은 선교사들에게 진료를 받거나 약품을 얻기 위하여 몰려들었고, 이러한 요구에 부응하기 위하여 상당량의 약품을 준비하여도 모자라곤 하였다. 이렇듯 서양 약품에 대한 수요가 컸으므로 서양인 의료선교사만이 아니라 의료선교사가 아닌, 심지어는 한국인 조사에게도 약품을 요구하는 일이 많았다.[15] 한국인들에게 선교사는 복음의 전도자

---

14) 이만열, 『한국기독교와 민족의식』, 지식산업사, 1991, 110면.
15) William J. Hall, "Dr. W. J. Hall's Tour in Korea" Chinese Recorder and Missionary Journal 23, 1892. 9. 416면, Wade C. Barclay, "Widening Horizons; 1845−95", 『The Methodist Episcopal Church

이기보다 신기한 명약을 주는 사람으로 알려졌고, 이러한 요구에 부응하여 권서들은 서양 약품을 팔았을 것으로 추측된다. 권서들은 기독교 서적 판매에 힘을 기울였으나 일반인들은 그들이 가지고 다니는 서양 의약품에 더 관심을 가졌다고 할 것이다.

다음으로 선교사가 조달해 주는 키니네(금계랍)를 권서들이 팔았음을 볼 수 있다. 알렌은 1897년도 한국에 상주하는 미국 상인들의 상업 현황을 보고하면서 선교사들이 상품대리점을 개설하여 상인들이 손해를 보았다고 선교사들의 상행위를 비난하였다.16) 이 비난은 언더우드(H. G. Underwood)와 빈톤(C. C. Vinton)을 겨냥한 것으로 이들의 상행위가 결코 적은 것이 아니었음을 감지하게 한다.17) 알렌의 비판에 대하여 언더우드는 대리점을 개설한 바 없으며 쟁기 수입은 한국인들에게 유용한 도구를 사용할 수 있도록 주선한 정도이며, 키니네는 권서들의 생활을 돕기 위하여 권서들과 특정 서적상에게만 공급하였음으로 미국 상인과 경쟁한 일이 없다고 하였다.18) 이것으로 볼 때

1845~1939』 vol.3, History of Methodist Mission Series, N. Y. Board of Missions of the Methodist Church, 744면. Elizabeth A. McCully, 『A. Corn of Wheat: The Life of Rev. W. J. McKenzie of Korea』, Toronto, Westerminster Co., 1904, 217~220면. 『AM-for the year 1888』, N. Y., BFM, 1888, 337면. Lillias H. Underwood, 『Fifteen Years Among the Topknots: Life in Korea』, N. Y., American Tract Society, 1904, 44면.

16) "of late however, a very reprehensible custom has grown up among of taking agencies for certain lines of goods, to the determent of our merchants." Allen, "Trade of Korea in 1897" The Independent, 1898. 8. 16.

17) F. H. Harrington, 이광린 역, 『개화기의 한미관계-알렌박사를 중심으로』, 일조각, 1973, 112~113면.

18) I have supplied quinine to certain Koreans but the supplying of medicines in part of our work. I have never gone into the general quinine business but simply supplied it to appointed christian colporteurs and book stores, who by its sale support themselves and I have never

선교사업은 서양 의술을 효과적으로 사용하였으며, 권서들은 한국인에게 필요한 서양 약품을 성경과 함께 팔고 다녔다고 생각된다. 한국의 기독교 선교는 약품 행상과 밀접한 관계를 가지고 있었고 이외에도 선교사들을 통하여 들어오는 일용잡화, 농기구, 석유, 미싱[19] 등의 구미 상품과 밀접한 관계가 있었던 것으로 추측된다.

권서들이 약품 행상을 하였다는 것은 감리교 감독을 지낸 유형기(柳灐基) 목사의 부친에게서도 발견된다. 유형기 목사의 부친은 '대영성서공회' 매서인(권서)이었는데 봉급이 적고 배정된 성경을 팔지 못하면 봉급을 삭감했기 때문에 생계를 위하여 영변에 '동화약방'의 지점을 냈다고 하였다. 약방에서는 '동화약방'의 활명수와 그 외의 인소환, 회충산 등을 팔았으며 '신제약방'의 평북대리점을 열고 각처에 지점을 개설하여 사업을 확장하였다고 했다.[20] 이렇게 볼 때 권서들은 약품 행상을 겸하고 있었으며 권서를 그만두고 전업하는 경우에도 약품 판매업에 종사하는 경우가 많았던 것으로 추정된다. 권서를 하면서 얻은 판로와 상품 정보 그리고 공급원들과의 인간적 유대가 권서들의 약품 판매를 가능하게 만들었기 때문이었을 것이다.

상인 세력을 중심으로 성장한 서북지방의 기독교는 일제의 경제적 수탈에 일찍부터 적극적으로 대처하였다. 한말 일본 상인들은 내지 통상권을 이용하여 국내시장에 집요하게 침투하였고, 통감부시기에는 시장정책과 화폐정리사업을 통하여 조선 상인들의 상행위를 불법화하고 자본력을 약화시켰다.[21] 또 한인 상업의 모체인 객주들을 구축(驅逐)

---

reaped a cent of profit myself but have on several occasions been considerably out of pocket, "The Independent", 1898. 8. 23.

19) 『그리스도 신문』 1897. 7. 15.

20) 유형기, 『은총의 팔십오년 회상기』, 한국기독교문화원, 1983, 18면.

21) 이병천, 「개항기 외국상인의 침입과 한국상인의 대응」, 서울대학교 경제

하기 위하여 '지방비법'을 제정하였고, 객주에 대한 과세도 폐지하여 한국인들의 영업을 원천적으로 봉쇄하였다. 그러나 객주에 대한 과세의 철폐는 세수의 감소를 초래했고 세수의 감소를 메우기 위하여 시장세를 대폭 올려 징수하였다. 또한 '시장규칙'을 공포하여 근대적 시장을 형성하면서 한인들의 전근대적인 상업자본을 해체하려 하였고, 시장공영제를 실시하여 재래시장을 규제하였다.22) 일제의 상업정책과 일본 상인들과의 경쟁에서 심각한 타격을 받은 토착 상인들은 일제의 억압과 수탈에 대응하기 위하여 불매운동, 철시운동, 시장세불납운동23) 등을 전개하였고, 영세한 상인자본을 규합하여 근대적인 회사를 설립하려 하였으며, 나아가 거족적인 민족자본을 형성하려는 '관서자문론(關西資門論)'을 주장하기도 하였다.24)

이러한 활동은 3·1운동에서 기독교계 대표로 활동한 이승훈(李承薰)에게서 전형적으로 나타난다. 유기(鍮器) 행상으로 성공한 이승훈은 평양으로 자리를 옮기고 윤성운(尹聖運), 김인오(金仁梧), 김정민(金正民) 등과 함께 진남포와 인천에서 들어오는 양약과 석유 등을 거래하여 상당한 재력을 축적하였다.25) 그러나 일제의 경제적 침입이 본격화되면서 물품 매점을 통한 전통적인 상행위는 번번이 실패하였고 노일전쟁 때에는 소가죽 매점으로 막대한 손해를 보았다.26) 전통적 상

학과 박사학위논문, 1985, 123~124면.

22) 유승렬, 「한말 일제 강점 초기 시장정책과 시장 변동」, 『한국사연구』 88, 44~56면, 허영란, 「일제시기 '市場'정책과 재래시장상업의 변화」, 『한국사론』 31, 서울대, 1994. 265~295면.

23) 서굉일, 「한말 기독교인들의 반식민지운동 – 평남 순천의 시장세 반대투쟁을 중심으로 – 」, 『한국기독교사연구』 10, 1986, 7~16면.

24) 윤경로, 앞글, 1988, 200면.

25) 오세창 著, 김도태 述, 『南岡 李昇薰傳』, 서울시교육회, 1950, 131면.

26) 오세창, 윗글, 167~168면.

행위로는 더 이상 성공할 수 없었으며 일본인들과의 경쟁에서 상당한 어려움을 겪고 있었음을 추측하게 한다.

봉건적 상업활동으로 타격을 입은 이승훈은 1907년 3월경 안창호를 만나 심기일전하고 경제활동을 재개하였다. 평양 종로에 4,000여 원을 투자하여 '태극서관(太極書館)'을 세우고 안태국(安泰國: 주임)[27]과 이덕환(李德煥: 사무)[28]을 두어 학교 설립으로 증대하는 평양의 서적 수요를 감당하려 하였다. 태극서관은 서적의 판매와 더불어 문방구류와 측량기구, 과수판매도 담당하였고, 잡지 『소년』과 『대한매일신보』의 서북지역 판매도 담당하였다.[29] 이렇게 볼 때 이승훈의 태극서관 경영은 아직도 봉건성을 탈피하지 못한 객주적 경영이었다.

이승훈이 봉건성을 탈피한 것은 평양의 유지들과 합자하여 '마산동 자기회사'를 설립하면서 시작되었다. 유기 행상의 경험을 살려 유기의 대체품으로 등장한 자기(磁器)를 생산하여 판매하려는 것으로 영업품목의 전환을 단행한 것이다. 자기회사는 자본주의적인 주식회사로 경영하였으나 자본과 기술의 부족 그리고 정치적 사건을 겪으면서 일본인의 福莊制陶所로 넘어갔다.[30]

이승훈이 자기회사를 경영하면서 겪은 어려움은 토착 상인의 어려

---

27) 안태국은 1907년 성공한 비단상인으로서 상인들의 이익을 대변하는 협동사라는 상인단체의 사장도 맡고 있었다. 洪英基, 「東吾 安泰國의 民族運動 硏究」, 『국사관논총』 40, 1992, 53~54면.
28) 이덕환은 장대현교회에 출석하여 장로가 되었으며 조만식이 장감연합저축조합에서 만든 자금 15,000원으로 양말공장을 설립하여 운영한 사람이기도 하다. 『고당 조만식』, 107면.
29) 조기준, 「남강선생의 기업관」, 『나라사랑』 12, 1973, 49면; 윤경로, 「105인 사건에 연루된 상공업자의 활동 – 기소자 중 상공업자의 업종과 활동을 중심으로」, 『한국사연구』 56, 126면.
30) 윤경로, 앞글, 1988, 118~120면; 「평양만필 – 제산업장려」, 『동아일보』 1921. 10. 6.

움을 대변하는 것이었다. 전통 시장의 유망한 상품이었던 유기는 일본인들의 자기가 등장하면서 수요가 감소하였으므로 이승훈은 주력 상품을 잃어버렸다. 이승훈은 자기회사의 경영을 통해 전통적 상인에서 벗어나 근대적 상공업자가 되려 하였으나 기술과 자본이 부족하여 만족할 만한 결과를 얻지 못하였다. 결국 이승훈은 성공한 상인으로 민족운동에 참여한 것이 아니라 일본 상인들과의 경쟁에서 몰락하던 한국 상인들의 대표로서 3·1운동에 참여하였고, 그를 통하여 몰락하던 조선의 행상조직이 민족운동에 대거 참여하였다고 생각된다.

이러한 움직임은 이승훈을 중심으로 운영된 '상무동사(商務同事)'에서도 발견된다. 이승훈을 중심으로 100여 명의 소상인들은 1908년 2월에 평북 선천 양시(楊市)에 '상무동사' 총지점을 설립하고 무역과 도소매업을 담당하려 하였다. 소상인들은 10원부터 1,000원까지 출자하였으며, '파마양행(巴馬洋行: 이탈리아계 무역회사)'과 합동하여 경성에 대리점을 열고 "동양에는 없는 물품"을 직수입하려 하였다.[31] 이것으로 볼 때 상무동사 총지점은 소상인 집단이 서양 상품의 공급 통로를 확보하여 일본인과 중국인 공급자들의 횡포에서 벗어나려는 노력이었다 할 것이다. 그런데 상무동사의 출자자 중에는 38명이 기독교 신자였다.[32] 이것은 초기 기독교 집단에는 영세한 상인들이 다수 참여하여 자신들의 상권을 지키려 하였다는 것을 보여주는 것이다.

지금까지 살펴본 것을 종합하면 서북지방의 자립적 중산층(Independent Middle Class)은 상인들을 중심으로 서구 문명인 기독교를 적극적으로 도입하여 자본주의화에 참여하려 하였다.[33] 그러나 일제

---

31) 윤경로, 윗글, 104~115면.
32) 윤경로, 윗글, 26면.
33) 이광린, 앞글, 1979, 249~254면.

의 침략이 이들의 자본주의화를 억압하였으므로 자본주의 발전을 위하여 여러 가지 경제적 노력을 전개하였으며, 나아가 일제의 수탈을 극복하는데 적극적으로 참여하였다. 이것이 기독교인들의 민족성을 담보하는 부분일 것이다.

2. 한국 기독교인들의 자본주의 경제활동

(1) 1920년대 일본인 자본가들의 조선 진출

노일전쟁을 계기로 확립된 일본의 산업혁명은 전쟁수요와 군비확장에 기반을 둔 군수공업 중심의 산업화였다. 이러한 산업혁명은 국민경제의 발전이라는 내적 변화와 무관하게 진행되어 자본과 기술 그리고 시장의 형성에서 근대성을 확보하지 못하였다. 나아가 군비확충을 위한 외자 도입, 무역 적자의 누적 등으로 정화(正貨)가 감소하고, 회사와 은행이 파산하였으며 노동조건도 악화하여 국민들의 삶을 어렵게 만들었다.[34] 결과적으로 일본의 산업혁명은 산업발전에 따른 국민시장 형성이 취약하여 국내에서의 판로 확보에 많은 어려움을 겪었다.

이러한 어려움은 1차 세계대전의 발발로 활로를 찾았으나 전쟁이 종결되자 급격하게 수출이 감소하여 과잉생산으로 인한 반동공황에 직면하였다. 일본 정부는 전후 반동공황을 진정하기 위하여 구제금융을 실시하였으나 재벌들은 구제금융을 이용한 구조 조정에는 소홀하고 독점 추진에만 골몰하였다. 결과적으로 일본 정부의 구제금융은 경제적 위기를 탈출할 경쟁력을 확보하게 한 것이 아니라 봉건적 경제제도를 온존시키고 독점을 내재화하여 공황을 만성화하였다.[35]

---

34) 後藤靖 著, 이계황 역, 『일본자본주의발달사』, 1985, 청아, 165~172면.
35) 後藤靖, 윗글, 194~196면.

　1920년대 일본 경제는 경제 침체 속에서도 수입초과가 나타나 국제 수지 불균형이 금융시장을 심각하게 압박하였다. 워싱턴 군축회의는 일본 군수기업을 무더기로 도산시켜 경제적 어려움은 심각하였다. 전후 반동공황을 진정하는 과정에서 기업의 무더기 도산은 금융을 부실하게 만들었고, 국제경쟁력은 더욱 약해졌다.

　이러한 가운데 1923년 9월 1일, 관동대지진이 일어나 관동의 경제중심지를 강타하였다. 일본정부는 지진 피해 회사들의 어음에 대하여 지불유예령을 내렸으며 '일본은행'의 구제금융 제한을 철폐하여 지진으로 일어난 기업의 금융손실을 보상하였다. 그러나 구제자금 방출은 통화량을 팽창시켜 물가상승으로 이어졌으며 물가상승은 약속어음의 시세를 하락시켰다. 나아가 수출 압박과 수입 초과도 가져와 은행 경영을 더욱 어렵게 만들었다. 전후 반동공황으로 타격을 받은 일본의 은행들은 진재공황(震災恐慌)을 구제하는 가운데 대규모 부실 채권을 떠맡게 되어 부실은 더욱 악화되었다. 일본 은행들은 정부와 '일본은행'의 구제금융, 콜 차입 등의 비상수단으로 근근이 운영하였고, 손실을 보상하기 위해 온갖 노력을 경주하였다.

　은행의 경영난을 해결하기 위하여 일본 정부는 어음손실보상법안과 공해법안, 진재어음선후처리법안 등을 만들려 하였다. 그러나 이러한 법안들이 의회를 거치는 가운데 은행들의 경영사정이 노출되어 불안한 예금자들의 예금인출 소동이 일어났다. 이 소동은 전국적으로 파급되어 금융공황을 유발하였고, 일본 정부는 금융공황을 해결하기 위해 금전채무지불유예령을 발동하고 긴급 칙령으로 은행을 휴업시켰으며, 특별구제금융으로 은행들의 경영난을 해소하였다. 나아가 부실 은행을 정리하기 위하여 최소 자본금을 법률로 정하고 강제로 은행들의 합병을 추진하였다. 결국 1920년대 일본 경제는 공황을 해결하기 위하여 금융을 부실하게 만들었으며 부실금융을 해결하기 위하여 금융자본의 독점화와 국가의 금융 감독을 강화하였다.[36] 그리고 구제 대부를 통하여 인플레를 유발하는 신용팽창으로 공황을 해결함으로써 재벌의 독점화와 정부 역할을 강화하였다. 따라서 산업구조의 합리화를 통한 부실기업의 정리와 체질 개선은 수행되지 못했으며 경쟁력의 강화도 이루지 못하고 오히려 산업 기반만 취약하게 만들었다.[37]

일본 경제를 파국에 몰아넣은 것은 금해금정책(金解禁政策)이었다. 세계적 추세와 더불어 일본에서도 금의 수출금지 해제가 요구되었다. 금융공황을 계기로 산업에 대한 지배력을 강화한 재벌들은 금융활동의 완만함 때문에 유휴자금 이용에 곤란을 느꼈다. 때문에 금리가 높은 해외로의 이동을 요구하게 되었고 이를 위하여 금의 수출금지 해제를 요구하였다. 또한 무역업자들은 극심한 환율 변동으로 무역조건이 불안하였으므로 금의 수출금지를 해제하여 채산성을 높이려 하였다. 이러한 경제계의 요구에 응하여 내각은 긴축재정정책을 써서 재외 정화(在外 正貨)를 보충하고, 일본적 합리화를 추진하여(소비절약, 저축장려 등) 금 해금에 대비하였다. 즉 인플레정책을 기조로 형성된 일본 경제를 긴축재정과 산업합리화를 통하여 재편하고 국제적 확대를 도모하기 위해 1929년 11월에 금 해금을 단행하였다. 그러나 이보다 한 달 앞서 일어난 미국의 경제공황은 일본의 정화를 해외로 유출시키고 물가와 주가의 폭락을 가져와 일본 경제를 파국에 몰아넣었다. 정부의 극진한 비호 아래 성장한 재벌 중심의 독점자본주의는 세계공황에 직면하여 자생력을 상실하고 도산의 위기에 처했으므로, 이를 벗어나기 위하여 국가의 지도와 지원을 다시 요구하였다[38]

---

36) 後藤靖, 앞글, 1985, 196~197면.
37) 永原慶二 著, 박현채 譯, 『일본경제사』, 지식산업사, 1983, 253~254면.

일제는 산업혁명 추진과정에서 배태한 경제적 모순을 식민지 조선에 대한 수탈로 해결하려 하였다. 일본자본의 조선 진출은 1차 대전의 특수경기를 배경으로 몇몇 대규모 공장이 조선에 진출하였으나 반동공황 이후 1923년의 진재공황, 1927년의 금융공황 등 연속적인 공황으로 조선에 대한 산업자본의 진출은 활발하지 못하였다. 일제는 식민지 조선을 일본 상품의 시장으로, 원료와 자원의 공급처로, 저렴한 노동력의 공급지로 여기고 식민지 초과이윤을 보장해 주는 식민지 경제체제로 재편하려 하였다.[39]

일제는 식민지 조선의 산업화를 방해하려고 제정했던 회사령을 1920년 3월에 철폐하고 8월에는 관세도 철폐하여 일본인 자본의 조선 진출의 길을 열어 놓았다.[40] 그러나 조선에 진출한 일본인 자본은 근대적 산업자본이 아니었다. 이들의 식민지 조선에 대한 투자를 살펴보면 1930년의 투자 액수를 기준으로 농업에 14.9%, 은행과 운수업 그리고 서비스업에 47.4%, 광업과 전기 와사업에 17.1%, 제조업은 20.6% 등으로 되어 있다.[41] 기업에 투자하는 경우도 제조업보다는 상업이윤을 얻으려는 상사회사가 중심이었다.[42] 대부분 이자소득을 얻기 위한 개인금융 즉 고리대금업에 중점이 두어져 있었다. 조선에 진출한 일본인 자본은 상업이윤과 이자소득을 얻으려는 봉건적이며 전근대적인 것이었다.

---

38) 永原慶二, 앞글, 1983, 257~261면.

39) 박현채, 『민족경제론』, 한길사, 1978, 88~89면.

40) 박현채, 윗글, 88면.

41) 조기준, 「일제식민통치하의 민족자본」, 『한국근대사론』 I, 지식산업사, 1977, 218~220면.

42) 1930년 기준으로 설립된 회사는 숫자로는 67%, 투자 액수로는 73.2%가 商社會社이다. 조기준, 윗글, 219면, 김성수, 『일제하 한국경제사론』, 경민사, 1985, 124면.

한편 총독부는 미곡 수탈을 위해 토지개량과 수리시설 등 농업 기반시설 개량을 적극적으로 유도하였다. 하지만 농업 개량보다는 토지 수익률이 높았으므로 토지 투자가 중점적으로 이루어지고 일본인 지주들이 증가하였다. 이에 곡물 중심의 양조업과 정미업 등 식료품 가공업에 대한 투자가 진행되었다. 즉 식량수탈을 중심으로 경공업에 대한 투자는 어느 정도 진전되었다.[43]

방직공업에서도 일본자본의 진출이 비교적 활발하였다. 일본 방직공업의 경쟁력은 기민성과 기술력이지만 가장 중요한 경쟁력은 저렴한 노동력이었다. 일본 면직물업자들은 일본 방직업의 조선에 대한 상대적 선진성을 이용하여 식민지의 조선의 노동력과 원료를 착취하여 초과이윤을 얻으려 하였다. 이를 위해 조면공업(繰綿工業), 제사공업, 방적공업 등에 집중적으로 투자하여 섬유공업의 원료수탈구조를 확립하였다.[44] 즉 일제의 자본주의 정책은 식민지 수탈체제를 자본주의화하는 것이었다.

또한 일제의 식민지 수탈은 광업에서도 적극적으로 전개되었다. 일본 해군에서 소비하는 연료와 생산 기계의 원자재인 철강을 수탈하려는 일제는 광산업에 적극적으로 진출하였다.[45] 반면에 자본주의 산업

---

43) 박경식, 1986, 『일본제국주의의 조선지배』, 청아출판사, 276～286면.
44) 박경식, 윗글, 84～98면, 247～248면, 279면.
45) 민족별 광업 생산액

(단위: 원, %)

연도	조 선 인		일 본 인		외 국 인		합계액
1921	74,000	0.6%	11,341,000	73.0%	4,120,000	26.4%	15,5*7,000 100%
1926	3,752,000	15.6%	17,219,000	71.3%	3,158,000	13.1%	24,100,000 100%
1930	1,540,000	6.2%	20,154,000	81.7%	2,960,000	12.0%	25,654,000 100%

박경식, 윗글, 283면.

발전의 기반을 이루는 기계공업, 금속공업, 화학공업에 대한 진출은 극히 미미하였다.[46] 그것은 아직까지 경공업 중심의 산업구조를 가진 일본이 조선에 본격적으로 진출할 자본이나 기술적 여력이 없었기 때문이었다.[47] 1920년대에 실시된 식민지 조선에 대한 일제의 경제정책은 후발 자본주의의 경쟁력을 확보하기 위한 원료와 노동력의 수탈체제의 자본주의화였다.[48]

식민지 경제정책은 1927년의 금융공황을 겪으면서 변화하였다. 변화의 요인은 첫째 일본의 경제사정이었다. 전후 만성적인 불황을 구제금융과 인플레정책으로 해결하였던 일본은 계속되는 공황으로 파국에 직면하였다. 중소기업은 도산하고 국가적 특혜를 받는 재벌들은 독점을 강화하였으나 만성적인 불황은 계속되었다. 당시 은행, 회사 자본의 증감 추세를 보면 1926년을 100으로 볼 때 신설증자는 1927년에

---

46) 박경식, 윗글, 277~279면.

47) 재벌 독점체, 면방적 독점체, 전력 독점체를 중심으로 하는 일본 산업은 근대화를 위하여 초발적 독점(자본주의 초기 단계에 선진자본주의에 대항할 목적으로 국가의 보호 아래 형성된 독점)을 매개로 근대적 독점으로 전환되었다. 이들은 수입을 기반으로 형성된 소비재 산업을 중심으로 국가의 지극한 비호 아래 성장하였다. 따라서 대외경쟁력도 취약하며 신흥부문의 진출에도 보수적이었다. 제2차 세계대전 이전 일제의 자본수출은 군사적 진출과 국가자본 주도의 자본수출이 선행적으로 추진되고 이것이 산업발달을 촉진하면 초과이윤을 획득하려는 독점업체들의 자본수출이 이어지는 과정을 반복하였다. 일본자본의 식민지 진출은 국가의 주도 아래 이윤이 확실히 보장될 때에만 비로소 이루어지는 극히 보수적인 것이었으므로 일제자본의 식민지 진출은 극히 제한적이었다. 또한 1920년대 일본의 유휴자본은 상당히 영세한 것으로 식민지에 본격적으로 진출할 만한 여력이 없었다. 그것은 滿鐵의 설립과 東拓의 설립 자본이 외채 모집으로 조달되었다는 것에서도 나타난다. 高村直助, 「독점자본주의의 확립」, 「일본근대사론」, 지식산업사, 1981, 234~249면.

48) 김성수, 앞글, 1985, 126면.

98.6이고 1930년에는 61.6으로 급격히 감소하였다. 해산되어 감소된 자본도 1927년에 97.9에서 1930년에는 133.7로 늘어났다.[49] 금융공황을 겪으면서 재벌들은 독점을 강화하였으나 성숙한 자본주의로 발전할 기회를 잃어버리고 과잉자본의 축적과 유리한 투자 기회의 상실로 후발 자본주의는 파국을 맞고 있었다. 둘째, 조선은 자원과 노동력이 저렴하여 식민지 초과이윤을 보장할 수 있었으며 게다가 총독부가 수탈을 적극적으로 지원하였으므로 경영환경이 열악한 중소자본이 조선 진출을 선호하게 되었다.[50] 셋째, 조선에는 공장법이나 노동자보호입법이 전혀 없었기에 각종 산업규제에 시달리던 일본의 자본들은 경제통제에 대한 자본의 도피처로서 조선을 선호하게 되었다.[51] 일제는 일본 경제의 취약성을 보강하기 위한 수탈의 대상으로 또는 후진성의 배출구로 식민지 조선을 변형시켰으며, 일본인 자본은 이러한 특혜를 이용하려고 조선에 진출하였다.

(2) 한국 기독교인들의 자본주의 활동

서북지방의 중소상인들은 외국인 상품공급자나 내지에 거주하는 외국상인들에게 강한 저항의식을 가지고 있었다.[52] 이들은 제국주의자들의 독점과 횡포를 경험하였기에 서구 제품을 직접 수입하고 수출하여 외국 상인들의 속박에서 벗어나려 하였다. 상품과 상권을 확보하기 위하여 외국 상인들과 경쟁할 수밖에 없었던 이들은 '상무동사'를 설

---

49) 안병직, 「1930년 이후 조선에 침입한 일본독점자본의 정체」, 「한국근대사론」 1, 지식산업사, 1977, 245면.
50) 안병직, 윗글, 245～247면.
51) 小林英夫, 「1930년대 조선공업화정책의 전개과정」, 『한국근대경제사연구』, 사계절, 1983, 480면.
52) 이병천, 앞글, 1985, 160～164면.

립하여 외국 상인들이 독점하는 중계무역에 참여하려 하였으나[53] 항로나 수입 통로를 확보하지 못하여 구체적 실현에는 이르지 못하였다.

이러한 바람은 1920년 '평안무역주식회사'의 설립으로 모아졌다. 이 회사의 자본금은 회원 1인당 매일 2전 5리씩 10여 년간 저축조합을 운영하여 마련한 것으로 공칭자본금이 50만 원에, 불입자본금이 15만 원이었다.[54] 조선인이 설립한 회사로는 상당히 큰 규모로[55] 저축조합원들의 오랜 노력이 결실을 맺은 것이다. 이 회사는 대표는 박경석(朴經錫)이며, 취체역에는 한윤찬(韓允燦), 이춘섭(李春燮), 임석규(林錫圭), 김동원(金東元), 이덕환(李德煥) 등이 선임되었으며, 감사역에는 윤성운(尹聖運), 정규현(鄭奎鉉), 정인숙(鄭仁叔) 등이 선임되었다. 이들은 대부분 기독교인들로 "평양의 유력한 재산가요, 경험가요, 신용가"이며 평양상업회의소 조선인 회원들로 부회두(副會頭), 상무위원, 특별평의원, 평의원 등을 역임한 사람들이었다. 박경석[56]은 물산객주를 운영하던 사람으로 조선인들의 자본융통문제를 해결하기 위하여 '평양북금융조합'을 설립하고 자본축적운동을 전개하였다. 또한 평양상업회의소의 부회두를 4번이나 역임하였으며 1931년에는 조선인들의 노력으로 평양상공회의소 회두(會頭)에 선출되었던[57] 기독교인(중앙교회 설립자)이다. 그 외의 인물들도 평양의 경제적 발전을 위하여 여러 가지로

---

53) 평양부, 『평양전지』, 337~338면.
54) "십여 년 전부터 매일 2전 5리의 저금조합을 동기로 하여 오십만 원의 주식회사가 성립하였다. 금월 십팔일에 役員을 선거하였는데 피선된 諸氏는 평양에 유력한 재산가요 경험가요 신용가라 물론 亥회사는 大성공의 盛運에 至하리라." 「평안무역주식회사」, 『신보』 1920. 3. 3.
55) 이한구, 『일제하 한국기업설립운동사』 청사, 1989, 145면.
56) 조선총독부, 상공조사 4편, 『조선에 있어서 회사 및 공장의 상황』, 1923, 50면.
57) 부산일보사, 『全鮮商工會議所發達史』-평양편, 1937, 20~47면.

노력하였다.

'평안무역회사'의 설립은 기독교 자본가들이 근검절약운동을 통해서 모은 자본으로 독자적 상품 공급 통로와 판로를 확보하고 제국주의 수탈에서 벗어나려는 노력의 산물이었다. 이것은 국제 거래와 내지(內地)상업을 장악한 일본 상인들과 경쟁하던 조선 상인들의 절실한 요구에서 비롯되었다. 조선 상인들은 경쟁력을 확보하기 위하여 교회조직을 통해 자본축적을 도모하고 그 자본으로 무역회사를 설립하여 민족기업으로 성장시키려 하였다. 이렇게 볼 때 평양지방의 경제활동은 교인들을 중심으로 이루어지는 경우가 많았으며 교회조직도 깊이 관련되어 있었음을 볼 수 있다.[58] 그러나 평안무역주식회사의 경영은 실패하였다. 항로 개발이나 선박의 확보 그리고 공급선의 확보가 어려웠기 때문이었을 것이다.

평양의 기독교 자본가들은 계속적으로 무역회사의 설립을 도모하였다. 1922년에 평양의 자본가들은 정인숙(鄭仁叔)[59]과 함께 삼영조합(三永組合)을 설립하여 면포, 모직, 주단류, 피혁류의 수출 업무를 위탁하였으며[60] 합자 형태의 무역상 공성조합(共盛組合)도 설립하여 소규모의 무역에서나마 조선인의 이익을 도모하려 하였다.[61] 이후에도

---

58) 평양지방의 고무공업과 메리야쓰공업은 기독교인들이 주도하였으며, 기독교의 근검절약 정신과 소명의식이 산업활동에 진취적으로 투신하게 하였으며, 기독교인들의 친화력과 단결력이 상권을 성공적으로 확장하게 하여 일본인 자본가들의 진출을 막았던 것으로 보았다. 조기준, 『한국자본주의 성립사론』, 1973, 대왕사, 510-526면.

59) 정인숙은 조선인상업중의소와 조선인상업회의소 시기 회장과 부회장을 역임하였으며, 평양상공회의소 9회 평의원으로도 활동하였다. 조만식의 권고로 백화염색공장을 경영하기도 하였다.

60) 『매일신보』 1912. 9. 28, 1912. 10. 26, 1913. 10. 31.

61) 『매일신보』 1913. 10. 31.

일본 상인이나 중국 상인의 중개무역에서 벗어나 독자적인 상품 확보
와 판로를 장악하려는 노력은 계속되었다.62)

뿐만 아니라 시장의 수요를 민감하게 파악할 수 있었던 영세한 토
착 상인들은 제조와 판매를 겸할 수 있으며 적은 자본으로도 조선인
의 풍부한 노동력을 이용할 수 있는 양말공업에 집중적으로 투자하였
다.63) 1920년대 초에 양말공장의 설립이 속출하였고 이러한 추세는
이후에도 계속되었다.64) 평양의 공업발전은 양말을 중심으로, 고무,
메리야스공업이 주조를 이루었다. 양말공업은 1910년대의 소경영기를
지나 1920년대에 들어서면서 양적, 질적인 성장을 이루었다. 10년 사
이에 4배의 생산량 증가, 경영 규모의 확대, 기술과 시설의 근대화, 제
품의 다양화, 관련 산업에의 진출 등이 이루어졌다.65)

그러나 한인들의 생산활동이 순조롭게 발전한 것만은 아니었다. 한
인 토착자본은 먼저 자본조달에서 어려움을 겪었다. 영세한 상인
출신 공장경영자들은 가내공업을 공장제공업으로 전환하면서 설비
자본뿐 아니라 원료의 구입과 판매에 필요한 유동자본도 필요로 하였
다.66) 공장 설립 초기부터 은행과 개인금융을 통한 자본의 융자가 일

---

62) 조만식, 「번영회를 제창한다」, 『동아』 1928. 9. 27.

63) 梶村秀樹, 「일본제국주의 하의 조선자본가층의 대응」, 『한국근대경제사
    연구』, 사계절, 1983, 436~439면.

64) 1922년 평양의 양말공장 현황-大小양말공장 30개소, 기계 750대, 1925
    년 평양의 양말공장 현황-기계 2대 정도의 공장 300개소, 5대 이상의
    공장 18개소, 1927년 평양의 양말공장 현황-공장 17개소, 기계 1531대,
    기계 100대 이상 공장 4개소 전국 생산량의 60%를 생산. 梶村秀樹, 앞
    글, 1983, 441면.

65) 梶村秀樹, 앞글, 1983, 436~441면.

66) 평양의 메리야스공장들은 원사를 대량 구입할 때에는 일본의 오오사카
    에서 화물 어음으로 직접 구입하였으며, 소량으로 구입하는 경우는 평양
    의 면사상과 1개월간 외상으로 거래하였다. 제품 판매 시에는 소규모 공

반화되었으며, 평양의 경우에 삭채(朔債)라는 고리대금업이 성행하여 은행들도 자본금의 상당 부분을 여기에 투자하고 있었다.[67] 영세한 조선인 소공업자들은 자본부족을 해결하기 위하여 일제의 금융기관이나 경제체제에 접근할 수밖에 없었다. 그러나 일제의 금융기관에 접근하는 것이 쉬운 일은 아니었다. 평양의 기독교인들은 저축조합을 결성하여 소자본을 규합하는 운동을 일으켰으나[68] 일제는 이러한 활동도 감시하고 감독하였다. 한인들의 저축조합에 일본인을 참여시키려는 공작을 끊임없이 시도하였으며,[69] 결국에는 일본인들이 조선인들의 금융조합운영에 참여하여 자본운영을 간섭하였다. 조선인 공장들은 극심한 자본부족 때문에 도산하거나 대공업의 하청구조 속에 편입되는 것이 대부분이었다.[70]

기독교인들은 자본조달을 위하여 교회조직도 적극적으로 이용하였다. 길선주(吉善宙) 목사와 모펫(S. A. Moffet) 선교사는 식산조합을 설립하여 오륙백 명의 회원들을 모으고, 보름마다 25전씩 모아 기금을

장은 직접 소비자에게 판매하였으나, 대규모 공장에서는 전문 판매상을 전국에 두어 도매상으로부터 주문을 받아 생산하고 대금결제는 30일 외상으로 거래하였다. 그러나 자금이 어려운 경우 60일이 넘는 경우도 빈번하였다. 정진상, 「일제하 한국인 토착자본의 성격」, 『한국근대농촌사회와 일본제국주의』, 문학과지성사, 1987, 225~226면.

67) 조선식산은행조사부, 『식산조사월보』 41, 1941. 10, 梶村秀樹, 앞글 451면에서 재인용.

68) 「평양저금조합성공」, 『동아』 1921. 3. 15, 「평양실업저금조합임시총회」, 『동아』 1922. 11. 4, 「절약저금조 발기 – 평양에서」, 『동아』 1926. 10. 3.

69) 「평양북금융조합의 서기장문제 – 도 재무부는 후임에 일본인으로 결정하려고 운동 – 반대가 심하여 리사까지 사표를 제출」, 『동아』 1921. 10. 25, 「북금융조합의 선거전 – 평양에서 처음일 – 개인으로 운동분주」, 『동아』 1921. 11. 5, 「조선인? 일본인? 양파로 암중모색 – 조합장과 리사의 후임 문제로 평양북금조에 일문제」, 『동아』 1928. 3. 25.

70) 梶村秀樹, 앞글, 1983, 43면.

만들고 그것으로 '근검저축식산조합'의 양말직조부를 만들어 생산활동에 참여하였다.[71] 조만식(曺晩植)도 YMCA를 중심으로 장감연합저축조합을 조직하여 3,000여 명의 조합원을 모집하였으며, 3년 동안 15,000원의 자금을 만들고 이것으로 양말공장을 설립하였다.[72] 앞에서도 언급한 '평안무역주식회사'의 설립 자금도 저축조합운동으로 형성한 자본이었다. 한국 기독교인들은 절제운동과 저축운동을 전개함으로써 토착자본의 어려운 자금사정을 종교적으로 해결하려 하였다.[73] 금주금연의 절제운동은 자본축적을 위한 기독교적 방법이었으며 이러한 운동은 종교적 전통으로 확립되어 지금까지도 계승되고 있다.

이러한 노력에도 불구하고 이들의 발전을 가로막는 구조적인 모순은 다수의 대·소 공업이 혼재하는 것이었다. 공장공업으로 발전하는 과정에서 소규모 부업 경영도 다수 존재하여 양말공업의 경우 200여 명의 소경영자들이 있었다. 이들 소경영자들은 임금을 인하하여 저렴한 가격에 판매하고, 판로를 개척하기 위해 소비자를 직접 찾아다녔기 때문에 남으로는 사리원, 북으로는 선천까지 판로를 확장하고 공장제 양말업자들을 위협하였다. 평양의 양말공업은 경영자들의 격렬한 경쟁과 그에 따른 개별 기업의 흥망이 끊임없이 반복되는 가운데 전개되었다.[74]

한편 군소 업자들의 발 빠른 경영에 대해서 공장공업의 경영자들도 대책을 강구하였다. 공장공업 경영자들은 원료 면사의 가격 등락이 심할 때 나타나는 다수의 파산자들을 '양말외직'으로 흡수하고, 가내공업이나 부업 경영자들도 흡수하였다.[75] 그리고 제품의 고급화, 다양화

---

71) 길선주, 「조합의 효력」, 『신보』 1917. 9. 5.
72) 평양지간행회, 『古堂 曺晩植』, 평남민보사, 1966, 107면.
73) 평양지간행회, 윗글, 102면.
74) 梶村秀樹, 앞글, 442~444면.
75) 1927년, 18개 주요 공장의 총 직조기 1531대 중에서 325대는 외부에 임

(목출모, 타월의 생산), 관련 산업에의 진출(염색공장, 기계 수리공장, 부품공장의 설립 등)로 소경영자들을 지배하고 산업 기반을 굳히려 하였다.[76]

한국 기독교인들의 경제활동은 교회조직을 활용한 절제운동과 자본 축적운동에 그치지 않고, 회사를 설립하여 근대적 산업활동에도 적극적으로 참여하였다. 대동고무공장은 1923년 8월에 자본금 24,000원으로 설립하였는데 1929년에는 자본금이 300,000원에 이르는 대규모 공장으로 발전하였다. 대동고무공장을 경영한 사람들을 살펴보면 모두 목사, 장로, 집사들이며, 예수교 총회의 총회장을 지내고 김익두 목사의 이적(異蹟)을 책으로 발간한(1921년) 재령교회 임택권(林澤權) 목사도 들어 있다.[77] 기독교인들은 소자본을 모아 기업에 투자하는 형식으로 기업활동을 활발하게 전개하였다.

기독교인들의 적극적인 기업활동이 교회 단위로 나타나기도 하였다. 평양의 남산현교회(감리교회)에는 아홉 개나 되는 근대적 기업이 있었다. 특히 '조선물산상회'는 생산(124,800원: 색관사, 양말직조)보다는 상품의 집하와 판매(20,000,000원)에 중점을 두고 교인들의 생산품을 수집하여 판매하는 역할을 담당한 것으로 추정된다.[78] 이로 볼 때 교회는 생산과 판매조직도 적극적으로 운영하였다고 생각된다.

나아가 기독교의 선교조직이 기업의 판로 역할을 담당하여 근대적 기업으로 성장한 경우도 있었다. 평양에서 미국 재봉틀 회사의 대리점

대하여 그 제품을 수매하였다. 『平壤全誌』, 681면.

76) 정진상, 「일제하 한국인 토착자본의 성격」, 『한국근대농촌사회와 일본제국주의』, 문학과지성사, 1986, 228면.

77) 「牧師長老間訴訟 – 平壤敎會의 問題」, 『조선일보』 1927. 6. 4.

78) 「平壤 南山峴敎友의 生産業 – 九商會歲入總高三百六千萬圓」, 『신보』 1925. 7. 22. 제시된 금액의 총계는 26,376,000원임.

을 경영하던 유기연(柳基淵)의 아들 유일한(柳一韓)은 미국에서 유학
을 마치고 '라쵸이식품회사'를 성공적으로 경영하였다. 그런데 세브란
스병원의 에비슨 박사는 유일한을 귀국시켜 '유한양행'을 설립하게 하
였다.[79] 유일한은 '라쵸이식품회사'를 정리하고 받은 25만 달러로 구
충제, 결핵제(네오톤), 피부약(맨소래담) 등을 들여와 약품 판매 사업
에 힘을 기울였다.[80] 초기의 약품 판매 사업이 성공함에 따라 계속적
인 상품 개발도 이루어져 아스피린, 안티프라민 등도 상품화하였으며,
일제 제약업계보다 설파제(GU사이드)를 먼저 수입하여 비약적으로
성장하였다.[81]

유한양행의 발전에 바탕이 된 요인으로는 유능한 사원과 선교사의
도움이 거론된다. 세브란스병원을 통하여 새로운 의학 지식이 제공되

상 회 이 름	점원과 직공인원수	영업품목과 생산량		생 산 액
朝鮮物産商會 (조선물산상회)	36명	색관사직조, 양말직조 타상품판매	3000필 300타	42,000원 82,800원 20,000,000원
大同洋襪所	306명	108,000타	108,000타	248,400원
三共洋襪工場	1,332명		250,000타	576,000원
共信商會	414명	7,200타	7,200타	165,600원
大元商會	460명	양말직조,	216,000타	496,800원
正昌護模商會	200명	고무신,	720,000족	504,000원
日新堂藥房	16명			216,000원
世昌織造商會	1,675명	양말직조, 목출모(4개월)	180,000타 15,000타	234,000원 105,000원
平安고무工業社	190명	고무신,	500,000족	350,000원

79) 黃明水는 유일한의 귀국을 주선한 사람은 언더우드라고 하였으나 유한
   양행에서는 에비슨이 귀국을 주선하고 촉구하였다고 기술하였다. 황명
   수, 『기업가사연구』, 단대출판부, 1976, 437면, 유한양행, 『나라사랑의 참
   기업인 유일한』 38면.
80) 황명수, 윗글, 439면, 유한양행, 윗글, 38면.
81) 황명수, 윗글, 439~442면.

고 선교사를 통하여 외국의 제약회사와 거래도 확보하였다. 유한양행은 아봇, 스키브, 파크데이비스, 제미슨, 시므브레, 러버, 존슨앤드존슨 등과 거래하여 안정적으로 약품을 공급받았다. 또한 세브란스병원은 전항섭(全恒燮)이라는 사원을 보내 유한양행의 영업조직을 적극적으로 후원하였다.[82] 선교사들은 일본인 판매업자들과 경쟁하던 조선인 약품 판매업자들을 위하여 '유한양행'을 설립하고 약품을 공급하여 판매망을 유지하도록 도와주었다고 추정된다.[83]

'유한양행'의 사례로 보아 한국의 기독교 선교조직은 약품 판매업과 밀접한 관계를 가지고 있었으며 세브란스병원은 그 조직을 주관하였던 것으로 추측된다. 그런데 일본인 판매업자들이 식민지 조선에 본격적으로 진출하면서 의료선교가 뿌려 놓은 약품 판매망을 위협하였으므로, 선교사들은 선교 기반을 유지하기 위하여 약품 판매를 주관할 회사가 필요로 하였다. 이에 유일한에게 '유한양행' 설립을 권유하고 유도하였으며, 나아가 '유한양행'의 경영에 적극적으로 개입한 것으로 추정된다. 즉 제약업에 필요한 최신 의학정보와 거래선을 확보해 주었고 영업조직도 지원하였다. 결국 조선인 약품 판매업자들은 기독교로 개종하여 초기에는 근대적 약품을 공급받았으며, 일제의 진출로 어려움을 겪게 되자 선교사의 도움을 얻어 근대적인 약품 조달 회사를 설립하여 대응하였다고 하겠다.

1920년대 기독교인들의 중요한 경제활동은 물산장려운동이었다. 1920년, 조만식(曺晩植), 오윤선(吳胤善), 이승훈(李昇薰), 김동원(金東元), 오화영(吳華英) 등 50여 명의 기독교인들은 '조선물산장려회'를

---

82) 황명수, 윗글, 440~441면.

83) "과거에는 府內三十餘의 병원에 약품원료를 일본인의 손을 거쳐 공급되엇스나 이것도 우리 손에 돌아오고" 『동아』 1928. 9. 27.

조직하고 조선 물산의 판로를 확보하려 하였으나 일제의 탄압으로 중단되었다. 그러나 1922년에 평양의 자본가들은 장대현교회(길선주 목사 담임)에서 조선물산장려회를 다시 발족하여 토산품 장려운동을 전개하였다. 이 운동은 이후 서울로 전파되어 25개의 지회와 3,000여 명의 회원을 확보하는 전국적인 물산장려운동으로 발전하였다.[84] 이후 물산장려운동은 공산주의자들의 비판과 경제적 조건의 미비로 쇠퇴하였으나 평양에서는 기독교를 중심으로 계속되었다.[85]

평양의 물산장려운동에서 특기할 것은 일제의 공산품 원료 장악에 대항하여 새로운 상품을 개발한 것이다. 일제의 수입 면사에 의존하던 직조업자들은 공급자들의 횡포에서 벗어나기 위하여 평양수목(平壤水木)을 개발하였다. 평양수목은 재생 면사(사용하던 솜을 세탁하여 방적한 것)를 사용하여 직조한 두껍고 색감도 좋지 않은 면포였다. 따라서 전통적인 한복에 사용하기는 어렵고 모자천이나 양복천으로 이용하도록 선전하였으나[86] 일반화되지 못하고 모자천으로 사용되는 데에 그쳤다.

---

84) 『古堂 曺晩植』, 103면.
85) 「구정월을 기하여 물산장려선전 – 악대의 선두로 시가를 일주 – 부인도 참가한 이채의 행렬」, 『동아』 1925. 1. 26, 「평양물산장려정기총회개최 – 임원개선 기타결의」, 『동아』 1925. 8. 22, 「조선물산장려회지회 – 영변」, 『동아』 1927. 9. 20, 10. 1, 12. 6, 구정을 즈음하여 물산장려선전과 강연회개최에 대한 기사, 『동아』 1929. 1. 18, 2. 8, 2. 12, 2. 13, 3. 1, 「박람회기회로 토산품전람회」, 『동아』 1929. 8. 21, 「금지중에 물산선전 – 음십오일에 거행 – 평양물산장려회서」, 『동아』 1930. 2. 4, 「평양미증유의대선전행렬 – 물산장려, 借家동맹, 금주금연」, 『동아』 1930. 2. 5, 2. 11, 2. 14, 「조선물산장려회선전강연회 – 金昶濟, 金秉瀋, 金奉治」, 『동아』 1931. 1. 20, 물산장려 선전행렬·삐라에 대한 기사, 『동아』 1931. 2. 6, 2. 18, 2. 19.
86) 「水木布屬도 洋服材料 – 죠선물산소비의 풍죠를 따라 양복만든(드의 오기로 보임)는법을 장려한다고」, 『조선일보』 1927. 2. 7, 「토산의 양복지 – 동양염직회사의직조」, 『동아일보』 1923. 4. 28.

　평양수목의 개발은 수입 면사에 의존하던 한인 직조업자들이 일본인 면사 상인들의 원료 독점과 그로 인한 가격 조작 횡포에서 벗어나기 위하여 만든 제품이었다고 볼 수 있다. 신제품 개발에 따른 수요 창출이 이루어지지 않아 모자천으로 이용되는 데 그쳤으나[87] 일제의 원료 독점의 폐해를 뼈저리게 겪으면서 그 지배를 벗어나려던 평양 토착자본가들의 독자적인 노력이 만들어 낸 결과라 할 것이다. 평양수목의 상품화 실패는 일제의 원료 장악과 공급 횡포에서 벗어나 기업의 발전을 이루는 것이 얼마나 어려운 일인가를 이해하게 하였으며, 벗어날 수 있는 유일한 방법은 민족해방임을 자각하는 과정이었을 것이다.

　이렇게 산업화를 위하여 노력하던 토착자본가들을 위협하는 것은 노동운동이었다. 노동자들의 단결력은 공산주의 사상을 흡수하면서 자연발생적 성격을 벗어나 이론적으로 조직적으로 발전하였다.[88] 평양 지역 노동운동의 조직적 발전은 1920년 5월 '노동대회'의 평양지부가 설치되면서 본격화되었다. 1922년에는 평양 최초의 부문별 노동조합인 양말직공조합이 조직되었으며, 1924년에는 '조선노동총연맹' 산하 '평양노동연합회'가 발족하여 노동조직 형성에 노력하였다. 1923년, 1924년에는 임금문제를 중심으로 본격적인 파업을 전개하였다. 노동운동은 신의주양말공업의 대두로 더욱 강화되었다. 중국인 숙련공들의 저임금은 평양 양말의 기술 수준으로는 극복하기 어려운 상대였다. 특히 다량의 노동을 요구하는 고급 양말의 경우는 실제로 많은 타격을 입었다.[89] 평양의 양말공장주들은 중국인 임금보다 한인 임금이 훨씬 비

---

87) 『동아일보』 1923. 2. 26.

88) 김봉우, 「민족해방의 과제와 노동운동」, 『한국민족주의론』 Ⅲ, 창작과비평사, 1985, 217~232면. 김준, 「일제하 노동운동의 방향전환에 관한 연구」, 『일제하의 사회운동』, 문학과지성사, 1987, 17~13면. 김경일, 『일제하노동운동사』, 창작과비평사, 1992, 82~117면.

싸다는 것을 부각시켜 노동자들의 임금 인하를 추진하였으므로 임금을 둘러싼 노동운동이 격렬하게 전개되었다.[90] 1925~1926년에 이르러 면옥, 양복, 고무, 염직, 유기, 양말, 정미, 선박, 운수 등의 직업별 노동조합과 대동, 신수구, 대동문 등의 지역별 노동조합이 결성되어 단결된 힘을 발휘하였다.[91]

평양은 일찍부터 산업이 발달하여 대규모 산업노동자군이 존재하였고, 공산주의 사상의 수용에도 적극적이었다. 이를 배경으로 사상단체나 지식인의 지도 없이 강력한 계급적 기반을 가진 노동운동이 전개되었고, 노동자들의 요구를 강력하게 반영하였다. 노동단체를 중심으로 청년단체, 사상단체, 신문사들이 보조를 맞추었고 노동운동이 격렬하게 전개되었다. 평양지역 노동운동의 선진성은 노동자를 중심으로 지향점이 뚜렷하였으며, 그에 따라 운동의 지속성, 강인성, 격렬성을 두루 갖추게 되었다.[92]

그러므로 산업자본을 형성하던 초기 단계에서 상대적으로 강력한 노동운동의 도전을 받은 평양의 공장주들은 노동운동을 매우 위험시하였으며 적극적으로 대처하였다. 기독교인들은 공장을 유지하기 위하여 생산합리화를 추진하는 한편 총독부에도 접근하여 노동운동을 방지하려 하였다. 나아가 노동자들에 대한 선교활동도 적극적으로 전개하여 노동운동을 근본적으로 막으려 하였다.[93] 평양 남산현교회에 속한 9개 상회의 자본가들은 감리교 연회에 직공들을 위한 청년 목사

---

89) 주익종, 「일제하 평양의 메리야스공업에 관한 연구」, 서울대 경제학과 박사학위논문, 1994, 100면.
90) 주익종, 윗글, 101~104면.
91) 김윤환, 『한국노동운동사』 I, 청사, 1981, 177~183면.
92) 김경일, 앞글, 1989, 124~127면.
93) 정진상, 앞글, 1988, 229면.

파송을 건의하여[94] 평양의 노동문제에 감리교 본부가 직접 관여할 것을 요구하였다. 장로교회들은 이보다 더 적극적으로 노동소개소를 설치하여 노동자들에게 일자리를 알선하였으며,[95] 노동전도대를 만들어 노동선교에 열을 올렸다. '평양성예수교노동연합'은 전남 무안군 지도면 광정리에 교회를 설립하였고,[96] 노회에서는 8개소나 되는 노동자교회를 설립하여[97] 노동운동의 과격화를 방지하려 하였다.

노동자들과 힘든 임금협상을 벌이면서도 상대적으로 안정되었던[98] 평양의 양말공업은 대공황의 타격과 남부지방의 한발 그리고 노동운동의 격화로 커다란 어려움에 직면하였다. 양말생산은 1930년에 들어서면서 총생산단가로 1929년에 비하여 1/3로 축소되었다.[99] 이것은 평양의 양말산업이 식민 당국의 정책적 구제나 보호가 없어서 공황으로 격동하는 시장의 영향을 고스란히 받았기 때문이었다. 토착자본가들은 경제 난국을 타개하기 위하여 전동양말기(電動洋襪機)를 설치하고 생산성 향상과 제품의 고급화로 노동운동의 영향에서 벗어나려 하였다.[100] 총독부의 지원을 기대할 수 없었던 조선인 양말업자들은 적극적인 자체적 생산합리화를 통하여 경제 난국을 타개하고자 하였다.

그러나 대부분의 토착자본가들은 일제의 경제적 수탈을 합리적으로 해결하지 못하였다. 조업시간을 단축하고 임금을 인하하는 노동자에 대한 직접적 수탈로 공황을 모면하려 하였다. 이와 비례하여 노동자들

---

94) 『신보』 1925. 7. 22.
95) 「평양노동전도회창립4주년기념식」, 『동아일보』 1923. 10. 29.
96) 「광정리교회신설」, 『신보』 1926. 4. 28.
97) 채정민, 「평양로회내 각교회에게」, 『신보』 1928. 7. 18.
98) 주익종, 앞글, 119~144면.
99) 梶村秀樹, 앞글, 454면.
100) 주익종, 앞글, 118~126면.

의 불만은 더욱 고조되었으며 이를 이용하여 코민테른, 프로핀테른 등은 노동운동을 계급투쟁의 방법으로 격화시키려 하였다.[101] 취약한 조선인 자본가들은 노동문제에 효과적으로 대처할 경제력이 없었으므로 노동운동의 격화에 위협받고 있었다. 교회는 영세한 기독교 자본가와 빈곤한 노동자들을 돕기 위하여 선교 차원에서 노동문제 해결에 나서게 되었다(제5장 노동문제에 관한 인식에서 구체적으로 고찰할 것임).

이렇게 볼 때 1910년대부터 산업화를 시도하던 영세한 기독교 자본가들은 1920년대에 들어와 일제의 자본주의정책에 적극적으로 참여하였다. 그러나 정책적으로 소외되고 우월한 일본인 자본가들에게 위축당하여 경제활동에 참여하기 어려웠으며, 참여한 경우에도 기술부족과 경영미숙 등으로 성공하기는 더욱 어려웠다. 결국 식민지 조선에 주어진 경제 현실은 후진 일본 자본주의의 이윤을 확보하기 위한 것으로 조선인 토착자본가들은 식민지 경제정책의 한계를 뼈저리게 인식하는 계기가 되었을 것이다.

제2절 기독교와 공산주의의 갈등

1. 1920년대 초반

1910년대 일제의 식민지 경제정책은 조선의 자본주의 발전을 저지하고 식량과 원료의 본원적 수탈구조를 확립하려는 것이었다. 그러나 식민지 토착자본가들은 1910년대 중 후반에 이르러 일제의 억압을 뚫

---

101) 김준, 앞글, 39~40면.

고 다시 성장하였다. 이러한 경향은 1차 세계대전으로 활황을 맞은 일제가 식민지 조선에 진출하면서 더욱 진전되었다. 한인들은 기업설립운동을 벌이고 일제의 경제적 진출에 대응하려 하였다.[102] 그러나 토착자본가들의 활발한 경제활동은 근대적 경제활동에 대한 무지와 밀려오는 일본 상품에 압도되어 도산하는 경우가 많았다. 회사 설립은 1920년을 절정으로 쇠퇴하고 관세철폐가 거론되면서 식민지 조선의 토착자본가들은 위기의식을 느끼게 되었다.[103] 이에 조선인 중심의 산업활동 지원을 총독부에 요구하였으나 전후공황에 시달리던 일제는 일본인들의 산업을 보호하기 위하여 종전의 식민지 산업정책을 재확인하는 데에 머물렀다.[104]

이에 토착자본가들은 경제적 활로를 찾기 위하여 실력양성운동을 강조하였으며, 이를 구체화하기 위하여 물산장려운동과 민립대학설립운동을 전개하였다. 이들의 민립대학설립운동은 지역조직을 형성하고 이를 바탕으로 근대 문명을 수입하려 하였으나 공산주의의 전파로 지방의 하부조직을 상실하면서 운동은 퇴조하였다. 이에 토착자본가들은 총독부의 지원을 요청하는 한편, 애국심에 호소하는 자급자족의 물산장려운동을 일으키게 되었다.[105] 물산장려운동이 전국적으로 전개되자 공산주의자들은 자본가를 비판하였다.[106]

이보다 앞서 공산주의자들은 공산주의를 과학적 근대화운동 내지 민족운동 이념으로 선전하고, 세력 부식을 위하여 반기독교운동을 추진하였다. 중국과 소련의 반기독교운동[107]을 지켜본 한인 공산주의자

---

102) 박찬승, 앞글, 138~148면.
103) 윤해동, 앞글, 302~310면.
104) 박찬승, 앞글, 185~196면.
105) 윤해동, 앞글, 310~314면.
106) 윤해동, 앞글, 314~349면.

들은 조선에서도 근대화의 통로로 기능하던 기독교를 비판하는 것이 사상 선전과 투쟁조직의 형성에 효과적이라고 생각하고, 반기독교운동을 다양하게 전개하였다. 그중에서도 기독교인들의 위기의식을 크게 자극한 것은 당시 기도치병(祈禱治病)으로 전국적인 주목을 받던 김익두(金益斗)에 대한 비판이었다. 김명식(金明植)은 기독교를 서구 근대 문명의 통로로 높이 평가하지만 근래 기독교회에 나타난 모순은 심각하다고 보았다. 모순의 원인은 기독교를 믿는 사람들이 불순하여 나타났다고 보고[108] 첫째, 김익두의 무식함과 언어와 행동의 비루함을 비판하였다.[109] 둘째, 예수의 구세주 됨은 예수의 의(義)와 열(熱)과 사랑 그리고 십자가의 붉은 피에 있는 것이지 기도치병에 있는 것이 아니라 하였다. 기도치병이라는 비루한 언사와 행동은 예수 그리스도의 인간에 대한 사랑과 순결을 미신화하는 행위로 예수의 적(敵)이요 사회의 공적(共敵)이라는 것이다.[110] 셋째, 김익두가 받은 헌금을

---

107) 오재환, 「5·4운동기 전후 중국지식인의 반기독교논쟁」, 『역사학보』 111, 1986, 123~137면.

108) 金明植, 「金益斗의 迷亡을 論하고 基督敎徒의 覺醒을 促하노라」, 『新生活』, 임시호(6호), 1922.6, 2~6면, 전부 6면의 글에서 이 부분에 할당된 지면 수가 4면에 이름.

109) "金益斗는 迷亡者이다. 그 言語가 迷亡이며 行動이 迷亡이다. 원래 無識흔 者이니 知識이며 人格이며 思想이며 品性은 말할 것도 없다. 神聖흔 牧師의 名義도 恫하고 基督을 買하야 朝鮮社會에서 闊步한다." 김명식, 윗글 5면.

110) "金益斗의 歷史와 出身과 品性은 이제 論할 必要가 업건이와 彼는 牧師가 되야 基督의 奇蹟과 異行을 말한다 이것을 基督敎라하야 每樣醜陋한 言語와 行動으로써 져純潔하며 거룩한 基督을 賣한다 그리하여 世를 惑하며 民을 誣한다 彼는僭稱하되 自己에게 基督과 如한 奇蹟異行이 잇다고한다 基督은 救世主이다 義가 잇스며 熱이 잇스며 誠이 잇스며 憤이 잇스며 愛가 잇스며 最後의 鮮血이 잇섯다 基督에게 잇는것이 이것이오 奇蹟과 異行이 아니다 基督이 救世主가 된것도 奇蹟과 異行이

착취로 보았다. 김익두가 미신과 백성들의 어리석음을 이용하여 기독교의 종교성을 타락시키고 백성들을 착취한다는 것이다.[111] 김명식은 김익두의 부흥운동을 미신 행위로 규정하고 그것을 통한 헌금행위를 미신적인 제국주의 침탈로 민중들에게 인식시키려 하였다. 그러나 부흥운동의 비종교적 성격을 비판하는 데에 머물러 기독교에 대한 정면적 비판을 피하고, 직접적인 자극도 삼갔다. 결국 김명식은 교계를 대표하던 김익두의 부흥운동은 미신으로 비판하여 기독교는 근대화를 위한 방법이 아니라는 것을 여론화시키려 하였다.

그러나 김익두의 부흥회는 수그러들지 않고 성행하였고 이를 통하여 막대한 헌금이 교회로 들어왔다. 기독교인들은 그것을 기금으로 전도사업과 교육사업 등을 전개하였을 뿐만 아니라[112] 김익두의 질병치유사건을 문서로 발간하여 종교적 권위도 강화하였다.[113] 김익두에 대한 교회의 입장은 1920년 10월에 경성 안동교회에서 개최된 제9회 조선야소교장로회 총회에서 김익두를 총회장으로 선출하여 기독교를 대표하게 만들었다.[114] 이에 더하여 재령 사람 강제모(姜齊模)와 중국 금능신학교(金陵神學校) 학생 김경하(金京河)의 김명식 비판을 6회나 『기독신보』에 연재하여[115] 김익두를 옹호하였다. 기독교인들은

아니라 愛이며 義이며 最後의 鮮血이다 이러한 基督을 彼는賣하야 僭稱하되 自己가 基督의 奇蹟異行을 한다함은 基督에 對하야 큰罪人이오 社會에 對하야 公敵이다." 김명식, 윗글, 6면.

111) 김명식, 윗글, 7면.

112) 김목사가 인도한 승동교회 부흥회에서 5000원의 헌금이 들어와 그 헌금을 기금으로 전도국을 설립하였다. 『신보』 1920. 11. 17.

113) 「이적명증회취지서」, 『신보』 1920. 9. 8.

114) 『신보』 1920. 10. 13.

115) 강명숙, 「1920년대 초 한국 개신교에 대한 사회의 비판」, 『한국기독교와 역사』 5, 1996, 61~67면.

56 | 본 론

김익두의 부흥회를 이론적으로 옹호하고 제도적으로 지원하였다.

반기독교운동에 대한 기독교인들의 완강한 저항에도 불구하고 공산주의자들의 반기독교운동은 그치지 않고 제사문제, 대영성서공회 직원 해임문제, 웰취 감독 망언사건, 미션계 학교의 교육내용 비판, 고등보통학교로의 승격을 위한 동맹휴학운동 등을 벌여 교회에 대한 비판을 계속하였다.[116] 그러나 식민지 조선의 기독교인들은 반기독교운동의 의미를 충분히 이해하지 못하고 교회의 유지와 발전만을 추구하는 경직된 태도로 대응하였다. 공산주의자들은 이러한 기독교를 선진 문명의 전달자로서가 아니라 종교적으로 타락한 미신으로 비판하여 이전까지의 사회적 인식을 불식하려 하였다. 이것은 근대 문명의 통로가 다양하게 확보되고, 각 통로로부터 새로운 이념과 방법론이 도입되면서 기존의 근대화에 대한 반성이 일어나고 있었기 때문이기도 할 것이다. 어쨌든 공산주의자들은 이러한 사회적 분위기를 이용하여 공산주의 사상의 전파에 노력하였으며 그 수단으로 반제반봉건의 과제를 수행해 온 기독교를 미신으로 비판하여 공산주의 사상을 전파하려 하였다.

결과적으로 소련과 중국의 공산주의운동을 지켜본 식민지 조선의 공산주의자들은 기독교 비판을 사상활동의 기초로 삼았으나, 교회는 이들의 비판에 적절히 대응하지 못하고 방어적 자세로 일관함으로써 변화를 요구하는 청년들의 기대에 부응하지 못하였다. 그 결과 교회 청년들은 동요하였고, 기독교와 공산주의의 갈등은 교회의 조직문제로 또는 사회문제로 비화되었다.

---

116) 강명숙, 윗글, 67~74면.

2. 1920년대 중 후반

기독교인들이 주도하는 외교적 독립운동이 '워싱턴회의'에서도 별다른 성과를 보지 못하자 민족주의자들은 다시 실력양성운동을 표방하였다. 특히 민족주의 우파라고 불리는 세력들은 경제적 실력양성을 도모하기 위하여 정치권력의 확보를 생각하게 되었고, 총독부는 이들을 포섭하기 위하여 자치론을 흘리게 되었다.[117] 자치론은 '연정회'와 '조선사정연구회' 그리고 '태평양문제연구회'의 조선지회 등을 중심으로 활발하게 거론되었다.[118]

자치세력의 확산에 위기감을 느낀 공산주의자들은 자치운동에 반대하는 민족주의자들과 협동전선을 형성하려 하였다. 더욱이 1925년에 치안유지법이 실시되면서 공산주의자들은 합법적 활동 공간을 마련하기 위하여 민족협동전선의 구축(構築)을 서두르게 되었다. 공산주의자들은 1925년 4월에 '조선공산당'을 결성하였으나 당내 사정으로 민족협동전선은 진전을 보지 못하고 '신의주사건'을 맞아 제1차 '조선공산당'은 해체되었다. 1926년에 제2차 조선공산당이 조직되자 천도교와 손잡고 '국민당'을 결성하려는 민족협동전선운동이 본격화되었다. 그러나 6·10만세사건으로 공산당의 간부들이 대부분 구속되고 몸을 피하면서 '국민당' 결성은 중단되었다.[119]

이에 일본유학생을 중심으로 한 '일월회'는 1926년 여름부터 1·2차 조선공산당의 검거로 위축된 국내 공산당세력을 집결하여 제3차 조선공산당을 결성하여 당조직을 재건하였다. 그리고 11월에는 '정우회선

---

117) 박찬승, 앞글, 1992, 304~322면.
118) 박찬승, 윗글, 325~343면.
119) 이균영, 『'신간회' 연구』, 역사비평사, 1993, 40~60면.

언(正友會宣言)'을 발표하는 등 민족협동전선을 적극적으로 추진하였다.[120] 한편 서울청년회계 공산주의자들은 토산장려운동자들과 '조선민흥회(朝鮮民興會)'를 설립하고 민족협동전선을 조직하려 하였다. 그러나 공산당의 재건을 위한 각파연합이 추진되는 과정에서 '서울청년회'는 구파(舊派)와 신파(新派)로 분열되었으며, 신파가 각파연합에 참여하면서 제3차 공산당이 공산주의운동을 주도하게 되었다.[121] 이렇게 공산주의운동의 구심체가 정비되자 공산주의자들은 민족협동전선의 추진에 박차를 가하여 1927년 2월에는 '신간회(新幹會)'가 창립되었다.[122]

민족협동전선이 형성되면서 국내 민족운동은 상당히 변하였다. 자치운동은 지지부진하였으나 '신간회'운동은 신간회가 조직된 지 1년도 안 되어 100여 개의 지회를 결성하고 활발하게 활동하였다. 이에 민족주의 우파는 민족운동에서 소외되지 않기 위하여 '신간회'에 가입하려 하였으며, '신간회' 상층부인 민족주의 좌파는 자치운동의 기반을 붕괴시키고 민족 역량을 결집하기 위하여 자치파까지도 포섭하려 하였다.[123] 이러한 노력이 결실을 보아 1927년 12월에 '신간회' 평양지회가 설립되었고, 1928년 1월에는 송진우가 '신간회' 경성지회에 입회하여 명실 공히 민족협동전선이 형성되었다.

민족주의자들이 '신간회'에 가입하여 활동 영역을 넓혀가자 공산주의자들은 '신간회'에 대한 프롤레타리아의 주도권을 획득하기 위하여 '헤게모니 전취론'을 주장하게 되었다. 이후 프롤레타리아의 주도권 장

---

120) 이균영, 윗글, 55~73면.
121) 이균영, 윗글, 83~94면.
122) 이균영, 윗글, 115~128면.
123) 박찬승, 「1920년대 중반~1930년대 초 민족주의좌파의 '신간회'운동」, 『한국사연구』 80, 1993, 69~70면.

악은 공산주의운동의 일반론으로 자리하게 되었으며 이를 놓고 민족주의자들과 공산주의자들의 갈등이 첨예화되었다. 안광천(安光泉)의 헤게모니 전취론은 1928년 초에 이르면서 지방지회의 현실적 투쟁을 위한 조직 개편 논의로 발전하기도 하였다.[124]

1920년대 중 후반에 공산주의자들은 민족운동을 주도하면서 반기독교운동을 더욱 활발히 전개하였다. 이들은 청년과 학생조직을 이용하여 미션계 학교의 동맹휴학, 학생과학운동, 선교사 배척운동 등을 전개하여 기독교 세력을 압박하였다. 반기독교운동은 조선공산당이 결성되고 (1925년 4월) 그 산하 조직으로 공산청년회가 조직되면서 더욱 활발해졌다. 기존의 반기독교운동과 공산청년회의 반기독교운동이 경쟁적으로 전개되면서 운동의 횟수와 내용이 격화되었다. 1925년 여름, '전조선주일학교대회'를 계기로 일어난 반기독교운동은 대대적인 폭력사건으로 발전하여 여론화에 성공하였다.[125]

1920년대 초반에 교육내용의 충실화를 요구하던 미션계 학교들의 동맹휴학은 1925년경에는 민족운동 세력에 대한 공산주의자들의 비판으로 전환되었다. 배재고보의 동맹휴학은 이러한 변화를 상징적으로 보여준다. 당시 배재고보의 교무실은 감독계(선교사계)와 주임계(민족주의자 강매가 중심)로 분열되어 있었는데, 학생들이 주임계 교사들을 비판하고 동맹휴학을 일으켜 결국 주임계 교사들 이중화(李重華), 김동혁(金東赫), 유병민(劉秉敏) 등이 사직하였다.[126] 그런데도 학생들

---

124) 한상구, 「1926~28년 민족주의 세력의 운동론과 '신간회'」, 『한국사연구』 86, 1994, 172~179면.
125) 강명숙, 「1920년대 중국의 반기독교운동과 식민지 조선의 사회주의운동」, 『한국기독교와 역사』 8, 한국기독교사연구소, 1998, 152~169면.
126) 「內容複雜한 배재교, 卒業生의 黜學이 原因되여서, 世上에 뎐하는 여러 가지 內幕」, 『동아』 1925. 3. 7.

은 남아 있는 주임계 교사들의 사직을 요구하며 동맹휴학을 계속하였으므로 학교 당국은 이들 학생들에게 강경한 조치를 취하였다.[127] 학생과 학교 당국이 대치하면서 학생들은 강매 선생을 중심으로 한 주임계의 잘못을 일반에 알리고 동맹휴학의 정당성을 입증하려 하였다.[128] 동맹휴학이 사회문제로 발전되자 배재고보의 동맹휴학를 해결한다는 명목으로 공산주의 단체인 혁청단, 북풍회, 여성동우회 등의 공산주의 단체의 대표 20여 명이 공식적으로 개입하려 하였다. 이들은 혁청단 사무실에서 김한경(金漢輕), 안기성(安基成), 방두피(方斗疲) 등을 동맹휴학의 조사위원으로 선출하고 사건의 진상을 규명하려 하였다.[129] 이러한 과정을 살펴볼 때 1925년 배재고보 학생들의 동맹휴학은 공산주의자들이 학생조직을 이용하여 강매 선생을 중심으로 한 민족주의자들을 비판하려던 사건이었다고 할 것이다.

학생맹휴를 통한 공산주의자들의 기독교 비판은 목포의 정명여학교 사건에서도 나타났다. 정명여학교의 동맹휴학은 가혹한 체벌에 항의하는 학생들을 선교사들이 권위주의적으로 처리하여 일어난 사건이었다.[130] 선교사들의 권위주의적인 태도는 동맹휴학을 주동한 학생들을 처리하는 과정에서도 계속되어 학생들과 시민들은 선교사를 비난하게 되었다. 선교사들의 몰상식한 행동에 민족적인 모욕감을 느낀 목포 사

---

127) 1. 姜邁(교무주임) 崔在鎬 崔登萬 세 先生을 즉시 辭職식혀줄일(別紙에 三氏의 不信任條件을 列擧), 2. 金鍼浩先生의 過去 卑行을 注意할 일, 3. 金仁湜 先生은 唱歌 敎授만으로 制限홀사, 「問題는 全部敎員」, 『동아』 1925. 3. 13.

128) 「社會에 泣訴, 억울한 事情과 盟罷의 眞相을」, 『동아』 1925. 3. 24.

129) 「모임」, 『동아』 1925. 3. 25, 「培高事件其後 社會團體應意, 府內여섯단체」, 『동아』 1925. 3. 29.

130) 「寄宿舍에서 放逐된 學生 路頭에 涕泣방황 『즘생가튼색기들아』라는 西洋牧師의 말에 더옥 분해 정명교事件去益險惡」, 『동아』 1925. 6. 19.

회는 사회단체들을 중심으로 전조선비행선교사조사응징회(全朝鮮非行
宣敎師調査膺懲會)를 만들고 7인의 집행위원을 선정하였다.131) 이들
은 선교사 성토 강연회를 열어 목포 사회의 여론을 불러 일으켰고, 여
론에 밀린 선교사들은 노회에서 사죄하고 근신하였다.132) 정명여학교
의 동맹휴학사건을 겪으면서 조선인들은 선교회의 학교 경영이 얼마
나 자의적인 것인지를 알게 되었으며, 선교사들의 권위적인 태도에 민
족적 굴욕감을 느끼게 되었다. 학생들의 동맹휴학은 선교사들의 백인
우월주의를 배척하는 역할을 하였으며 이를 통로로 제국주의를 비판
할 수 있는 소지를 만들었다.

선교사 배척운동은 교회 안에서도 일어났다. 성진지역의 고등보통
학교설립문제133), 웰취 감독 망언사건134), 구세군사건135), 자치교회
운동 등이 일어나 선교사들의 독선적인 선교회 운영을 비판하였다.136)

---

131) 「木浦人士 大憤慨 批判演說會를 열고저 目下準備中」, 『동아』 1925. 6.
    19, 「全朝鮮卑行宣敎師調査膺懲會實現 성언강령을 발표하는 동시에 執
    行委員七人을 선명하얏다」, 『조선』 1925. 6. 15.
132) 「米人宣敎師 聲討講演會 무사히 마치어 木浦명명女校事件」, 『동아』
    1925. 6. 28, 「명명여교 또 動搖 今回는 學父兄 間에 原因은 主謀者處分
    問題」, 『동아』 1925. 9. 14.
133) 『기독신보』에 나타난 기사-「三處의 學校를 合ᄒ야 完全ᄒ 一 高普로」,
    1923. 2. 21, 「成鎭敎會의 紛爭」, 1923. 3. 13. 『동아일보』에 나타난 기사
    -「中學期成發起會」, 1923. 2. 11, 「성진의 中學期成運動-生命과 光明
    自憤과 自發」, 1923. 3. 12, 「中學校 位置로 老會紛糾 元山은 脫退하고
    성명서까지 發表」, 1923. 9. 5.
134) 「웰취氏의 答電」, 『조선』 1924. 4. 3, 「宣敎妨害者의 所爲라고 靑年會代
    表 모씨의 말」, 『동아』 1924. 4. 3, 「웰취 監督의 辨明」, 『시대일보』
    1924. 4. 3, 「웰취씨 事件의 眞相은?」, 『시대일보』 1924. 4. 19.
135) 서정민, 「구세군분규사건」, 『한국기독교사연구』 26, 1989. 6.
136) 유예경, 『1920년대 조선에서의 개신교선교사 배척운동에 관한 연구』,
    고려대 소축대학원 역사전공석사학위논문, 1992, 104~106면.

이러한 분위기를 이용하여 공산주의자들은 미션계 학교의 동맹휴학을 책동하였다. 서울의 동양성서학원, 동대문부인병원 간호원양성소, 세브란스병원 간호원양성소, 평양 기홀병원 간호원양성소, 서울 중앙유치원의 보모양성소 등에서 선교사를 배척하는 학생들의 동맹휴학운동이 계속되었다.[137] 이들 동맹휴학운동의 원인을 살펴보면, 선교사들의 독선적인 경영을 문제 삼고 있지만 사건의 추이는 배후 책동이 있음을 짐작하게 하는 경우가 대부분이다.

선교사 배척운동은 일반 사회에도 퍼져 나아갔다. 선천에서는 신성학교 증축을 문제 삼아 선교사를 배척하였으며,[138] 마산에서는 자치교회를 어렵게 하는 맹호은(孟晧恩) 선교사를 비판하는 여러 가지 사건이 일어나 지방사회를 들끓게 만들었다.[139] 뿐만 아니라 군산의 기자단은 중국의 반종교운동을 비판하는 선교사들의 무책임한 발언을 문제 삼아 사과를 받기도 하였다.[140] 이렇게 볼 때 각 지방의 선교사 배척운동은 기독교의 내부 모순을 증폭시켜 사회문제로 여론화함으로써 기독교 선교를 식민지 사회에 대한 제국주의 침략으로 인식하게 만들려는 움직임이었다고 할 것이다.

이러한 움직임이 식민지 조선 전체의 문제로 비화된 사건도 있었다. 선교사 배척운동이 전국적 규모로 발전하여 민족운동으로 발전할 소

---

137) 유예경, 앞글, 92면.
138) 『동아』 1926. 8. 3.
139) 「出戰戀人의 付託으로 米國政府가 慰藉」, 『동아』 1926. 10. 26, 「馬山敎會事件을 듣고」, 『동아』 1927. 1. 11, 「宣敎師 非行調査決意」, 『동아』 1927. 2. 10, 「兩大問題 決意 馬靑위원회서 – 普敎愼訓導의 非行事件과 宣敎師 孟晧恩婦人少女 私刑事件」, 『동아』 1927. 2. 26, 「申氏事件 決意 孟宣敎師事件도 馬山記者團臨總에서 – 馬山公普訓導의 非行事件과 宣敎師의 少女暴行事件에 對하여」, 『동아』 1927. 2. 26.
140) 「米人 선교사의 모욕적 망언에 군산기자단 분기」, 『조선』 1927. 5. 11.

지를 만든 것은 허시모사건(許時模事件)이었다. 허시모[141]의 사형(私刑)을 규탄하는 강연회와 성토대회가 전국적으로 일어나 선교사를 배척하는 사회적 분위기가 고조되었다.[142] 허시모사건을 통로로 조선사회가 선교사들의 독선적인 행동을 제국주의 침략으로 인식하게 되었으며, 제국주의 침략을 맹렬하게 비난하게 되었다.

선교사의 사형사건에 관한 규탄은 여기서 멈추지 않았다. 공산주의자들은 허시모사건의 여세를 몰아 일본인들의 사형(私刑)에 대한 민족적 저항감을 불러일으켰다. 당시 빈번하게 일어나던 일본인들의 조선인에 대한 인권유린을 비판함으로써 제국주의 침략을 대중의 경험과 직결시켰다.[143] 즉 제국주의 침략을 추상적 수준에서 비판하는 것이 아니라 대중의 경험 속에서 도출함으로써 제국주의 침략에 대한 대중의 격렬한 저항을 유도하였다.

그러나 일제는 선교사 배척운동이 일제에 대한 저항운동으로 발전하도록 방치하지는 않았다. 선교사를 압박하여 미국과 외교적 흥정을 벌이려 하였으며,[144] 조선인들의 활동을 탄압하여 비판활동이 일본에

---

141) 허시모(C. A. Haysmer)는 1925년에 내한한 안식교 선교사로 평남 순안에서 안식교 선교회가 운영하는 병원의 원장으로 근무하였다. 허시모 사형사건은 허시모의 집 과수원에서 사과를 따먹은 한국인 남자 아이의 이마에 염산으로 '묘덕'이라 써서 돌려보낸 것이 사건화된 것이다.

142) 유예경, 앞글, 108~109면.

143) 「육세 여아을 결박구타후 전면을 「콜탕」으로 흑염－부산에 발생한 제이 허시모사건」, 『조선』 1926. 8. 27, 「철원 일본인의 사형사건」, 『조선』 1927. 6. 20, 사설, 「염기할 유행－번번한 사형사건」 『조선』 1927. 6. 28, 「박천역장이 소아를 또 사형」, 『조선』 1927. 7. 14, 「사형의 목적은 '이일 징백' 의 행동」, 『조선』 1927. 11. 22.

144) 사설, 「허시모사건에 대하야－일단락을 짓게하라」, 『조선』 1926. 7. 5, 사설, 「허씨사건과 세론」, 『동아』 1926. 7. 6, 忙中閑人, 「보는대로 듯는대로 생각나는대로」, 『동아』 1926. 7. 16.

대한 비판활동으로 발전하지 못하고 쇠퇴하였다. 허시모사건은 종국에는 일본에 이용당하는 면도 있었지만 선교사 배척운동이 전국적인 사건으로 발전하여 식민지 민중에게 제국주의의 폐해를 이해시키는 통로가 되었고, 민족운동을 전개할 수 있는 대중적 기반을 형성하였다.

앞에서 살펴본 바와 같이, 1920년대 중 후반 공산주의자들의 선교사 배척운동은 기독교에 대한 사회의 비판적 분위기를 고조시켜 기독교의 입지를 좁히면서 공산주의 사상의 전파와 투쟁을 용이하게 만들었다. 이에 기독교인들은 기독교의 사회적 이미지를 갱신할 필요를 절감하였고 공산주의자들과의 관계 개선도 주요한 문제로 생각하게 되었다. 사회의 반기독교적 분위기 고조가 기독교인들을 민족협동전선에 참여하도록 압박하였다 할 것이다.

3. 1920년대 후반~1930년대 초반

1927년에 '신간회'가 결성되고 민족운동 세력들이 기세를 떨치게 되었으나, 자치운동은 지지부진하여 민족주의 우파들은 표면운동을 중단하고 '신간회'로 침투하게 되었다. 그런데 자치파의 입회와 활동은 기존의 명망을 업고 상당히 활발하게 전개되었기에 공산주의자들은 '신간회'의 주도권을 확보하기 위하여 여러 가지로 노력하였다. 안광천(安光泉)은 '헤게모니 전취론'을 제기하였으며, 지방에서는 '신간회'의 현실적 투쟁을 위한 조직 개편 논의가 일어났다.[145] 이러한 지회의 논의는 복대표대회(1929년)를 통해 가시화되었다. 일제와 타협으로 열린 비정상적인 복대표대회는 허헌(許憲) 집행부를 성립시켜 공산주의

---

[145] 한상구, 「1926~1928년 사회주의 세력의 운동론과 신간회」, 『한국사론』 32, 1994, 244~247면

세력을 명실 공히 전국적 민족운동 세력으로 인정받게 만들었다.

한편 자치파는 '신간회'에 입회하였지만 자치운동을 완전히 중단한 것은 아니었다. 송진우(宋鎭禹)는 1927년 말에 일본인들을 만나 자치를 제의하였고, 최린(崔麟)은 천도교 내부에서 자치세력을 다지고 있었다. 자치파의 활동은 1929년, 자치론의 후원자인 사이도(齊藤實) 총독이 다시 부임하면서 활기를 띠었다. 천도교 신파는 구파에 들어가 실질적으로 세력을 장악해 나갔다. 동아일보는 지방발전을 위한 간담회를 개최하면서 지방사회의 유력자를 포섭하는 방법으로 독자적 세력 형성을 추진하였다. 기독교인들도 기호지방 감리교 세력을 중심으로 천도교 신파와 기맥을 통하면서 자치운동의 기회를 엿보고 있었다.146)

한편 1929년 말에 광주학생사건이 일어나 일제의 탄압이 자행되자 '신간회'의 허헌 집행부는 진상보고를 겸한 '민중대회'를 계획하고 광주학생사건을 민족운동으로 확대 발전시키려 하였다. 그러나 일제는 '민중대회'를 원천 봉쇄하고 허헌 집행위원장과 간부들을 대거 구속하였으므로, 격렬한 대중투쟁은 중단되었다. 오히려 재정부장과 회계를 담당했던 김병로(金炳魯)를 중앙집행위원장 대리에 임명함으로써 '신간회' 활동은 온건화 되었다.

김병로를 중심으로 한 새 간부진은 일제와의 항쟁을 피하고 합법적이고 온건한 운동을 추진하면서 '신간회'의 우경화를 도모하였다. 이러한 경향은 1930년 11월 제3회 중앙집행위원회에서 김병로가 중앙집행위원장으로 선출되면서 더욱 노골화되었다.147) 김병로를 중심으로 한 중앙집행위원회는 "운동정세에 대한 지시의 건"이라는 문건을 각 지

---

146) 박찬승, 앞글, 1992, 343~346면.
147) 박찬승, 윗글, 347면.

회에 보내 '신간회'의 투쟁 방향을 온건하게 만들려 하였다.[148] '조선 청년총동맹'에서도 급진적인 청년운동을 포기하고 언론, 출판, 집회, 결사의 자유를 획득하기 위한 공민권획득운동을 당면 운동의 목표로 삼아 청년운동을 온건화하였다.[149]

반면에 우경화에 대한 반발도 거세게 일어났다. 박문희(朴文熹)사건[150]을 계기로 경성지회는 본부의 합법 노선과 당면 이익 획득 운동을 격렬하게 비판하였으며, 각 지회에 통의문을 우송하고 조선일보에도 발표하여 본부의 우경화를 극력 저지하려 하였다.[151] 나아가 '신간회'를 소시민계급의 정치운동 집단으로 규정하고 해소하려 하였으며 공산주의의 혁명 노선을 명백히 하였다.[152] 공산주의자들은 민족주의 우파를 개량주의로 비판하고 타협성을 폭로하여 공산주의 대중혁명을 일으키려 하였으며, 그 조직 기반을 형성하기 위하여 혁명적 노동조합과 농민조합의 결성을 추진하였다. 제국주의 전쟁을 공산주의혁명으로 전환시키려는 적극적인 혁명 노선을 추구하게 되었다.

공산주의자들은 그들의 혁명 노선에 반대되는 기독교와 천도교 세력들을 철저하게 부정하고 파괴하려 하였다.[153] 기독교와 천도교를 민족개량주의의 근원지로 보고 반종교운동을 민족운동으로 승화시킬

---

148) 박찬승, 윗글, 347~349면.

149) 박찬승, 윗글, 340면.

150) 신간회 본부의 집행위원인 박문희가 자치론을 주장하는 논문을 써서 '대중공론'에 게재를 요구하였다. 이 글의 내용을 알게 된 경성지회가 본부에 박문희의 처벌을 요구했으나 본부는 이를 받아들이지 않아 경성지회와 본부 사이에 분쟁이 일어났다. 이균영, 앞글, 386면.

151) 박찬승, 「1920년대 중반~1930년대 초 민족주의 좌파의 신간회운동론」, 『한국사연구』 80, 1993, 72면.

152) 김경택, 「일제하 국내사회주의자들의 민족협동전선」, 『통일전선과 민주혁명』 Ⅱ, 사계절, 1988, 397~400.

153) 장창진, 앞글, 50면.

것을 주장하였다.[154] 기독교회의 근대화에 대한 기여를 전혀 무시한 것은 아니지만 노동자를 수탈하는 제국주의의 옹호자로 규정하고 공산주의로 진입하는 단계에서는 당연히 도태되어야 할 대상으로 생각하였다.[155] 천도교에 대해서도 적극적으로 비판하였다. 천도교의 전통을 "귀신 대가리" 또는 "도깨비"로 비유하고, 민중의 자각을 지연시켜 한국의 독립을 방해하는 비민족주의자로 규정하였다.[156]

이렇게 천도교 신파, 동아일보, 기독교, 신간회, 조선청년총동맹 등에 광범위하게 포진하고 있던 자치운동 세력들은 자치제 실현을 위한 노력을 계속하였다. 그러나 일제의 미온적인 태도 때문에 자치운동은 별 진척을 이루지 못하였고, 세력 결집도 진전되지 못했다. 하지만 자치제 실시라는 세계적 추세에 밀린 총독부는 본국 정부와 협의하여 지방자치제를 강화하는 정도로 자치운동을 허용하였다.[157] 자치운동자들은 이러한 추세를 더욱 밀고 나가기 위하여 민족의 대동단결을 주장하고 자치운동을 위한 새로운 조직 결성을 준비하였으나 공산주의자들의 방해로 무산되었다.

기독교인들은 이러한 현상을 대응하기 위하여 사회주의와 공산주의를 개념적으로 분리하고, 공산주의에 대해서는 단호하게 반대하였으며 신간회도 탈퇴하였다.[158] 한편 '신간회'의 해소를 적극적으로 반대하였던 민족주의 좌파도 민족주의 우파와 공산주의자들의 갈등이 첨예

---

154) 김권정, 「일제하 사회주의자들의 반기독교운동」, 숭실대 사학과 석사학위논문, 1995, 35면.
155) 안병주, 「우리는 웨 종교를 반대하는가」, 『新階段』 5, 1933. 2, 45~47면.
156) 안병주, 윗글, 47~48면.
157) 박찬승, 앞글, 1992, 351~352면.
158) 박찬승, 윗글, 352~355면. 강명숙, 「1920년대 말 1930년대 초 민족주의자들의 사회주의에 관한 인식」, 『숙명한국사론』 2, 1996, 426~428면.

화되면서 갈등 해소를 위해 여러 가지로 노력하였다. 그러나 갈등은 더욱 첨예화하였고 신간회의 해소는 당면문제로 부상하였다. 이에 이르자 민족주의 좌파 지도자들도 민족 역량이 부족하다고 보고 '준비전술'을 채택하기에 이르렀다.[159]

이 시기에 이르러 공산주의자들의 반종교운동은 마르크스의 종교론을 이해하고 종교 세력의 비판에 적용하게 되었다. 그리고 반종교운동의 민족운동적 성격도 충분히 인식하고 이용하려 하였다. 즉 중국과 소련의 반종교운동을 모방하고 기계적으로 적용하던 것에서 벗어나 현실에 근거하여 종교를 비판하고 부정하는 이론적 이해의 단계에 이른 것이다. 또한 공산주의의 반종교론이 기독교에 국한되지 않고 천도교로도 이어져 명실 공히 민족주의 우파를 종교적으로 비판하게 되었다. 반종교운동은 민족주의 우파의 세력 근거지인 기독교와 천도교 세력을 비판하고, 이들에 연결되어 있는 민중 세력을 적극적으로 포섭할 수 있는 이론적 근거를 확보하였다. 결과적으로 반종교운동은 공산주의혁명을 위한 계급투쟁의 사상적 기반으로서만이 아니라 민족운동론의 사상적 기반으로도 자리 잡게 되었다.

---

159) 이준식, 「세계공황기 민족해방운동연구의 의의와 과제」, 『역사와 현실』 11, 1994, 20면.

제2장 | '사회주의'라는 용어의 인식

이윤 추구를 목적으로 한 자본주의는 생산수단의 사적 소유와 자유 경쟁을 중심으로 자본의 집중, 자원의 낭비, 실업과 빈곤의 증대, 주기적 공황, 제국주의 전쟁 등 여러 가지 모순을 낳았다. 이러한 자본주의의 모순을 해결하기 위하여 생산수단의 사회적 소유와 사회적 관리를 통하여 자유, 평등, 사회정의를 실현할 것을 목적으로 하는 사상과 사회운동으로 사회주의가 나타났다. 즉 사회주의는 생산과 분배와 노동을 사회적으로 조직하여 공동으로 관리함으로써 사회의 경제적, 윤리적 기반을 변혁할 것을 주장하는 200여 가지의 사회사상 내지 사회운동을 총칭하는 용어로 사용되어 왔다.[1]

그중에서도 가장 빈번하게 사용되는 사회주의는, 생산수단의 사회적 소유를 완전히 확립하지 못하고 인간의 자유와 평등도 완전히 실현하지 못한 과도기적인 사회를 지칭하는 용어로 사용되고, 공산주의는 인간의 자유와 평등을 완벽하게 실현하여 "능력에 따라 일하고 필요에 따라 분배받는 사회"를 지칭하게 되었다. 반면 개혁의 방법에서 사회주의는 의회 진출을 통하여 자본주의의 모순을 개혁하려는 경우를 지칭하고, 공산주의는 폭력혁명과 무산자 독재 그리고 제국주의와의 전쟁 등 계급혁명을 사용하는 경우를 부르는 것으로 통용되어 왔

---

1) 노오만 멕켄지 著, 양호민 譯, 『사회주의』, 탐구당, 1979, 9~11면.

다.[2] 즉 이상적 사회에 대한 개념과 실현 방법의 차이가 '사회주의'라는 용어를 달리 이해하게 만들었다.

그런데 1920년대 한국인들의 공산주의 수용은 독립운동의 현실적 지원을 얻기 위한 방법이었기에, 볼셰비즘을 사상적 기초로 삼았으나 사상적 이해는 크게 진척되지 못하였다. 그 결과 대다수의 한국 사람들은 사회주의와 공산주의를 구분하지 않고 사용하였고, '치안유지법'이 공포되면서는 '사회과학'으로 대체되었다. 즉 "사회주의"는 보는 각도에 따라 여러 이름으로 불렸고, 내용의 이해도 천차만별이었다. 때문에 본 연구에서는 "사회주의"라는 용어가 기독교인들에게는 어떤 식으로 이해되었으며, 상황의 변화에 뒤따르는 인식의 변화 추이를 살펴려 한다. 특히 공산주의자들이 민족협동전선을 구축하면서 민족운동의 구심점을 형성하였으므로, 이에 대응하는 기독교인들의 사회주의에 관한 인식은 민족운동에 대한 태도에도 영향을 미칠 것이므로 사회주의에 관한 인식을 살펴 민족운동에 대한 태도를 가늠해 보려는 것이다.

제1절 1920년대 초반

1. 레닌주의와 공산주의에 관한 인식

1921부터 1922년 사이에 나타난 사회주의에 관계된 기사는 17개 정도인데 이들 중에서 사회주의를 본격적으로 설명한 기사는 5개 정도

---

2) Oizerman Theodor Ilyich 著, 윤지현 譯, 『맑스주의철학성립사』, 아침, 1988, 315~326, William Z. Foster 著, 편집부 편역, 『세계사회주의 운동사』 1, 동녘, 148~150.

로 다음과 같다.

安國善, 「레닌主義는 合理한가」, 『靑年』 1921년 7·8월호 - ①
申興雨 講演, 一記者 抄, 「近代思想과 靑年의 危機」, 『靑年』 1921년
12월호 - ②
英人 P. W. Wilson 氏(론돈매일신문기자) 原著, 魚塗萬 牧師 譯述, 「近
日 事業上問題와 聖經의 關係」, 『神學指南』 1922년 1·2월호 - ③
尹槿, 「勞動問題發生史」, 『靑年』 1922년 9월호 - ④
윤근, 「共産主義의 思潮史」, 『靑年』 1922년 10월호 - ⑤

①번 기사는 사회주의라는 용어를 전혀 사용하지 않고 레닌주의를
사용하면서, 레닌주의는 러시아의 노농정부(勞農政府)가 실시한 제도
로 과격한 적화운동을 통하여 공산주의를 실현한다고 보았다.(4∼5면)
또 노농정부가 실시하는 공산제도는 토지와 공기 그리고 햇빛 등 생
명의 보전을 위한 것은 독점하지 않는 제도로 보기도 하였다.(5∼6면)
②번 기사는 마르크스의 학설을 당시 '유행되는 경제적 사상'으로
분류하고 1848년 벨기에 브뤼셀대회에서 발표된 「공산당선언」에서 유
래한 사상으로 설명하였다. 이후 독일에서는 사회주의가 되고 러시아
에서는 '무정부주의'가 되어 1차 대전 때까지 존속하였다고 발전 방향
의 차이도 설명하였다.(11∼13면) 신흥우는 마르크스의 사상을 공산주
의로 칭하고 재능의 우열과 노력의 차이, 그리고 시간의 다소에 관계
없이 생산결과를 균등하게 분배하는 제도로 정의하였다. 또 노력(노동
-연구자)을 생산의 근본으로 보는 경제학설로도 이해하였다.(13면)
그러나 재능, 노력, 시간에 관계없이 균등하게 분배하게 되면 사회의
모든 사람이 불평하여 심리적인 평화는 물론 형식적인 평화도 유지하
지 못하게 할 사상이라고 평가하였다.(14면)

③번 기사는 성경에 나타난 공산주의적 요소 5가지를 언급하고, 모세가 주도한 이집트에 대한 저항운동은 고통받는 벽돌공들의 동맹파업운동으로 규정하였다. 그러므로 벽돌공들의 동맹파업은 사유재산제도에 대한 저항이 아니라 정부의 압제에 대한 저항이라고 해석하여 경제운동이나 사회주의운동이 아님을 강조하였다.(25~26면) 또한 근대의 위생법, 노동보호법, 생명보호법, 양로보험법 등 노동자를 위한 법률은 모세의 율법에 기초하여 만들어진 것으로 설명하였다.(28면) 모세보다 앞선 시기 요셉이 기아에 허덕이는 인민에게 식량을 배급한 것은 백성을 구원하려는 것으로 '공산주의가 제일 선히 시행된 것'이나 그 결과는 모든 백성이 자유를 잃고 가옥과 재산과 토지와 신체까지 왕에게 귀속되는 결과를 가져왔다고 하였다.(26~27면) 결국 ③번 기사는 평등하게 분배하는 것이 가장 좋은 결과는 아니라는 결론을 유도하는 데 힘을 기울인 것이었다.

④번 기사는 사회주의를 부(富)의 분배에 관한 포괄적인 사상으로 설명하였다.(31면)

⑤번 기사는 사회주의와 공산주의를 구분하고 공산주의는 사회주의 중에 가장 극단적인 사상으로 규정하고, 국가별로 사회주의 사상의 발전 상황을 살펴보았다. 영국에서는 사회주의가 부진하고 기독교사회주의가 나타났으며 과격한 사회주의 사상은 크게 발달하지 못하였다고 하였다(20면). 프랑스의 사회주의는 혁명적이고 폭발적이며(20면), 토지와 자본 등 생산기관은 국유로, 분배는 노동의 업적에 따라 차등적으로 분배하는 사상이라 하였다.(20~21면) 독일의 사회주의는 사회당으로 정당적(政黨的) 발전을 이루었을 뿐만 아니라 사회주의의 학문적 기반을 마련하였다고 하였다(21~23면). 러시아는 가장 과격한 사회주의가 지하운동을 전개하여 정권을 장악하고 극단적인 사회주의의

'권주(權主)'가 되었으나, 과격한 사회주의가 정권을 장악한 경우는 러시아밖에 없음을 강조하였다.(23~24면)

5개의 기사에 나타난 현상을 고찰하면, 기사 ①, ④, ⑤에서는 사회주의는 공산주의보다 넓은 의미로 사용했음을 보여주었다. 기사 ①, ⑤는 공산주의는 과격하고 극단적인 사회주의의 일종인 무정부주의적인 사상으로 이해했으며, 볼셰비키를 '다수파'로 번역하지 않고 '과격파'로 번역하여 자본가를 전복시키려는 사상으로 보았다.[3] 기사 ②, ⑤는 과격하고 극단적인 공산주의 사상은 「공산당선언」에서 유래되었으며 국가적으로는 전제주의가 발전했던 러시아에 나타난 것으로 이해했다. 기사 ①, ③, ⑤에서는 사회주의나 공산주의를 생산수단을 공유하거나 국유화하는 사상으로 이해하였다. 그러나 생산수단의 공유나 국유화에 대하여 특별한 호의나 적의를 나타내지는 않았다. ①번 기사는 인간의 생존을 위한 생산수단은 독점할 수 없다는 것을 레닌의 사상을 이용하여 설명하였다. 기사 ②~⑤에서는 공산주의나 사회주의를 분배에 관한 사상으로 이해하였다. 특히 공산주의는 어떤 차이도 인정하지 않고 균등하게 분배하여 형식적인 평화도 유지하지 못하게 하는 사상으로 규정하였다. ③번 기사에서는 공산주의는 가장 잘 시행되어도 종국에는 인간의 자유와 재산권을 상실하게 만드는 제도로 인식하였다.

앞에서 분석한 기사들은 1921년과 1922년, 사회주의가 도입되던 초

---

3) "뽈셰비키-라고 ᄒᆞ는 말은 露國에셔 多數派多數派라고ᄒᆞ는 意味이며 過激思想을 품은 人이 今番 전쟁으로 因ᄒᆞ야 多數를 制裁ᄒᆞ게 되야 多數의 힘으로 아나 革命을 닐으켯슴으로 多數派를 意譯ᄒᆞ야 過激派라고 불으는 것이다. 其實은 資本家階級을 거꾸러트리고 이世界를 勞動者의 天下로 맨들랴고 ᄒᆞ는 理想을 가지고 잇는 것이다." 윤근, 앞글, 1922. 10, 24면.

기에 나타난 기사들이다. 이 기사들은 사회주의 사상을 사회주의와 공산주의로 구분하고, 과격하고 극단적이며 전제적인 러시아의 사회주의는 공산주의로 인식하였다. 그리고 식민지 조선에 들어온 사회주의는 바로 과격한 공산주의라고 생각하고, 공산주의가 주장하는 균등분배는 인류에게 최소한의 평화도 줄 수 없는 사상으로 여겼다. 반면에 이들이 주장하는 생산수단 공유에는 특별한 반대가 보이지 않으며, 오히려 찬성하는 경향이 나타난다.

이 시기 『청년(靑年)』誌의 사회주의에 관한 기사는 사회주의와 공산주의를 분리하였고, 『신학지남(神學指南)』誌에서는 동맹파업이나 복지 차원의 보험제도, 식량배급 등을 공산주의로 이해하였다. 사회주의가 도입되던 초기 기독교인들의 사회주의에 관한 인식은 자본주의의 모순을 해결하려는 노력의 일반적 명칭은 사회주의로, 극단적이고 과격한 소련의 사회주의는 레닌주의 또는 공산주의로 지칭하였다. 이러한 구분은 구체적으로 분배문제와는 연결되지 않았지만, 분배의 조건으로 재능과 노력의 다소(多少), 노동시간의 장단(長短) 등을 분명히 고려할 것을 요구하였다.

2. "프롤레타리아운동"에 관한 인식

식민지 조선의 노동운동과 농민운동이 공산주의와 관련을 맺으면서 기독교인들은 공산주의를 계급투쟁과 프롤레타리아운동으로 이해하는 경향을 보였다.

"彼의 學說에 昏醉한 徒輩가 盛히 唱導하는 者는 『푸롤타리아』의 運動이 基一이오 『코스머펄니태니슴』의 世界觀이 基二이다."4) -①

"敎育이 늘고 ᄉ샹이 자라셔 언제ᄭ지던지 ᄌ긔들의 生活이 그대로 잇
셔셔는 안될 것을 깨닷고 빈쟈들이 團合ᄒ야 큰勢力을 ᄆᆫ드러가지고
부쟈이나 정부에 對ᄒ야 빈쟈의 要求를 말ᄒ며 對抗ᄒ게되엿다."5) –②

"貧富를 고로게ᄒ고 부쟈 곳 資本家가 더 만히 먹ᄂᆫ 것을 못먹게ᄒ고
로동쟈 곳 무산쟈의 리익과 權利를 쥬쟝ᄒ는 것일다."6) –③

"社會主義가 富分配의 不平均 土地分配의 不均等 資本主義者에 대ᄒ
不滿不平을 가지고 無産者의 酸苦를 極度에 부르지지게됨도 결국은
잘살어보겟다ᄂᆫ 世界人들의 眞實된 慾望에셔 우러나ᄂᆫ 것이다."7) –④

글 ①은 배재고보의 교무주임으로 '대동단'에 참가하였던 강매(姜
邁)8)가 쓴 것으로 마르크스의 사상을 받아들이는 이들은 프롤레타리
아운동을 주도하는 집단으로 이해하였다. 글 ②, ③은 홍병선(洪秉善)9)

---

4) 姜邁, 「世界思潮와 基督敎」, 『신보』 1923. 1. 3.
5) 홍병선, 「교회와 ᄉ죠」 6 – 빈쟈의 운동, 『신보』 1923. 8. 22.
6) 홍병선, 「교회와 ᄉ죠」 7 – 샤회쥬의와 교회, 『신보』 1923. 9. 5.
7) 송창근, 「돈만잇스면 살것인가」, 『신보』 1923. 11. 23.
8) 姜邁(1878~1941), 충남 천안 출신으로 호는 槿園이다. 25세까지 한문을
   수학하다가 1904년에 상경하여 정동교회의 최병헌 목사와 상동교회의 전
   덕기 목사를 만났다. 1906년 신민회 태동 시부터 회원으로 활동하였으며,
   1907년에 일본에 건너가 일본대학 고등사범학교 법과를 졸업하고 1912년
   부터 배재학당 교사로 부임하였다. 이후 20여 년간 배재학당에 봉직하였
   고 정동교회의 장로로도 봉사하였다. 1914년에는 월간잡지 『公道』를 발간
   하였으며, 이 밖에도 조선일보, 중앙일보, 시대일보의 편집국장을 담당하
   였다. 『법률요강』, 『조선어문법』, 『잘뽑은 조선 말과 글의 본』 등도 저술
   하였다. 일제말기에는 북간도 연길의 농업학교 교장을 지냈고, 1941년에
   그곳에서 별세하였다.
9) 洪秉璇(1888~1967), 서울 종로구 사직동에서 출생하였다. 어려서 한학을
   수학하다가 사립경성학당에 들어가 1905년에 졸업하였다. 1908년에 일본 同
   知社대학 신학부에 입학하여 1911년에 졸업하고, 귀국하여 한양기독교회

이 쓴 것으로, 사회주의운동이란 가난한 사람들이 부자에게 대항하여 자신들의 권익을 획득하려는 운동으로 이해하였으며, 이들 운동의 이상은 정당하나 실현하기는 어려운 것으로 보았음을 알 수 있다. 글 ④는 송창근(宋昌根)10)이 쓴 것으로, 사회주의는 부(富)와 토지 분배 불공

의 전도사와 보성전문학교 교사로 활동하였다. 1917년에는 피어선기념성경학교 교수가 되었으며, 1919년부터는 배화여학교 교사로 재직하였다. 1920년부터 조선중앙 YMCA 간사로 인연을 맺고 40여 년간 헌신하였다. 1916년에 남감리회 조선연회에서 정식 전도사 직첩을 받았으며 1925년에는 남감리회 본처목사로 안수받고 같은 해 YMCA 농촌부 간사로 취임하였다. 1928년에 덴마크의 농촌을 시찰하고 돌아와 덴마크식 농촌운동을 전개하여 730여 개의 농업협동조합과 농촌사업센터 320여 처를 설립하고, 신촌에 농민수양소도 창설하였다. 1938년, YMCA가 일본 YMCA에 합병되면서 활동이 소원해졌다. 1939년, YMCA의 청년학관이 英彰학교로 발전되면서 교장에 취임하여 실업교육을 실시하다가 해방을 맞았다. 해방 후 보린회 이사장으로 사회사업에 참여하였고 농협고문을 지냈으며 1957년에는 농림부 농림위원을 지냈다. 1963년, 중앙 YMCA 60주년 기념식에서 명예회장으로 추대되었고 이후 한국 YMCA 역사를 집필하기 위한 자료수집과 집필 중에 별세하였다.

10) 宋昌根(1898~1951?), 함북 경흥군 웅기면에서 출생하여 그의 아버지가 설립한 北一학교(기독교 학교)에서 초등교육을 받았다. 15세에 종숙의 권유로 간도 명동학교에 입학하였으나 재정난으로 명동학교가 문을 닫자 이동휘를 따라 소만국경까지 동행하였다. 이동휘의 권유로 귀국하여 서울의 피어선성경학교에 입학하여 1920년에 졸업하고 남대문교회의 조사가 되었다. 그 후 남대문교회에서 세운 뚝섬 전도소에서 활동하다가 일경에 체포되어 고생하였다. 1920년 8월부터 고향에 돌아가 활동하다가 강우규사건의 혐의로 6개월 옥고를 치르고, 1922년에 일본으로 건너가 동양대학 문화학과에 입학하였다. 이듬해 청산학원 신학부 2학년에 편입하여 1926년에 졸업하였다. 그해 미국으로 건너가 샌프란시스코 신학과에 입학하였다가, 9월에 프린스턴 신학과로 전학하였고, 1928년 9월에 웨스턴 신학교로 옮겨 1930년에 졸업하였다. 1931년에 덴버신학교에서 신학 박사학위를 취득하고, 귀국하여 평양 산정현교회의 전도사로 취임하였다. 이듬해, 평양노회에서 목사안수를 받고 산정현교회에서 시무하였으나 1936년 봄에 산정현교회의 건축문제로 사임하였다. 이후 부산에

평에 불만을 가지고 생활고를 해결하려는 운동으로 인간의 당연한 감
정에서 나온 것이라고 하였다.

1923년 『기독신보』에 게재된 사회주의 기사는 1921년과 1922년 『청
년』에 나타났던 해설 기사와는 다르게 사상 내용을 설명하는 것이 아
니라 운동에 중심을 두고 주동세력과 그들이 추구하는 목표를 주목하
였다. 프롤레타리아운동은 가난한 노동자들의 권익을 옹호하는 운동이
며 분배의 불공평에 불평을 가지고 일어난 운동으로 이해하였으며 운
동의 당위성도 어느 정도 인정하였던 것으로 보인다.[11] 이것은 1921
년과 1922년 『청년』에서 보여준 공산주의의 과격성과 극단성에 대한
강조와는 다른 것이다. 사회주의의 투쟁성에 대한 언급도 '창도(唱
導)', '대항', '부르지지게됨' 등 자제된 모습으로 나타나고 있다. 이러
한 절제된 태도는 소개된 내용으로 보아 이론적 이해가 깊어져서 나
타난 것은 아니라고 생각된다. 그것은 사회주의가 영향력을 얻어 가면
서 그에 대한 비판이 조심스러워져 나타난 현상이 아닌가 하는 추측
을 하게 한다. 사회주의가 노동자와 농민에게 지지를 받고 있다는 것

내려가 성빈학사를 세워 가난한 학생들에게 선교하면서, 성경공부에도
열심을 내어 사람들이 몰려들게 되었다. 1937년에 수양동우회 사건에 연
루되어 4년형을 받았으나 그 다음 해 봄에 가석방되었다. 이후 조선예수
교 장로회 대표자들과 조선신학교 설립을 추진하다가 일경의 반대로 신
학교 설립에서 물러나 김천으로 내려가 목회하였다. 해방 후 1945년에
조선신학교 교장으로 초청되었고, 1948년에는 정규대학으로 승격시켰으
나 교과내용 때문에 신학논쟁에 휘말려 1년간 외유하였다. 1950년 4월,
대구에서 열린 장로교 총회에서 '신신학파'로 정죄되어 이를 해결하기
위하여 노력하는 중 6·25사변이 일어나 납북되었다가 1951년에 평안남
도 대동군에서 별세한 것으로 전한다.

11) "물론 이갓흔 샤회운동은 그일홈은 다를지언정 여러 가지 모양으로 네
젼브터 잇섯던 것일다. 샤회주의의 리샹은 올치마는 그리샹대로 이샤회
가 되기는 아직 어려운고로 세계각쳐에 빈부로즈의 싸홈이 잇는 것이
다." 홍병선, 앞글, 1923. 9. 5.

을 간접적으로 보여주는 것이다.

사회주의의 영향력이 커져 사회주의와 기독교의 관계를 고려해야만 하는 단계에 이르렀음을 보여주는 글도 있다. 이대위(李大偉)[12]는 사회주의와 기독교의 갈등을 해소하기 위하여 두 사상의 유사성을 적극적으로 서술하였다. 유사성의 첫째는 두 사상 모두 고통당하는 평민들의 삶을 개선하려는 평민운동이며, 운동의 대상과 범주도 동일하다고 하였다.[13] 둘째는 사회주의가 무신론과 유물론을 주장하지만 "푸리에", "웰스", "스파-꼬" 등 하나님을 인정하는 사회주의자들도 있어[14] 두 세력이 대립할 필요가 없음을 역설하였다. 또 마르크스의 유

---

12) 李大偉(1896~1982), 평북 선천 출신. 선천 신성학교 학생으로 신민회사건에 연루되어 만주로 탈출하였다가 1914년에 졸업하였다. 이후 중국에 유학하여 財政學校와 북경대학 정치학과를 졸업하였고 만국청년연맹의 장학금으로 미국의 예일대학 사회학과에 유학하였다. 이후 뉴욕 컬럼비아대학의 교육학대학원에 입학하여 1927년에 졸업하였다. 3·1운동 시에는 북경에서 한인 YMCA를 창설하여 활동하였으며 미국에서는 안창호를 도와 독립운동을 전개하였다. 1927년에 귀국하여 기독교동우회를 조직하였으며 YMCA의 학생부 간사와 기독교 면려회 총무를 겸직하였다. 1941년에 민중병원 창설에 참여하였으며, 1945년에는 과도 정부 노동부장에 취임하였다. 1947년부터는 국영 삼척탄광 이사장을 지냈으며 1950년에는 미국무성의 주선으로 미국의 노동사회문제 연구를 돌아보기도 하였다. 1952부터 1953년까지 주일 대표부 노동관으로 제일교포 권익사업을 담당하였으며, 1955년에는 재단법인 정치학원(건국대 전신)의 이사와 교수로 7년간 봉직하다가 1961년에 정년으로 퇴임하였다. 이후에도 여러 사회단체에서 활동하다가 1982년 10월에 별세하였다. 채현석, 「이대위의 생애와 활동」, 『일제하 한국기독교와 사회주의』, 한국기독교역사연구소, 1992.
13) 이대위, 「社會主義와 基督敎의 歸着点이 엇더흔가?」 1, 『청년』 1923년 9월호, 8~9면.
14) "吾人이 西洋 社會主義者의 歷史를 考究ᄒ건대 彼等은 基督敎의 上帝를 信仰ᄒ엿다. 法國의 푸리어(Fourier)氏는 絶對의 社會主義者로 無神論과 唯物主義를 反對ᄒ엿고 上帝, 自然, 算學 三種을 承認ᄒ엿스며 웰쓰(H.G.Wells)氏는 上帝는 無形의 王이라흠을 認하엿스며 스파-꼬(Spargo)

물사관은 경제적 요소가 사회진화상 최대의 효과를 발휘하며 정신과 도덕만으로는 살지 못한다고 한 것이지, 인생의 진실과 의의 그리고 가치를 전부 부인한 것은 아니라 하였다.[15] 셋째는 인간의 평등을 주장하는 면에서 동일하다는 것이다.[16] 이외에도 기독교와 사회주의는 국가관에서도 전제주의와 편협한 국가주의를 배격하고 평민 중심의 세계주의를 주장하며, 가정을 사회의 기초로 여기며, 재산에 관하여서도 각종 재산을 자기의 소유로 보지 않고 공중사업을 위하여 사용하고, 상속제도를 반대하는 것 등이 동일하다고 하였다.[17] 기독교와 사회주의는 원리적으로 많은 부분에서 유사하여 서로 대립하지 않고 협동할 여지가 많다는 것을 보여주려 하였다.

이대위가 서술한 기독교와 사회주의의 유사성은 기독교와 사회주의가 서로 대립 갈등을 일으키고 있음을 보여주는 것으로 양 세력은 갈등의 원인을 해소하고 협동할 것을 주장한 것이다.[18] 이것은 "외국 자본주의의 압박이 자심한 상황"에서 민족적 협동이 안 되면 경제적 어려움이 더욱 가중될 것이기에 "편달을 이용해서라도 협동"하게 만들어야[19] 한다는 것으로 이런 인식은 경제사태의 심각성에 기인한 것으로 보인다.

1923년경 한국 기독교인들은 사회주의 세력의 성장을 간과할 수 없

氏는 그 著書 『맑쓰사회주의와 종교』란 冊中의 맑쓰의 唯物史觀과 基督敎의 上帝觀은 비록 名詞는 다르다ᄒ겟스나 그러나 兩者가 互相 衝突될 理는 업다ᄒ엿다." 이대위, 윗글, 9~10면.

15) 이대위, 윗글, 9~10면.
16) 이대위, 윗글, 10면.
17) 이대위, 윗글, 10면.
18) 이대위, 「社會主義와 基督敎의 歸着点이 엇더흔가?」 2, 『靑年』 1923년 10월호, 8~11면.
19) 이대위, 윗글, 10면.

었으며 기독교와 사회주의의 관계를 개선할 필요가 있었다. 특히 물산장려운동이 고조되면서 토산품의 가격이 오르는 등 부작용이 빚어졌고, 사회주의자들은 이러한 현상을 놓치지 않고 비판하면서 공산주의 세력 부식에 열중하였다. 공산주의자들은 소박한 계급의식으로 식민지 경제 현실을 비판하였으나 일제의 가혹한 수탈로 고통받던 대중들은 이들의 주장에 적극적인 지지를 보내고 공산주의 세력에 편입되었다. 이에 위기의식을 느낀 기독교인들은 사회주의의 과격성과 극단성에 대한 비판을 자제하고 공산주의에 관한 대응책을 모색하게 되었다. 즉 공산주의를 무산자운동으로 이해하게 된 것은 일제의 수탈에 생존을 위협받던 노동자와 농민들이 공산주의 세력으로 급격히 기울어지고 있음을 기독교인들도 인식하게 되었다는 표식이며, 세력을 만회하기 위하여 기독교인들의 노력이 필요하다고 생각하였음을 보여주는 것이다.

제2절 1920년대 중 후반

1. "사회적"이라는 용어의 인식

1924년부터 1926년에 이르는 시기 기독교인들이 쓴 사회주의에 관한 기사의 제목은 대부분 '사회주의'보다는 "사회문제", "사회개량", "사회적", "사회운동", "사회사상" 등의 용어로 대체되었다.[20] 내용상

---

20) 社說, 「예수와 社會運動」, 『신보』 1923. 10. 24, 社說, 「社會에 對한 그리
    스도敎의 本質」 1·2, 『신보』 1924. 2. 6, 2. 13, 社說, 「그리스도敎의 社
    會性」, 『신보』 1924. 4. 2, 梅道捺, 「社會問題에 對한 基督敎의 態度를 再
    考함」, 1~16, 『신보』 1925. 12. 9~1926. 6. 9, 一記者 譯, 「猶太古典에 出
    現혼 社會思想」, 1~14, 『신보』 1926. 6. 9~1926. 9. 15, 社說, 「社會運動

으로는 사회문제의 심각성도 인식한 것으로 보인다.[21] 또한 『청년』 잡지에는 사회주의 관계 기사가 줄어들고 진화론 등 종교와 과학에 관한 기사가 증가하고, 『기독신보』에는 반종교운동에 관한 기사가 증가하였다. 이러한 경향은 1925년 '치안유지법'의 발동으로 사회주의운동이 불법화되면서 "사회주의"를 사용하는 것이 어려워진 영향도 있을 것이다. 그러나 기독교인들은 이보다 앞선 1924년경부터 "사회적"이란 용어를 사용하였으므로, 외부의 영향보다는 기독교 내에서 사회문제를 인식하면서 비롯된 것이며 사회문제 해결에 기독교인들이 적극적 자세를 취하게 되었음을 보여주는 표시라고 생각된다.[22]

당시 기독교인들의 사회문제 인식은 자본주의 제도의 모순을 비판하는 데에서 시작하였다. 이대위는 사유재산제도를 죄악을 발생시키는 근본으로 생각하고 사유재산제도의 개량을 주장하였다.[23] 그러나 사유재산제도의 죄악은 제도가 만드는 것이 아니라 운영하는 사람들이 만든 것이라고 하여[24] 자본주의에 관한 정면적인 비판은 비켜 갔다. 이것은 자본주의 제도의 모순을 지적하는 것이지만 사유재산제도 자체를 부정한 것은 아니며 그것을 운영하는 사람들 즉 일제의 수탈을 비판한 것이다. 식민지 조선의 기독교인들은 일제의 수탈을 자본주의

과 宗敎運動의 一考察」, 『신보』 1926. 6. 22~1926. 6. 29.

21) "지나간 時間에 그(자본주의−필자)로 말미암아 哀嗟로운 生命이 얼마나 參傷을 當ᄒ엿스며 압흐고 쓰린 血淚를 얼마나 뿌렷는고" 이대위, 「基督敎가 現代 資本制度에 對하여 맛당히 取ᄒ 態度」 2, 『신보』 1924. 1. 9.

22) "現今 社會制度의 不滿과 不評이 撐中ᄒ야 그 무삼主義던지 社會主義에 傾向되는 事를 否認ᄒ 수 업도다." 社說, 「그리스도敎의 社會性」, 『신보』 1924. 4. 2.

23) 이대위, 「基督敎가 現代資本主義制度에 對ᄒ야 取ᄒ 態度」 3, 『신보』 1924. 1. 10.

24) "그것은 私有財産本身의 罪惡이라ᄒᆷ보다 사름이 그것을 誤出한 까닭이라." 이대위, 윗글.

의 모순으로 비판하고 일제로부터 벗어나면 자본주의를 제대로 운영할 수 있다고 보았다.

기독교인들의 사회문제 인식은 자본주의 비판에 그치지 않고 성경 속에서 사회주의적 요소를 찾고[25] 기독교의 이상향과 사회사상[26]을 살펴보는 방향으로 나아갔다. 이 과정에서 기독교인들은 성경과 교회의 전통에서 사회주의적 요소를 찾았으며, 산업혁명을 거치면서 나타난 기독교 사회주의나 공상적 사회주의를 이해하는 기회를 가지게 되었다. 나아가서 기독교의 역사적 전통 속에 흐르고 있는 공산주의적 요소를 적극 발굴하여 사회주의와 비교함으로써 기독교의 정신적이고 인격적인 개혁이 사회를 위한 진정한 개혁임을 강조하였다. 사회주의 혁명보다 기독교혁명이 우월함을 역사적으로 입증하려던 것이다. 결과적으로 기독교인들이 성경에서 공산주의적 요소를 살피게 된 이유는 공산주의의 위협을 벗어나기 위한 종교적 논리를 만드는 것이었다. 그러한 노력이 "사회주의" 대신에 "사회적"이라는 용어를 사용하도록 만들었다고 하겠다.

2. 집산주의와 공산주의의 구별

공산주의 세력이 성장하면서 반기독교운동도 고조되었다. 공산주의자들은 교회 내에서 일어나는 선교사 배척사건, 자치교회의 형성문제, 보수와 진보의 대립, 교회의 분열 등을 조장하여 기독교에 대한 사회의 여론을 악화시키고 청년회와 당회와의 갈등을 조장하여 교회 분쟁

---

25) 「舊約聖經에 現ᄒ 社會主義」 1~5, 『신보』 1923. 8. 29~1923. 9. 19.
26) 「猶太古典에 現ᄒ 유토피아」 1~12, 『신보』 1923. 9. 26~1923. 12. 12, 「猶太古典에 出現ᄒ 社會思想」 1~14, 『신보』 1926. 6. 9~1926. 9. 8.

이 끊임없이 일어나도록 선동하였다. 반기독교운동은 이에 그치지 않고 미신타파운동, 미선계 학교 동맹휴학, 주일학교 비판운동, 선교사 배척운동 등을 일으켜 기독교인들을 위협하였다.

위기의식이 고조되면서 기독교인들의 공산주의에 관한 비판도 강화되었다. 기독교인들은 조선에서 유행하는 사회주의가 볼셰비즘이라고 생각하고 볼셰비즘을 공산주의와 구분하려는 노력을 기울였다.[27) 소련에서 실시하는 사회주의는 공산주의가 아니라 집산주의라고 규정하고 볼셰비즘에서 빚어진 모순을 비판하였다. 먼저 소련 권력은 중앙정부를 구성하는 소수의 공산당원을 중심으로 한 독재로, 나아가서는 일인 독재가 되므로 무산자의 혁명적 독재정치는 실현하기 어려울 것으로 보았다.[28) 더욱이 무산자의 혁명적 독재도 일정 시기가 지나면 자연적으로 사라지는 것이 아니므로 공산주의가 실시되려면 또다시 혁명이 필요하게 된다고 보았다.[29) 결과적으로 공산주의의 실현은 무산

---

27) "近來에 共産主義 云云하면 곳 露西亞를 聯想하며 露西亞에서 實行하는 制度가 참 共産主義로 밋는다. 혹 참 共産主義로 밋지안트래도 적어도 共産主義 社會로 가는 업지못할 科程으로 밋는 사람이 적지안타. 그러면 果然 共産主義란 것 露西亞에서 實行하는 制度인가? 그러치는 안타고하드래도 共産主義를 實行하는데 업지못할 科程인가? 나는 이便에서 露西亞의 現制度가 共産主義 實行도 아니요 共産主義 社會에 進行하여가는 科程도 안임을 실지에 의하여 論하면서 참 共産主義가 무엇이란 것을 말할려한다." 중국 黎明球,「共産主義의 解義」,『新民』1926년 10월호, 33면.
28) 여명구, 윗글, 33~34면.
29) "이 獨裁政治에 對하야 레닌은 말하기를 「資本主義 社會에서 共産主義 社會에의 轉移는 政治的 過渡時代가 업스면 不可能하다 이 時代의 國家란 것은 다못 無産者階級의 革命的 獨裁政治다」라고 以上의 레닌의 말로 보면 露西亞의 現 制度가 완전한 共産主義 社會의 제도가 아니요 共産主義 社會에 나어가는 過渡期의 特有한 制度임을 알겟다. 그러면 이 過渡期에서 共産主義 社會로 轉移되는 때는 엇더한 形式으로 變할가? 레닌은 자기 著書의 各處에 過渡期의 國家는 一定한 時機에 이르면 自

자의 혁명적 독재정치로 실현되는 것이 아니라, "강권없는 사회" 또는 "자유 의지에 의한 지배 없는 사회"에서만 실현 가능한 것이라고 하였다.[30] 기독교인들은 공산주의 사회는 무산자 혁명으로 성취되는 것이 아니며 볼셰비즘으로 형성되는 것은 더더욱 아니라고 부정하고, 볼셰비즘을 공산주의와 구분하고 볼셰비즘을 비판하였다. 그리고 강권없는 사랑의 방법만이 공산주의를 실행할 수 있다고 하여 "진정한" 공산주의는 기독교적 방법으로 실행된다는 것을 주장하였다.

다음은 소련의 경제제도를 집산주의로 보고 공산주의와 비교하였다. 집산주의는, 생산재는 모두 공유하고 소비재는 사유로 하는 제도로서 임금노동제도와 같은 것이며, 그 폐해도 임금노동제도와 동일한 것으로 자본주의를 철폐하지 못하여 나타나는 현상이라고 보았다.[31] 또 전문 노동을 우대하므로 계급적인 차별을 인정하는 지배와 피지배 사회라고 보았다.[32] 결국 소련에서 시행되는 볼셰비즘은 분배의 몫을 개인적으로 소유하므로 공산주의가 될 수도 없고, 분배의 기준이 임금제도와 같음으로 자본주의를 철폐하지도 못한 것이며, 자본주의의 폐해를 그대로 답습한 집산주의라 하였다.[33] 기독교인들은 집산주의를 자본주의의 일부로 여기는 여명구의 글을 이용하여 공산주의와 집산주의를 비교함으로써 볼셰비즘이 공산주의가 아님을 보여주려 하였다.

또 소련이 추진하는 집산주의적 토지제도는 소유는 국유로, 경영은

然消滅된다고 하엿다. 果然 한 權力이 自然消滅된 例가 우리 人類歷史上에 볼수잇는가? 이것은 레닌의 特有한 考證法으로 證明을 한다하드래도 실지에 可能性이 업습은 事實이다. 이 獨裁政治로서 革命업시 共産主義 社會로 간다함은 한 꿈에 지내지못한다." 여명구, 윗글, 33~34면.

30) 여명구, 윗글, 35면.
31) 여명구, 윗글, 35면.
32) 여명구, 윗글, 36면.
33) 여명구, 윗글, 36면.

단체로 하여 토지의 사유권은 폐지되었으나, 사용권을 줌으로써 토지에 대한 독점적 사용권과 곡물수익권 그리고 매매를 인정하는 자본주의적 토지제도를 계속 유지하는 것으로 보았다. 그리고 소련의 토지는 개인과 협동경영체 두 종류가 있으나 개인 경영 토지가 소련 국유지의 86%에 이르므로 소련의 토지 경영은 개인적이라고 보았다. 이렇게 소련의 토지가 개인 경영을 중심으로 이루어진 이유는 정부의 경제정책에 반대하여 농민들의 소요가 일어나 부득이 법령을 취소하고 개인 경영을 허용하게 되었다고 하였다.[34] 결국 소련에서 실시되는 토지제도는 공산주의 제도가 아니라 자본주의로 복귀하려는 집산주의적 토지제도로 이해하고 그 모순을 비판하려 하였다.

여명구의 볼셰비즘 비판은 먼저 볼셰비즘의 영향력 하에 있는 식민지 조선의 공산주의자들에게 볼셰비즘를 모방한다고 공산주의가 실현되는 것은 아니라는 것을 보여주려는 의도에서 소개된 글이라 하겠다. 더구나 한인 공산주의자들이 이상으로 삼는 볼셰비즘의 경제제도나 토지제도는 이상적이 아니라 자본주의의 아류(亞流)여서 자본주의보다 더 많은 결점을 내포한 것으로 비판하려는 의도가 강하게 반영되었다. 이러한 논의는 기독교인들이 반기독교운동과 공산주의의 세력 확장에 위협을 느끼고, 그 기반인 볼셰비즘을 비판하여 한인 공산주의자들의 사상적 기반을 붕괴시키려는 의도가 강하였음을 보여주는 것이다. 그러나 이러한 비판이 사회적으로 어떤 반향을 일으켰는지는 가늠할 수가 없다. 이러한 글이 더 이상 나타나지 않는다는 점에서 대중의 호응을 얻은 것으로 보이지는 않는다. 단지 기독교인들의 위기감이 극단적으로 고조되었고, 볼셰비즘을 집산주의로 비판하기에 이르렀다는 것을 보여준다.

---

34) 여명구, 윗글, 38면.

3. 기독교적 사회주의에 관한 인식

종래에 구약성경을 통하여 원시적 공산주의와 이상사회의 모델과 운영원리, 예수의 사회문제에 대한 관심과 선교를 살펴보았던[35] 기독교인들은 '신간회'가 결성되고 활발하게 움직이자 사회주의에 대해 다각적인 대응책을 적극적으로 모색하였다.[36] 그때까지 개별적으로 수행되어 온 성경이나 예수에 대한 고찰을 종합하려 하였다. 그러나 식민지 조선의 교회는 이러한 이론적 집대성을 수행할 만한 수준에 이르지 못하였다. 따라서 가가와도요히꼬(賀川豊彦)의 글을 소개하여 기독교인으로서 사회주의에 대응할 방법을 살펴보려 하였다.[37]

가가와(賀川豊彦)는 기독교의 1900년 역사에서 공산주의가 실행된 시기는 신앙이 불붙은 시기라고 주장하였다.[38] 즉 공산주의 실현은 기독교적 정열과 그로부터 나오는 신앙과 사랑의 힘에 의해서 실현되므로 유물사관에 의한 외적인 개혁이나 외부적 강제로는 실행할 수

---

35) 一記者 譯, 「猶太古典에 出現혼 社會思想」, 『신보』 1926. 6. 9~1926. 9. 8, 金鐘弼, 「社會問題에 對한 예수의 見解」, 『神學世界』 1927년 2월호, 康雲林, 「그리스도時代 社會問題들과 理想」, 『眞生』 1927년 6월호, 金岡, 「基督敎社會思想硏究」 1~9, 『신보』 1927. 11. 16~1928. 2. 8.
36) 「今日朝鮮敎會의 要求」, 『신보』 1927. 1. 5, 곽진근, 「朝鮮敎會의 將來를 憂慮하면서」 1~2, 『신보』 1927. 2. 2~1927. 2. 9, 최상현, 「近代 思想問題와 現下 朝鮮敎會의 實際問題」 1~2, 『신보』 1927. 3. 9~1927. 3. 16, 봉산 金剛, 「轉換期를 압헤둔 敎會」 1~3, 『신보』 1927. 4. 20~1927. 5. 4, 社說, 「社會改良의 必要」, 『신보』 1927. 5. 4~1927. 5. 11, 강명석, 「經濟思想의 變遷과 今日의 朝鮮 敎會」 1~13, 『신보』 1927. 5. 4~1927. 10. 5.
37) 賀川豊彦 著, 赤城學人 譯, 「基督敎社會主義論」 1~9(결), 『신보』 1927. 3. 9~1927. 5. 25, 이 글의 원문은 밝혀져 있지 않다. 이 글과 유사한 내용은 1925년에 日曜世界社가 간행한 『聖書 社會學の 硏究』에 들어 있다.
38) 賀川豊彦 著, 赤城學人 譯, 「기독교사회주의론」 7, 『신보』 1927. 5. 4.

없다고 보았다.[39] 공산주의는 생명과 노동과 인격의 자유와 사랑을 기초로 점진적으로 형성되는 것이며[40] 신국운동(神國運動)으로 건설되는 것이라 하였다. 종국적으로 기독교가 사랑으로 실현하려는 기독교적 사회주의가 진정한 공산주의라 하고,[41] 그 예로 모라비아 재세례파 교인들의 신앙운동을 소개하였다. 이들은 노동의 결과를 신(神)이 주신 것으로 여기고, 아낌없이 가난한 자와 약한 자를 구제하는 데에 사용하였으므로 공산주의보다 더 철저한 '신산주의(神産主義)'를 실시하였다고 하였다.[42] 재세례파의 형제애운동은 근대적 의미의 공산주의는 아니지만 공산주의 정신의 정수이며, 공산주의보다 선구적으로 더 완전하게 개혁을 실현하였다고 주장하였다. 뿐만 아니라 사회주의는 기독교의 전통 속에서 태동하였고, 기독교적 사회주의는 물질적 개혁만이 아니라 인간 사회를 전면적으로 개혁하려는 근본적인 개혁사상이라 하였다. 계급적으로도 프롤레타리아만이 아니라 인류 전체를 구원하려는 사상으로 해석하였다. 결국 기독교 역사에서 사회주의적 요소를 추출하고 재평가함으로써 사회주의개혁보다 선구적이고 완전한 개혁이 기독교를 통해서 실현되었음을 주장하였다. 더하여 기독교가 처한 입장,[43] 사회주의에 대한 대응,[44] 경제문제[45] 등을 검토하

---

39) 賀川豊彦, 윗글.
40) 賀川豊彦 著, 赤城學人 譯, 「기독교사회주의론」 결, 『신보』 1927. 5. 17.
41) 賀川豊彦, 앞글, 1927. 5. 4.
42) 賀川豊彦 著, 赤城學人 譯, 「기독교사회주의론」 4, 『신보』 1927. 4. 6.
43) 사설, 「今日 朝鮮敎會의 要求」, 1927. 1. 5, 곽진근목사, 「朝鮮敎會의 將來를 憂慮하면서」 1~2, 1927. 2. 2~1927. 2. 9, 최상현, 「近代思想問題와 現下 朝鮮敎會의 實際問題」 1~2, 1927. 3. 9~1927. 3. 16, 金岡, 「轉換期를 압헤 둔 敎會」 1~3, 1927. 4. 20~1927. 5. 4, 이순기, 「社會問題와 基督敎」, 1927. 7. 27, 社說 「當面한 大問題」, 1927. 8. 3.(모두 『기독신보』에 실린 기사임.)
44) 오인근, 「基督敎의 社會化를 最促함」 1~2, 1927. 2. 16~1927. 3. 2, 社說, 「社會改良의 必要」 1~2, 1927. 5. 4~1927. 5. 11, 安州 김정선, 「信仰과 實

여 보다 기독교적인 개혁을 추진한다고 하였다.

사회문제에 대한 자각은 민족협동전선에 대한 기독교인들의 입장에도 영향을 미쳐 여러 논의가 일어났으며,[46] 결국 '신간회' 평양지회가 설립되었다. 기독교인들도 공산주의자들과 같이 활동하기 위하여 기독교적 사회주의론을 구성하려고 노력하였다. 그 과정에서 기독교인들은 공산주의자들보다 더 철저한 사회주의를 실천하여 왔다고 주장하게 되었다. 기독교인들은 공산주의자들과의 갈등을 겪으면서도 종교적 해결책을 찾기 위해 노력하였으며, 그 결과 기독교적인 사회주의도 있음을 발견하고 적극적으로 활용하려 하였다. 기독교인들은 공산주의자들의 비판에 적극적으로 대응하면서도 기독교적 원리를 되새기고, 기독교를 유지하고 보호하는 일에 부단한 노력을 기울이고 있었다.

4. 사회주의와 공산주의의 구별

1927년 말에 이르러 대부분의 민족주의자들이 '신간회'에 참여하게 되었다. 평양에서는 조만식(曺晩植)을 지회장으로 '신간회' 지회가 설립되어 기독교인들을 중심으로 한 민족주의자들이 집단적으로 가입하였고, 서울에서는 송진우(宋鎭禹)가 경성지회에 가입하여 동아일보를

踐」, 1927. 5. 25, 조문갑, 「사도바울이 본 人類의 救援」 1~3, 1927. 7. 6~1927. 7. 20, 社說, 「敎役者와 平信徒가 協同할 必要」 9. 14, 최석주, 「十字架運動」 1~5, 1927. 10. 5~1927. 11. 9.(모두 『기독신보』에 실린 기사임.)

45) 「勞動은 神聖」, 1927. 4. 27, 강명석, 「經濟思想의 變遷과 今日의 朝鮮敎會」 1~13, 1927. 5. 4~1927. 10. 5, 赤城學人, 「最高의 勞動運動」 1~2, 1927. 9. 14~1927. 9. 21.(모두 『기독신보』에 실린 것임.)

46) 사설, 「當面한 大問題」, 1927. 8. 3, 채필근, 「社會主義와 基督敎에 대한 一考察」 1~4, 1927. 10. 26~1927. 11. 26.(『기독신보』에 실린 것임.)

중심으로 한 민족주의자들까지 '신간회'에 참여하게 되었다. 그 결과 민족운동 세력들은 '신간회'로 통합되었으며, 기독교와 공산주의의 갈등도 '신간회' 내부로 옮겨져 양 세력의 주도권 쟁탈전이 일어났다.

이러한 시기 기독교인들은 '신간회'에 대한 입장을 정리하려는 노력이 전개되었다. 공산주의에 대항하려는 경향이 강력하게 대두하고[47] 이론적으로 사회주의와 공산주의를 구분하였다. 함일돈(咸日頓)[48]은 먼저 사회주의와 공산주의는 생산수단의 사유를 폐지하고 생산결과를 전 인구에게 동등하게 분배하는 면에서는 동일하다고 보았다. 그러나 사회주의와 공산주의는 목적을 실현하는 방법에서 큰 차이가 있는데 사회주의는 국가의 법과 충순(忠順)의 생각을 선전하여 파괴적인 수단은 폐기하고 점진적인 변화로 목적을 실현하는 것이며, 공산주의는 직접적인 혁명으로 국가를 전복하고 인민이 정권을 장악하여 사유재산을 파괴하는 방법으로 목적을 실현하는 것이라 하였다.[49] 기독교인들은 사회의 개혁을 반대하지는 않았지만 공산주의적 개혁으로 나타날 파괴는 혐오하고 방지하려 하였다. 먼저 권력 장악을 위한 살육의

---

47) 전필순, 「인류의 구승과 절대의 종교」 1~3, 1927. 7. 13~1927. 8. 3, 사설, 「타협과 철저」, 1927. 10. 19, 사설, 「기독교의 본질」, 1927. 11. 23, 최석주, 「십자가운동」 1~5, 1927. 10. 5~1927. 11. 9.(모두 『기독신보』에 실린 기사임.)

48) 咸日頓(F. E. Hamilton), 1919년에 부인과 함께 선교사로 내한하였음. 1926년부터 숭실전문학교 교수로 평양신학 강의를 담당하였다. 1935년, 미국 북장로회 선교부가 신앙 노선으로 갈등을 일으켰을 때 정통 보수주의교단으로 이적하고 강계의 성경학원으로 자리를 옮김. 1939년, 신사참배 강요로 성경학원이 폐쇄되자 평양에 주재하면서 신사참배반대운동을 지원하다가 추방당하였음. 1959년에 다시 내한하여 장로회 총회신학교의 교수를 역임하였으며, 박형룡의 『표준성경주석』 편찬 시 창세기와 로마서 주석의 집필을 담당하였음. 김승태·박혜진, 『내한선교사총람』, 한국기독교역사연구소, 1994, 281면.

49) 함일돈, 「基督敎와 共産主義」, 『眞生』 1928년 6월호, 13면.

참사와 공산주의 실현을 위한 공산주의의 과격성을 비판하였다. 특히 공산주의를 실현하는 과정에서 중산계급이 추방되고 살해될 것을 우려하였다. 둘째, 공산주의자들이 기독교를 자본주의를 유지하기 위하여 노동자를 속이는 종교로 규정하고, 박멸하려는 것을 두려워하였다. 셋째, 공산주의 세계관은 물질주의여서 영혼을 부인하며 하나님의 존재도 부인하므로 공산주의는 기독교를 용인할 수 없다고 보았다. 공산주의는 철학적으로 신(神)을 부정하는 유물론자이며 기독교의 사회적 역할도 부정하는 적대 세력이라고 보았다.[50] 함일돈의 개념 구분은, 당시 식민지 조선의 사회주의자들은 공산주의자들로서 파괴적인 폭력 혁명을 전개하고 신(神)과 영혼을 부정하는 반기독교 세력으로 규정하는 작업이었다.[51]

이렇게 볼 때 1920년대 중 후반에 공산주의자들과 노골적으로 대립하던 기독교인들은 공산주의자들과의 관계를 해결하기 위하여 여러 가지 방면에서 노력하였다. 사회주의 이론에 관한 이해는 물론 세계 여러 나라의 사회주의 운동, 기독교적 전통에 나타난 사회주의적 요소 등에 관한 이해를 도모하였다. 이 과정에서 기독교인들은 다양한 사회주의 사상에 접하게 되었고, 공산주의자들과 직접적으로 관계를 맺기

---

50) 함일돈, 윗글, 14면.

51) "社會主義와 그 運動家들에게 對하야 엇더케할 것인가하는 問題가 現下 要求되는 것이겟다. 그리스도인은 그리스도의 精神을 토대로 삼아가지고 나아갈 것인즉 그리스도의 根本精神을 解得하고 體現하기에 努力하는 것이 첫재 步調이다. 그다음에는 消極的으로 社會主義와의 關係를 생각할 것이다. 그리스도인은 결코 社會主義를 敵對할 필요는 업다. 그 唯物論的 原理와 直接 行動的 方法을 不合理한 것으로 알기는 하거니와 出乎爾者를 反乎爾로 敵對할 이유는 업다 그 反面에 그리스도의 精神的 原理와 愛의 實踐을 貴重히 녁일 것이다. 또 社會運動家들과 協力同心하야 갓흔 事業 갓흔 行動에 着手할 것은 아니다." 채필근, 「社會主義와 基督敎에 對한 一考察」 4, 『신보』 1927. 11. 16.

도 하였다. 그러나 기독교인들과 공산주의자들의 관계가 개선되지 않았으며, 자파의 세력을 유지하기 위한 갈등은 더욱 첨예화하였다. 여기서 보수적인 기독교인들은 공산주의자들과의 결별을 요구하였고, 이 같은 입장을 여론화시키려 하였다. 이러한 입장을 함일돈의 사회주의와 공산주의 구별이 대표하였을 것이며 이론적 기반으로도 기능하였을 것이다.

제3절 1920년대 후반~1930년대 초반

1928년 소위 '12월 테제'가 국내에 전달되면서 국제공산당의 좌경화 노선이 조선공산당에도 전달되었다. 국제공산당의 좌경화 노선은 전달 즉시 발효된 것은 아니지만 원산파업, 광주학생사건 등의 대중운동이 고조되면서 적극적으로 발동되었다. 또한 기존의 조선공산당 조직을 해체하고 노동자와 농민에 기초한 건실한 프롤레타리아운동을 조직할 것을 명령받았으므로[52] 대중운동을 매개로 하층 통전이 발동하여 공산주의 실현을 위한 대중투쟁이 격화되었다. 국내외적인 상황의 변화가 공산주의 실현이라는 폭력혁명을 당면목표로 삼게 하였으며, 그에 따라 민족협동전선을 중심으로 타협적인 노선은 폐기되었고 반기독교운동도 고조되었다.[53] 따라서 기독교인들은 반기독교운동에 대하여 교권을 수호하고 교회를 보호하기 위하여 적극적인 해결책을 모색해야만 하였다.

공산주의에 대한 대응책을 마련하는 가운데, 1920년대 중반에 나타

---

52) 김준엽·김창순, 『한국공산주의운동사』 3, 청계연구소, 1986, 337~350면.
53) 장창진, 앞글, 45~61면.

난 산만한 사회주의에 관한 이해를 정리할 필요를 느꼈고 특히 볼셰비즘을 정확하게 이해할 필요성을 절감하였다. 이러한 요구는 1930년 김준성의 작업을 통하여 사회주의의 유래와 기원, 발달과정, 사회주의의 선구, 여러 사회주의 사상에 관한 이해 등을 종합적으로 살피는 작업으로 나타났다.[54] 여기서는 김준성의 작업이 어떤 내용으로 정리되었는가를 살피려 한다.

1. 사회주의와 공산주의라는 용어의 구별

사회주의와 공산주의의 구별은 1920년대 중반에도 나타난 현상이었다. 1920년대 중·후반에 나타난 구별은 '신간회' 참여를 중심으로 실천성이 강하게 작용한 것이었다. 그런데 1920년대 말에 이루어진 구별은 사회주의가 과격화되어 감에 따라 기독교인들의 입장 변화에 맞추어 나타난 정리작업이었다.

김준성은 기독교와 사회주의의 관계는 원래 밀접하였는데 식민지 조선에서는 소련의 영향으로 서로 적대시하게 되었다고 전제하였다.[55] 따라서 기독교인들이 공산주의자들의 비판을 극복하기 위해서는 먼저 공산주의에 대한 정확한 이해가 필요하다고 하였다. 공산주의를 정확하게 이해하기 위한 작업은 제일 먼저 9가지〈Marx, Engels, Bellamy, Diel, Lafargue, Ely, 高田保馬, '마르크스파사회주의(볼셰비즘 - 연구자)'〉의 정의를 소개하는 양상으로 나타났다.[56] 다음은 사회주의를 공상적 사회주의와 과학적 사회주의로 크게 분류하고, 공상적

---

54) 김준성, 「基督敎와 社會主義」 1~26, 『신보』 1930. 1. 1~1930. 11. 26.
55) 김준성, 「基督敎와 社會主義」1, 『신보』 1930. 1. 1.
56) 김준성, 「기독교와 사회주의」 2, 『신보』 1930. 1. 8.

사회주의 3항목(생 시몽, 샤를 푸리에, 로버트 오언)과 과학적 사회주의 6항목(과학적 사회주의, 국가 사회주의, 생디칼리즘, I. W. W., 길드사회주의, 볼셰비즘)을 소개하였다.[57]

김준성의 마르크스와 엥겔스(과학적 사회주의 - 필자)에 대한 소개는 그들의 생애를 소개하는 데에 중점을 두었다. 마르크스에 관한 소개는 아버지가 개신교로 개종한 이유, 성장 과정과 학문적 업적의 나열, '라인'신문에서의 활약과 박해받은 내용, 영국으로의 이주(移住)와 어려운 생활, 그리고 사망 등 생애를 상세하게 소개하는 데 집중되있다.[58] 더구나 엥겔스에 대한 소개는 그가 부유한 공업가의 아들로 사회주의에 투신한 것, 유일한 친구로 마르크스의 생활비를 제공한 것, 마르크스를 돕기 위하여 상업에 종사한 것, 그리고 마르크스가 죽은 후 그의 저술 작업을 계승하여 『자본론』을 완성한 것 등을 소개하였다.[59] 특히 엥겔스 소개는 마르크스의 친구로서의 삶에 중점이 두어져 마르크스의 절친한 친구, 은인, 사업의 협조자이며 그 완성자로 보는 데에 중점을 두었다.[60] 결국 마르크스와 엥겔스에

---

57) 김준성은 과학적 사회주의를 소개하면서 마르크스와 엥겔스는 「기독교와 사회주의」 17, 속, 18, 19에서, 볼셰비즘은 「기독교와 사회주의」 24, 26에서 다루고 있다.

58) 김준성, 「기독교와 사회주의(속)」, 『신보』 1930. 9. 10.

59) 김준성, 「기독교와 사회주의」 18, 『신보』 1930. 9. 17, 김준성, 「기독교와 사회주의」 19, 『신보』 1930. 9. 24.

60) "이와 같이 엥겔스는 맑스의 知己之友가 될 뿐아니라 그의 恩人도 되며 事業의 協助者뿐만 아니라 其完成者이며 其思想 其運動에 있어서 同一心身의 他半片인 것을 우리는 알 수 있다." "이와 같이 위대한 제2 맑스 '저는 興하여야겠고 나는 衰하여야겠다'고 하던 옛 先知者와 같은 이 제2 세례 요한은 맑스와 自己의 著作物을 發行하기에 忙殺한 생활을 계속하다가 一八九五年 八月 六日에 마침내 喉頭癌으로 因하야 七十六歲를 一欺로 故友의 뒤를 따라가매", 김준성, 「기독교와 사회주의」 19, 『신보』 1930. 9. 24.

대한 소개는 사상적 고찰은 없이 그들의 생애와 두 사람의 우정을 서술하여 인간적 의리가 어떠하였는가를 보여주었다. 마르크스 이론에 대한 인식보다는 마르크스와 엥겔스의 인간성을 서술하는 데 중점을 두었다. 이것으로 볼 때 마르크스가 주장한 사회주의는 과격한 것이 아니라 인간적인 것이며, 폭력적인 볼셰비즘과는 다르다는 것을 강조하려 하였던 것으로 보인다.

반면 볼셰비즘의 소개는 형성과정과 지도원리에 대해서 상세하였다. 1872년에 마르크스의 『자본론』이 러시아에서 번역된 이후 일어난 사건들 즉 1890년에 결성된 허무당의 비밀결사, 1898년에 만스크에서 조직된 '러시아사회민주당' 등을 소개하였다. 이때부터 온건파와 과격파가 존재하였으며, 온건파와 과격파는 1903년 러시아공산당 창립대회(런던에서 열림)에서 레닌과 플레하노프가 당조직문제로 대립하게 되었다고 하였다. 레닌은 플레하노프의 경제운동을 비난하고 정치운동을 중심으로 당을 움직이려 하였는데 제3회 스톡홀름대회(1906년)에서 표결로 레닌이 승리하여 당조직을 장악하게 되었음을 서술하였다. 결국 볼셰비즘은 당조직 투쟁에서 다수의 지지를 얻어 붙여진 호칭이라고 어원도 설명하였다.[61]

김준성은 사회주의의 다양성을 소개하는 과정에서 마르크스주의와 볼셰비즘의 차별화에 노력하였다. 특히 볼셰비즘의 형성과정을 자세히 설명하여 마르크스주의의 인간적인 면과 대비시켰다. 당시 식민지 조선에서 풍미하고 있던 과격하고 극단적인 볼셰비즘이 마르크스주의로 인식되는 것을 막으려는 의도에서 마르크스주의와 볼셰비즘을 구분하였던 것으로 보인다.

김준성이 공산주의를 이해하고 극복하려는 노력은 사회주의의 기원

---

61) 김준성, 「基督敎와 社會主義」 24, 『신보』 1930. 11. 19.

과 유래를 살펴보는 것에서도 나타났다. 동·서양의 사회에서 나타난 사회주의적 사상을 고찰하여 사회주의 기원이 다양함을 보여주었다.[62] 다음은 사회주의 사상의 형성에 도움을 준 자유와 평등사상의 발전과정으로 종교개혁과 영국혁명, 프랑스혁명, 미국혁명의 이념을 살펴보고 어떤 면에서 사회주의 사상에 기여하였는가를 서술하였다.[63] 다음으로는 사회주의운동의 선구로서 토마스 뮌처를 중심으로 한 재세례파운동, 영국에서 나타난 급진적인 수평파 운동, 프랑스의 바뵈프 폭동, 영국의 직공조합 운동 등을 소개하였다.[64] 여기에 나열된 것들은 사회주의 운동의 선구로 바뵈프폭동을 제외하면 대부분 기독교인들이 주도한 개혁운동이었다. 이것은 사회주의 운동이 기독교운동과 상당한 연관성을 가졌다는 것을 보여주는 것으로 사회주의 운동이 기독교 신앙 속에서 유래되고 발전되어 왔음을 운동의 기원과 사상적 발전과정에서 찾아보려는 작업이었다. 그 결과 기독교적 개혁의 탁월함을 역사적으로 증명하여 근대 초기 마르크스가 주장한 사회주의는 기독교에 기반을 둔 것이라고 주장하였다. 그리고 소련에서 발달한 공산주의는 과격한 것이며 마르크스의 사회주의와도 다르며, 소련의 영향을 받은 식민지 조선의 공산주의 운동은 극복해야 할 대상이며, 이를 위하여 기독교적인 노력이 필요하다고 주장하였다.

볼셰비즘을 사회주의와 구분하려는 의도는 공상적 사회주의를 설명하는 데에서도 나타났다. 김준성은 공상적 사회주의가 주장하는 '신기독교(新基督敎)', 생산수단의 집단적 소유 그리고 분배제도를 자세히 설명하였다.[65] '신기독교'의 설명을 통해서는 신(神)을 부정하는 사회

---

62) 김준성, 「기독교와 사회주의」 3, 『신보』 1930. 1. 15.

63) 김준성, 「기독교와 사회주의」 6·7·8, 『신보』 1930. 2. 5~1930. 2. 12.

64) 김준성, 「기독교와 사회주의」 8(9-연구자)·10, 『신보』 1930. 2. 26~1930. 3. 5.

주의만 있는 것이 아니라 신(神)을 섬기는 사회주의도 있다는 것을 보여주었다. 또 분배제도의 설명을 통해서는 인간의 능력과 노력을 공정하게 대우하는 사회주의도 존재한다는 것을 보여주었다. 균등분배만이 사회주의가 주장하는 분배론이 아니라는 것을 이해시키려 하였다. 공상적 사회주의자들이 주장하는 비례분배제를 소개하여 균등분배의 불공정함을 지적하고 이를 주장하는 공산주의자들을 극복하려 하였다.

김준성은 사회주의 정의에 대한 설명과 종류 구분 그리고 사회주의의 기원과 운동의 선구, 공상적 사회주의를 고찰하는 작업에서, 사회주의는 기독교에서 유래되었고 소련의 영향을 받은 공산주의는 역사적인 사회주의와는 다른 과격한 것이므로 배격해야 함을 주장하였다. 사회주의가 발달하여 온 과정을 고찰하면서 식민지 조선에 수용된 사회주의는 볼셰비즘이라고 보았다. 그리고 볼셰비즘의 지도원리는 마르크스주의와 구별되는 레닌주의이며, 과격한 신(新)마르크스주의라고 하였다.

이에 그치지 않고 사회주의와 공산주의의 차이점을 여러 가지로 설명하였다. 사회주의는 생산기관만을 공유하고 소비재는 사유(私有)하는 것이라고 설명하였다. 반면 공산주의는 생산기관과 소비재를 모두 공유하는 제도로 능력에 따라 생산하고 필요에 따라 소비하는 제도라고 설명하였다.[66] 운동의 전개에서도 사회주의는 중류계급이 주도하며, 공산주의는 노동계급이 주도하는 운동으로 구분하였다. 그리고 사

---

65) 김준성, 「기독교와 사회주의」 11-16, 『신보』 1930. 3. 19-5. 14.

66) "社會主義와 共産主義는 決코 同一한 것이 아니라는 것이다. 한번 더 말한다면 '社會主義'는 生産機關만을 公有로 하고 消費貨物을 私有 그대로 두어 國家로 하여금 社會를 管理하게 하려는 것이지마는 共産主義는 生産機關을 公有로 할 뿐 아니라 消費財까지 共有로 하여 萬人이 한가지로 각기 能力에 應하야 勞動하고 必要에 따라 消費하며 共有財産은 中央集權的 國家와 갓흔 기관에서 管理하게 하려는 것이다." 김준성, 「기독교와 사회주의」 26, 『신보』 1930. 11. 26.

회주의는 노동자를 위해서 중류 이상의 지식계급이나 유산계급의 운동이므로 노동자의 해방은 노동자만이 이룰 수 있다는 설(說)은 잘못이라고 비판하였다.[67] 국제 사회주의의 흐름에서는 마르크스, 엥겔스, 카우츠키로 이어지는 제2인터내셔널 계통을 정통 마르크스주의 즉 사회주의로 인정하고 있으며 레닌을 중심으로 한 제3인터내셔널은 공산주의로 분리하여 인식하였다.[68] 지역적으로도 유럽의 운동은 사회주의이고 러시아의 운동은 공산주의라고 하였다. 이상사회를 실현하는 방법에서도 사회주의는 의회나 법률을 통하여 노동자를 보호하는 것이며, 공산주의는 무산계급의 혁명적 독재를 통하여 실현되는 사상으로 여겼다.[69]

그리고 현실적으로 존재하는 소련공산당의 정치제도는 1,000,000명

---

67) "맑스가 '社會主義者'라는 말을 厭忌하고 그대신에 '共産主義者'라고 自稱한 까닭이 여기 잇는데 이제 맑스와 엥겔스의 '共産黨宣言' 序文을 소개하건데 一八九四年의 社會主義는 中流階級運動이오 共産主義는 勞動階級運動이였다. 적어도 歐洲 大陸에 잇어서 社會主義는 上品의(점잖은 -연구자) 運動이엇고 共産主義는 그와 反對되는 것이엇다. 그런데 우리는 最初부터 말하기를 勞動階級의 解放은 勞動階級 自身의 行動이 아니면 안된다고 하엿으니 이 두가지 이름 중에 어느 편 이름을 선택한 것일가는 두말할것 도 없는 일이라고 하엿다." 김준성, 윗글.

68) "맑스의 高足弟子며 맑스주의 唯一한 理論家인 카우츠키는 레닌의 獨裁主義에 反對하야 말하기를 볼쉐비즘은 맑스주의 반역이라고 하엿다. 그리고 '無産階級獨裁論'에 反對하야 '社會民主主義'를 擁護하엿으며 이이론은 一九0四年 제이 인터내셔널(국제회의) 암스테르담대회에서 確囚을 얻은 것인데 이 카우츠키파의 思想을 正統派 맑스주의라고한다. 볼쉐비즘의 '진정 맑스주의'와는 不同한 것이다." 김준성, 윗글.

69) "볼쉐비즘의 特色 中에서 第一 重要한 것은 '無産者階級獨裁主義'이다. 그리하여 그들은 議會政治를 否認하며 民主主義를 攻擊하며 現代 國家들과 같은 國家를 否認하고 오로지 無産階級의 革命主義와 無産階級의 獨裁主義를 主張하야 全 露西亞 一億四千七百여만 명 되는 國民은 불과 百萬名 內外되는 共産黨員의 手中의 支配되고 잇는 것이다." 김준성, 윗글.

정도의 공산당원이 140,000,000명의 인구를 지배하는 소수 독재이며 무산자 독재의 현실적 형태라고 하였다. 나아가 무산자 독재의 특성은 무산자가 정치를 주도하는 것이 아니라 오히려 무산자가 독재정치에 지배되는 정치체제라고 하였다.[70] 결국 공산주의는 생디칼리즘의 경제적 직접 행동주의와 같이 정치적 직접 행동주의를 통해서 개혁을 추진하려는 사상과 제도이며, 의회와 법률을 이용한 계급투쟁을 주장하는 정통파 마르크스주의와도 전혀 다른 러시아공산당의 사상이라고 하였다. 또 공산주의는 무산자 독재를 통해서 국민에게 자유와 평등을 보장하는 것이 아니라 실지로는 국민의 자유를 억압하고 민주주의를 격파하는 과격한 사상으로 규정하였다. 도덕적으로도 인간의 자유를 추구하는 것이 아니라 반대파를 가혹하게 숙청하고 종교의 자유도 억압하고 심지어는 생활의 즐거움도 유보하는 사상으로 국민들의 비난을 사기에 충분하다고 하였다.[71] 김준성은 식민지 조선의 사회주의 운동을 레닌이 중심이 된 공산주의운동으로 규정하고 조직과 이론 그리고 개혁의 방법에서 사회주의와 공산주의를 구별하여 과격한 공산주의를 비판하고 극복하려 하였다.

볼셰비즘에 관한 한국 기독교인들의 이해는 1931년경에 이르면 더욱 명확해진다. 공산주의는 마르크스주의를 계승하였지만 레닌을 중심으로 소련에서 실시하는 무산자 중심의 사상으로 규정하고, 제국주의 시대에 조응하는 제국주의론과 프롤레타리아 독재론 그리고 민족문제를 중시하는 사상이라고 하였다. 이것은 공산주의의 시대적 과제의 변

---

70) "볼쉐비즘의 獨裁는 푸로레타리아의 獨裁가 아니라 푸로레타리아를 獨裁하는 것이라고 하였다." 김준성, 윗글.
71) "政治的 直接 行動主義 取하며(싼디칼리즘의 經濟的 直接 行動과는 不同함) 一黨 專制主義를 取하여 人民의 自由를 抑壓하는 것은 심히 不可한 것이라고 할 수 밖에 없다." 김준성, 윗글.

화와 역사성도 고려하고 있다는 것을 보여주었다.[72]

볼셰비즘을 공산주의로 규정하면서 사회주의의 일반적 의미에 관하여서도 정의하였다. 연희전문 교수이던 하경덕(河敬德)은 사회주의는 일종의 사회개량운동으로 평화적 또는 폭력적 수단 모두를 이용하여 생산, 분배, 소비에 필요한 토지, 가옥, 기계 등을 국가의 소유로 만드는 운동이며, 사유재산제도와 자유경쟁을 폐기하고, 분배는 가급적 균일하게 만드는 주의라고 하였다. 또 사회주의의 발달 과정은 시대적으로 원시 공산주의, 공상적 사회주의, 과학적 사회주의로 나타난다고 하였다. 하경덕은 사회주의는 원시시대부터 발달하여 온 사상으로 공상적 사회주의를 거쳐 과학적 사회주의로 발전한 사상이며, 사회의 모순을 개량하려는 보편성을 가진 사상으로 폭력적인 수단마저 포함하는 다양한 사회주의 사상을 포함하는 용어로 정의하였다.[73]

한국 기독교인들은 공산주의자들이 좌경화 되면서 적대 세력으로 경계하였다. 그러나 가혹한 일제의 수탈과 공황으로 몰아닥치는 경제적 어려움을 도외시할 수 없었으며, 어려움에 고통당하는 노동자와 농민을 선동하고 사회를 전복하려는 과격한 공산주의를 간과할 수도 없었다. 사회 불안이 고조되자 기독교인들은 다양한 사회주의에 접하고 그로부터 추출된 광범위한 인식을 통해서 식민지 조선의 현실을 개혁하고 과격한 공산주의를 극복하려 하였다.

---

72) "共産主義라는 말은 歷史的으로 보면 여러 가지로 變하였지마는 지금 共産主義라고 하는 것은 맑스주의와 그것을 帝國主義時代 곧 푸로레타리아트 革命時代에 잇서서 發展 展開시킨 레닌주의를 意味하는 것이다. 그런 故로 우리는 레닌 帝國主義論 푸로레타리아트獨裁論 民族問題를 研究할 段階에 이르럿지마는 지금은 共産主義는 第三인터내셔날의 指導原理 곧 맑스레닌이즘이라고 알아두는데 滿足하지않으면 안되겟다." 필자미상, 「사회개조의 제 사상」, 『동광』 1931년 6월호, 76~77면.
73) 하경덕, 「現代思潮問題와 우리의 態度」 1, 『청년』 1930년 9월호, 9면.

2. "사회과학"이라는 용어에 관한 인식

공산주의를 정확히 이해하여 공산주의자들의 비판을 극복하려던 노력은 "사회과학"이라는 용어가 공산주의를 대신하여 사용되는 것을 문제 삼게 되었다. "사회과학"이라는 용어가 공산주의를 대신하게 된 것은 일제의 사상 탄압 때문이었지만[74] "사회과학"이 공산주의를 지칭하는 용어가 되면서 일반인들은 공산주의가 사회과학을 대표하는 것처럼 생각하게 되었다. 이러한 현상은 과격하고 폭력적인 공산주의를 일반화하므로 기독교인들은 공산주의화를 촉진시킨다고 생각하였고,[75] 이를 막기 위해서는 "사회과학"이라는 용어를 정확하게 이해할 것을 요청하였다. 이러한 필요성에 조응하여 김준성은 사회과학과 사회주의, 사회주의와 공산주의(볼셰비즘)를 구분하였다.

"사회과학"과 "사회주의"를 구분하는 작업은 먼저 "과학"의 정의를 소개하는 것으로 시작하였다. 과학은 가정(假定)에 입각하여 사물을 관찰하고 실험하고 추리하여 합리적으로 얻은 체계적 지식이며, 철학과 같이 보편적이고 궁극적인 원리를 추구하는 것이 아니라 상대적이고 특수한 원리를 추구하는 것이라 하였다.[76] 특히 과학은 기준과 범

---

74) 김성식, 「일제하 한국학생운동」, 『일제하 민족운동사』, 아세아문제연구소, 1982, 211면, 장석흥, 「조선학생과학연구회의 초기조직과 6·10만세운동」, 『한국독립운동사연구』 8, 1994, 208면.

75) "近來에 「社會科學」이라는 말이 많이 流行되는데 누구나다- 社會科學이라고하면 社會主義學으로 알게되였다. 물론 이름(名)과 實體와는 반드시 같다고는 할 수없다." "「社會科學」이라는 이름을 嚴正하게 解釋한다면 그것을 決코 「社會主義」를 意味하는 것이 아니다. 그러함에도 불구하고 社會主義가 自稱 社會科學으로 行世하고 따라서 一般이 역시 그와 같이 불러주게 된 것이다." 김준성, 「社會科學의 意義」 1, 『청년』 1931년 12월호, 5면.

76) 김준성, 윗글, 6면.

위가 정하여진 특수하고 상대적이라는 것을 강조하고, 플라톤, 베이컨, 분트(Wilhelm Wundt, 1832~1920), 신칸트학파, 마르크스와 엥겔스 등의 학문 분류법을 소개하였다.[77]

김준성은 사회과학의 의의 세 가지도 제시하였다. 첫째는 과학을 자연과학과 사회과학으로 구분하고, 사회과학은 자연과학에 대립되는 역사적, 문화적, 사회적, 관념적 제(諸) 과학의 총칭이라 하였다. 사회과학이란 조선에서 당시 유행하던 공산주의가 아니라 여러 가지 문화적 현상을 연구하는 학문을 총칭하는 용어라고 정의하였다.[78] 둘째는 당시 조선에서 공산주의를 '사회과학'이라는 용어로 지칭하게 된 유래를 살펴보았다. 1차 세계대전 직후 일본의 대학생과 전문학교 학생들 사이에서 사회주의 사상 연구가 성행하였고, 연구단체로는 '新人會'(동경제대)를 시작으로 '건설자동맹', '早大文化同盟', '정치연구회(早稻田大)', '십일회(同志社大)' 등 다수가 출현하였다. 이러한 경향은 더욱 진전되어 1921년에는 '曉民共産黨', 1923년에는 堺利彦, 佐野學 등의 공산주의자 30여 명이 일본공산당을 조직하면서 사회주의가 크게 성행하였다. 이에 일제는 공산주의를 탄압하고 공산당을 검거하였으므로 사회주의 사상단체들은 조직을 강화하고 검거를 모면하기 위하여 사

---

77) "社會科學의 定義를 말할터인대 먼저 基 詳細한 內容을 充分히 理解하기 위하야 爲先 科學의 分類를 붙어 말하고저한다. 基 理由는 科學의 分類를 仔細하게 考察하면 그가운데서 社會科學의 定義가 自然히 明白하게 나타나는 까닭이다." 김준성, 「사회과학의 의의」 2, 『청년』 1932년 2월호, 6면.

78) "社會科學이라는 이름은 우리가 現在 流行語로 使用하는 社會主義의 學을 意味하는 것이 아니라 千萬不當하게도 아조 別個의 意味—보담더 廣範한 內容을 가리치는 것이 即 此 術語의 學的 眞 意義인 것이다. 그런故로 社會科學이라하면 그 內容은 즉 心理學, 社會學, —중략— 倫理學 등 등의 허다한 文化的 科學을 總稱하는 것이다." 김준성, 윗글, 18면.

회주의 사상 단체들을 '사회과학연구회'로 고치고 전국 조직은 '전일본학생사회과학연합회'란 명칭으로 부르게 되었다. 즉 학생들이 학교 내에서 공산주의를 연구하는 것이 용납되지 않으므로 과학연구라는 듣기 좋은 명칭으로 부르게 되었고, 언론에 의해 보급되어 "사회과학"이라는 용어가 공산주의를 대체하고 일반화되었다고 보았다.[79] 셋째로 이렇게 만들어진 용어가 쓰이는 경우 잘못된 내용을 알고 있으면 큰 폐해가 없지만, 비판력이 없는 청년들이 공산주의를 사회과학으로 이해하면 글자의 뜻과 같이 공산주의를 과학적 증명의 확실성을 가진 사상으로 단정하는 일이 많아진다고 염려하였다. 그러므로 "사회과학"이라는 용어를 사용할 때는 "과학"이라는 용어가 붙어 있다고 하여 증명의 확실성을 가진 이론으로 이해하지 말 것을 요구하였다.[80]

기독교인들은 1920년대 초반부터 과격한 소련의 볼셰비즘을 공산주의, 레닌주의로 부르고 사회주의와 구분하려 하였으나 일반 사회에서 사용하던 "사회과학"이라는 용어를 사용할 수밖에 없었다. 그 정도로 공산주의는 "사회과학"으로 널리 사용되었고 과격한 사회주의를 전파시키는 데 긍정적 요소를 제공하였다. "사회과학"이라는 용어가 가지

---

79) 김준성, 윗글, 8면.

80) "이와같이 社會科學이라는 術語도 社會主義의 學으로 使用하는 것은 물론 嚴格한 意味로 말하면 잘못이다. 그뿐아니라 批判力이 없는 靑年들은 社會科學이라고 하니 글자 뜻과같이 共産主義는 아마도 科學的 證明의 確實性을 가진 思想인가보다하는 盲目的 斷定을 하는 일이 많은 故로 여기에 가장 不可한 論理的 過誤의 陷穽이 있는 것이다. 그런故로 誤謬를 誤謬인줄 알고 使用하면 便利한 것이 되지마는 모르고 使用하면 意外의 過誤를 犯하는 것이다. 그런故로 우리는 이말을 使用할 때에 前述한 바와같이 學術的 本意와는 같지않으나 特殊的으로 그렇게 命名한다는 것과 또한 이름에는 科學이라고 붙였으나 實狀은 證明의 確實性을 保藏한 것이 아니라는 것을 充分히 理解한 後에 다만 一個의 名號로 알고 使用하는 것이 可하다고 생각한다." 김준성, 윗글, 8면.

는 보편성과 과학적 의미가 공산주의를 심도 있게 이해하지 못한 일반 대중에게는 사회의 보편적 원리를 과학적으로 설명한 사상으로 이해되고 있었다. 따라서 공산주의자들의 공격으로 피해를 당하던 한국 기독교인들은 공산주의가 사회의 보편적 원리를 과학적으로 증명한 학문으로 인식되는 것을 방지하려 하였다. 이러한 노력은 사회과학과 사회주의, 사회주의와 공산주의, 볼셰비즘과 진정한 공산주의(기독교적 공산주의-연구자)를 구분하는 노력으로 나타나 기독교인들의 사회주의 인식을 심화시키는데 공헌하였다.

제3장 | 유물사관에 관한 인식

식민지 조선의 민족적 과제는 일제의 지배에서 벗어나 국권을 회복하는 것이지만 그보다 더 급한 것은 가혹한 경제적 수탈에서 벗어나 생존을 찾는 것이었다. 그런데 3·1운동의 좌절로 기존의 민족운동에 관한 반성이 일어나면서 사회주의가 도입되었고, 이로 인해 민족 생존을 위한 경제적 토대 건설을 어떻게 할 것인가에 대해 이견(異見)이 생기게 되었다. 그 이견은 자본주의와 공산주의의 대립 갈등으로 나타났으며, 이러한 갈등은 민족운동 세력을 분산시키려는 일제의 간교한 계급분할정책으로 더욱 조장되었다.

한편 인접한 중국과 소련의 반기독교운동이 반제반봉건의 근대 민족운동으로 또는 공산주의 혁명운동으로 발전되어 가는 것을 지켜본 식민지 조선의 공산주의자들은 기독교의 초월적 신앙을 미신으로 비판하면서 과학적 근대화를 표방하였다. 나아가 선교사들에 대한 기독교인들의 불만을 선동하고 여론화하여 사회문제로 비화시켰다. 1920년대 말에 이르러서는 공산주의의 종교론에 기반을 둔 반기독교운동을 대중의 혁명운동으로 발전시키려 하였다. 공산주의자들은 그들의 이념을 선전하고 세력을 부식하는 과정에서 기독교를 여러 가지로 이용하였다.

반면에 기독교인들은 공산주의자들의 공격을 방어하고 기독교 세력을 보호하고 유지하기 위하여 공산주의자들의 반기독교적 성향을 알아야만 했다. 기독교인들은 사회주의의 유물사관을 연구하고 유물사관의 모순을 지적하여 공산주의를 비판하려 하였다. 이러한 상황을 염두에 두고 공산주의자들이 주장하는 유물사관에 관한 기독교인들의 인식이 어떤 것이었는가를 살펴보려 한다. 이것은 기독교인들이 공산주의자들에게 대응하기 위한 사상적 기반을 어떻게 형성했는가를 이해하려는 것이며, 또한 민족협동전선에 대한 기독교인들의 태도가 무엇인가를 이해하는 데에도 도움을 줄 것이다.

제1절 1920년대 초반

1. 강매(姜邁)의 기독교적 인식

공산주의가 사회 세력으로 성장하던 초기, 공산주의자들의 유물사관과 종교론에 대한 이해는 매우 소박하여서 기독교에 대한 이론적 비판은 어려운 상황이었다. 따라서 식민지 조선의 반기독교운동은 중국이나 소련을 모방하는 데에 그쳐 제도화된 기독교회의 현실적 모순을 비판하는 데에서 더 이상 나가지 못했다.[1] 공산주의자들은 유물사관을 유물론과 무신론으로 이해하는 데에 머물렀으며, 공산주의 종교론도 기계적으로 적용하는 데에 그쳤다.[2] 이에 따라 기독교인들도 유

---

1) 「將來홀 新社會와 因習的 宗敎及道德의 價値如何」, 『開闢』 1923년 6월호, 林柱, 「人類의 思想變遷과 在來宗敎의 價値」, 『開闢』 1923년 6월호, 李喆, 「無宗敎라야 有宗敎」, 『開闢』 1923년 7월호.
2) 김준엽·김창순, 『한국공산주의운동사』 2, 338면, 장창진, 앞글, 34면, 이준식, 앞글, 24면, 김권정, 앞글, 1면.

물사관을 유물론과 무신론으로 이해하였고3) 무신론적 경향이 사회에 전파되는 것을 막기 위해4) 신(神)의 존재를 부각시키고,5) 유물사관의 무신론적 경향을 비판하였다.

> "彼 맑스가 人類生活의 根柢를 唯物에 置ㅎ며 人類歷史의 科程을 階級鬪爭에 歸흔 以來로 彼의 학설에 昏醉흔 徒輩가 盛히 唱導ㅎ는 者는 『프로레탈리아』의 運動이 基一이오 『코스모펄니태니즘』의 세계관이 基二이다."
>
> "新理想主義의 哲學이 蔚然이 성가를 博得ㅎ게된 이래로 唯物主義가 鼓吹되며 無神無靈의 思想이 急激흔 變化를 起ㅎ얏다. 神을 埋葬ㅎ야라 人間生涯는 그무슨 超自然을 信仰흘 必要가 잇스랴 自然과 自我를 標準으로 흠이 보다 더 滿足ㅎ지아니흔가ㅎ야 世上의 傲慢放縱의 輩로 ㅎ여곰 跋扈를 極ㅎ게 흠은 今日 思想界의 現狀이라 ㅎ겟다."
>
> "그러나 나로써 觀察흘진되 以上의 主義는 역시 宇宙進化의 一 科程으로 主耶蘇基督이 일즉 千九白여년전에 발서 계시ㅎ샤 訓諭로써 又는 實踐으로써 人類에게 寄與ㅎ신 者오 別노히 그 神技흠이 아닌 것을 覺悟흘 것이니 隣을 애ㅎ기를 己와 곳치ㅎ라흠은 世界同胞主義의 先導가 아니며 자기를 謙憶ㅎ샤 病者와 賤隷로 더부러 伍흠을 不恥ㅎ신 것은 階級을 打破ㅎ는 先聲이 아니며 一靑年에게 訓ㅎ샤 基

---

3) "露國의 改造와 德國의 革命 등 그 改造運動은 다 칼. 막쓰의 資本즉 唯物主義를 중심으로 니러난 運動이라 觀察흘 수가 잇도다. 그리하야 世人이 다 이 物質의 滿足으로써 社會運動의 초점을 삼아 원만흔 社會問題의 解決을 求코져ㅎ나 그러나 어나때던지 非宗敎的 唯物主義의 社會運動으로는 圓滿흔 解決을 齎來치 못ㅎ고 도로혀 해독을 끼치기 쉬웁도다." 사설, 「예수와 社會運動」, 『신보』 1923. 10. 24.
4) 金禹鉉, 「하나님의 존재를 의심ㅎ는 형제들에게」 1~4, 『신보』 1923. 4. 11~1923. 4. 25.
5) 「科學과 信仰」 1·2, 일본기독교 흥문협회 전도 총서 15편, 『신보』 1923. 4. 18~1923. 4. 25, 白川 劉月洋 역, 「내세와 부활」, 1~6, 『신보』 1923. 6. 6~1923. 8. 1.

소유를 分散ᄒ야 貧者에게 與ᄒ라ᄒ신 것은 資本主義의 撤廢를 啓示
ᄒ심이 아니고 무엇인가"[6]

인용된 글의 내용은 예수가 사회주의 정신을 가장 진실하게 실현하
였으며 사회주의를 기독교 정신의 소산으로 생각하였음을 보여준다.
강매는 기독교의 이웃 사랑의 정신을 사회주의의 휴머니즘과 유사한
것으로 이해하고 세계동포주의와 동일시하였다. 사회주의가 주장하는
인류 평등을 예수의 이웃 사랑의 정신과 연결시켰다. 그리고 공산주의
자들의 무신론적 성격은 '사회주의 실천자'를 부정하는 것이며 자신의
주장마저도 제대로 이해하지 못한 오류로 여겼다. 강매는 유물사관을
사회주의의 근본정신에 논리적 모순을 일으키는 이론으로 이해하였다.
강매는 유물사관의 무신론적 성격은 반대하였지만 사회주의가 주장하
는 개혁정신이나 인간에 관한 사랑의 정신은 긍정적으로 인식하였다.
즉 공산주의가 자신의 개혁정신을 실현하기 위해서는 무신론적인 유
물사관을 폐기하는 것이 좋을 것이라는 결론을 유도하였다. 이렇게 볼
때 사회주의가 수용되던 초기 기독교인들도 사회주의를 전적으로 부
정한 것은 아니었으며, 나아가서 공산주의자들의 제국주의 비판에 동
의하는 면도 있었다고 할 것이다.

2. 이대위(李大偉)의 경제적 인식

유물사관이 사회주의와 모순을 일으킨다는 강매의 비판과는 달리
사회주의자들이 유물사관을 잘못 이해하였다고 비판하는 경우도 나타
났다. 기독교인들도 공산주의자들이 개혁하려는 제국주의의 수탈, 민

---

6) 강매, 「世界思潮와 基督教」, 『신보』 1923. 1. 3.

족적 차별, 계급제도로 인한 차별, 종교의 불합리한 속박 등 현실적 모순에 대해서 동의하고, 서로 대립할 필요가 없다고 전제하였다. 그러나 기독교인들은 사회모순은 경제적 불균등과 물질의 공황으로만 비롯되는 것이 아니며, 물질만 개선하면 사회가 저절로 개선된다는 공산주의자들의 주장에 반대한다고 하였다. 즉 기독교인들은 인간은 물질에만 매달려 살 수 없으므로 정신을 먼저 개조하고[7] 그 다음은 기독교와 공산주의가 협동해서 사회모순을 개혁해야 한다고 하였다.

그런데 협동해야 할 공산주의자들과 기독교인들이 대립 갈등하는 이유는 공산주의자들이 유물사관을 잘못 이해하기 때문이라고 하였다. 이대위는 마르크스의 유물사관이 잘못 해석되고 있는 상황을 아래와 같이 서술하였다.

"現在의 社會主義者들은 다 맑쓰의 經濟正命論을 信仰ㅎ나니 곳 人類의 生活은 環境의 支配를 받는다흠이다. 그것은 맑쓰의 原義가 經濟의 元素가 社會進化上에 最大의 效果가 잇슴을 말흘 뿐이요 精神 又는 道德으로만 가지고 살지못흘 것을 말흔 것뿐이다."[8]

"므릇 吾人이 想像ㅎ는 社會主義 그것은 본래 唯物主義만 안닌 것이 명료ㅎ니 스파-꼬씨의 著作한 『맑쓰 사회주의와 종교』란 책 第85페지 중에 맑쓰의 唯物史觀은 그 본의가 社會進化의 倫理와 宗敎의 元素를 全히 排斥흔 것은 안이라ㅎ엿다. 그러나 今日 吾國의 社會主義家는 唯物主義를 主張ㅎ는 同時에 基督敎를 절대로 反對ㅎ는 것이 眞正의 社會主義家로만 알게되엇다."[9]

---

7) 이대위, 「나의 考察흔바 社會改造運動의 程序」, 『청년』 1923년 12월호, 6~7면.
8) 이대위, 「社會主義와 基督敎의 歸着点이 엇더흔가」1, 『청년』 1923년 9월호, 10면.
9) 이대위, 「社會主義와 基督敎의 歸着点이 엇더흔가」2, 『청년』 1923년 10월호, 10면.

이대위는 유물사관은 경제적 요소가 주요하다는 것이지 경제가 인간 삶의 모든 것을 규정한다는 것은 아니며, 공산주의자들이 유물론에 기우는 것은 유물사관의 유물론적 요소를 과도하게 확장하여 이해한 결과라 하였다. 따라서 유물사관을 올바로 이해하면 신(神)을 부정하는 무신론적 경향에서 벗어날 수 있으며, 두 사상은 모두 사회진보에 대한 종합적 사상이므로 서로 협동할 수 있다고 주장하였다.[10] 이대위는 공산주의자들이 유물사관의 참뜻을 이해하면 기독교와 협동할 수 있는 길이 열릴 것으로 기대하였다. 공산주의자들의 개혁 방법에 찬동하지는 않았지만 현실적으로 목적이 동일하고 경제 상황이 어려우므로[11] 강제적으로라도 협동하게 만들 것을 요구하였다.[12] 그리고 무신론적 방법으로 사회문제를 해결하면 볼셰비키혁명에서 보듯이 기근이 일어나고 질서가 파괴되어 대혼란에 빠지므로[13] 볼셰비키혁명 같은 비종교적 유물주의 운동은 사회문제를 해결할 수 없다고 생각하였다. 오히려 기독교인들과 같이 예수의 교훈을 따라 사회를 개조하면 개혁이 가능하다고 하였다. 기독교인들은 비종교적 유물주의를 부정하

---

10) 이대위, 앞글, 1923. 9. 9, 11면.

11) 이대위, 앞글, 1923. 10, 10면

12) "그러나 今日 吾國의 社會主義家는 唯物主義를 主ㅎ는 同時에 基督敎를 絶對로 反對ㅎ는 것이 眞正의 社會主義家로만 알게되여 보인다. 첫째ㅎ 바는 勞動階級을 훈련식히는 동시에 中産階級을 警戒ㅎ야 兩者의 協作에 勞力홀 것이요 그런 後 이라고 來하야 不聽하거든 鞭撻이라도 用홀지니 「馬太 二十一쟝 十二」 인류가 人類를 愛ㅎ다가 잘못ㅎ는 것을 보고도 오히려 責치 안커든 天이라도 責ㅎ거늘 하물며 相接ㅎ는 우리일가 보냐." 이대위, 앞글, 1923. 10, 10~11면.

13) "뎌희는(소비에트는 - 연구자) 有産者를 殺ㅎ고 農民이 種子를 업시흔 끗둙에 큰 饑饉이 全國을 來襲ㅎ엿스며 또 赤白軍의 反目이 和合홈에 니르지 못ㅎ야 國家는 大混亂에 陷ㅎ고 餓表가 路上에 橫在ㅎ며 老幼가 四方에 散離ㅎ는 慘狀을 일우엇스니" 사설, 「예수와 社會運動」, 『신보』 1923. 10. 24.

고, 기독교적 개혁을 강력하게 고수하였다.

이대위는 공산주의자들이 개혁하려는 대상에 동의하고 협동할 것을 요구하였으나 공산주의자들의 유물사관 이해는 전혀 잘못된 것으로 평가하였다. 유물사관은 유물론이 아니라 경제적 요소를 중시하는 개혁 이론으로 보고, 당면한 과제를 해결하기 위하여 양 세력의 협동을 요구하였다. 그러나 개혁 방법에서는 기독교적 방법을 끝까지 고수하였다.

결국 1920년대 초반 기독교인들의 유물사관 인식은 사회주의의 개혁사상을 부정하지는 않았으나, 유물사관이 사회주의와 모순을 일으킨다거나 경제를 중시한 사상이라고 이해하는데 그쳤다.

제2절 1920년대 중 후반

1. 유물사관에 관한 부정적 인식

1920년대 초반에 유물사관을 무신론적 유물론으로 보던 경향은 1920년대 중 후반에도 계속되었다. 경성 승동교회 담임목사였던 김영구(金永耉)도 유물사관을 유물론으로 보고 비판하였다.

> "社會主義와 如히 感覺生活를 위하는 經濟的 福祉만을 追求ᄒ고 行動의 世界 卽 感覺을 獨立ᄒ야 活動ᄒ는 精神生活를 第二義에 置ᄒ면 眞正ᄒ 意味로 社會改善을 ᄒ기는 不能ᄒ 것이다. 社會에 變化와 改善은 絶對로 必要ᄒ며 社會變革의 渦卷을 引起홈에 感覺以上의 神的者가 動作치 안이ᄒ면 될 수업는데 基動力이 社會主義 中에는 無ᄒ다."
> "假令 社會主義가 經濟的 福祉를 得齊ᄒ다ᄒ지라도 그것이 반두시 人

類 唯一無上의 幸福이 될 수 업스니 何故오ㅎ면 人間의 眞正ㅎ 祝福
은 經濟的 幸福과 心的福祉의 造化된 處에 在ㅎ 故이다.”14)
“經濟가 第一位를 占하게되면 全혀 變ㅎ 社會가 生ㅎ는 일이다. 第一
노 資本主義가 니러난다. 그리하야 飽滿을 不知ㅎ는 貪慾心대로 行動
ㅎ게되고 또 그 影響下에 는 不滿과 羨望과 疾視가 橫行ㅎ게 된다.
社會主義는 如斯한 일이 업도록 또니러나지안이ㅎ기를 求ㅎ나 그것이
經濟主義를 力說ㅎ는 結果가 恒常 이러ㅎ다는 것은 眞實노 考慮치 안
이ㅎ면 안이될 문제일 것이다.”15)

  인용된 글의 내용은 공산주의는 경제적 복지를 위하여 물질적 개혁
을 우선적 과제로 생각하므로 진정한 개혁은 불가능하다고 하였다. 진
정한 개혁은 인간의 정신개혁에서 비롯되며 인간의 정신을 개혁하기
위하여 신(神)의 활동이 필요하다고 하였다. 또 물질적 행복이 마음의
행복까지 보장해 주지 못하며, 근대 물질 중심의 사회는 정신을 물질
에 종속시키고 인간의 물질적 욕심을 조장한다고 보았다. 결국 경제중
심주의는 포만(飽滿)을 부지(不知)하는 인간의 탐욕을 횡행하게 하며,
불만과 선망과 질시가 날뛰는 사회를 초래하므로 정신적 행복을 중시
하는 종교로 회귀해야 개혁이 가능해진다고 하였다.16)
  김영구는 유물사관을 유물론적 무신론으로 규정하고 그 결과로 나
타난 경제우선주의가 신(神)을 부정하게 만든다고 비판하였다. 또 무
신론은 인간을 불만과 질시와 선망이 횡행하는 혼란한 사회에 몰아넣
어 황폐화시킨다고 하였다. 결국 사회주의는 인간을 행복하게 만드는
것이 아니라 물질우선주의를 조장하여 황폐화시키므로, 진정한 행복을
위해서는 정신적 행복과 종교적 신앙을 추구할 것을 주장하였다.

---

14) 김영구, 「어이껜 博士의 社會主義批判」, 『眞生』 1926년 8월호, 13면.
15) 김영구, 윗글, 16면.
16) 김영구, 윗글, 13면.

　이러한 경향은 단지 김영구에게 국한된 것은 아니었다. 기독교인들은 공산주의가 지닌 무신론적 유물론에 대한 부정적 인식을 쉽사리 불식하지 못하고 인식의 밑바닥에 깔고 있었다. 이러한 예는 당시 최고의 지성으로 여겨지던 평양신학교의 교수 채필근(蔡弼近)[17]에게서도 나타난다. 채필근은 유물사관을 사회적 생산양식이 인간의 의식은 물론 법률, 정치, 여론 등의 사회생활을 지배한다는 유물론적인 역사관으로, 신(神)을 부정하는 니체의 사상을 계승한 것으로 여기고[18] 비판하였다. 비판의 내용을 구체적으로 살펴보면 첫째 유물론의 물활론적(物活論的)인 성격과 변화의 절대화를 비판하였다. 만물의 변화를 주장한 헤라클레이토스는 변전(變轉) 법칙인 '로고스'를 주장하였고, 데모크리토스는 정신의 존재를 부인하면서 사유의 근본성을 주장하였고, 콩트는 모든 사물의 상대성을 절대화함으로써 오류를 범하였고,

---

17) 채필근(1885~1973), 평남 중화군 한학자의 집안에서 출생하였다. 일가인 蔡廷敏 목사의 권고로 집안이 모두 개종하여 13세부터 교회에 출석하여 길선주 목사에게서 세례를 받았다. 세례받고 뱅모루교회(중화군)에서 7년간 인도인으로 봉직하다가 숭실학교에 진학하여 졸업하고 이어 숭실전문학교에 진학하였다. 1910년에 숭실학교 내에 '청년학우회'를 조직하고 '대한문사건'에 참여하였다가 북간도로 떠나게 되었다. 이때 캐나다 선교부의 호의로 함경북도와 만주 시베리아 방면의 순회 사역자로 활동하였다. 평양신학교를 졸업하고 함북노회의 교역자로 활동하다가 캐나다 선교부의 주선으로 동경제국대학을 졸업하고 귀국하여 숭실전문의 교수로, 평양지역 교회의 설교자로 활동하였다. 신사참배문제와 장대현교회의 분규로 서울로 이주하여 조선신학교설립기성위원회를 조직하였으며 1940년에 평양신학교가 재건되자 교장에 취임하였다. 1943년에는 조선예수교장로교단을 일본기독교장로교단으로 재조직하여 초대 총리를 지내다가 해방을 맞았다. 6·25사변 때에 월남하여 여러 교회에서 목회하였으며 동아·부산대학에서 교수, 부산장로회신학교의 교장으로 봉직하였고, 1962년부터 서울 동숭교회에서 목회하면서 장로회신학대학, 서울여대 강사와 대통령촉탁고시위원, 숭실대학 재단이사를 지내다가 1966년에 은퇴하였다.
18) 채필근, 「교회와 과학」 3, 『신보』 1926. 9. 1.

현대의 유물론자인 헤겔은 우주의 신비가 종적을 감추는 시기를 명시하지 못하였으므로 모순이라고 비판하였다. 즉 유물론자들은 물질의 상대성을 주장하면서도 로고스, 사유의 근본, 상대성의 절대화 등 변하지 않는 절대적인 것을 주장하였으므로 오류를 범하였다는 것이다. 둘째 현대 유물론은 물질의 근원을 분자와 전자로 설명하나 그것은 구극적(究極的)인 것이 아니며 또 무엇이라고 설명하지도 못하며, 질량도 부피도 없는 전자가 우주만물과 인간사를 성립시킬 수 없다고 주장하였다. 과학으로 증명된 물질론을 당시 반(半)봉건적인 조선인의 상식 수준에서 비판하여 현대 과학에 대한 조선인의 반대 여론을 형성하였다. 셋째 유물사관의 철학적 배경인 관념론을 이용하여 유물사관을 비판하였다. 관념론의 대표자인 칸트는『순수이성비판』에서 자신의 철학을 초월적 유심론이라 명명하였으며, 그의 뒤를 계승한 쇼펜하우어(Arthur Schopenhauer; 1788-1806)나 하르트만[M. Hartmann; 1876-1962)도 "맹목적 의지"나 "무자각의 철학"을 주장하여 우주의 물리적 운동과 기계적 효용의 민활함과 고귀함을 평가하였다는 것이다. 즉 마르크스의 유물사관은 선배들의 유심론을 부정하고 유물론을 주장하였으므로 학문적 계통을 어긴 잘못된 이론이라고 비판하였다. 넷째 공산주의자들이 주장하는 진화론을 진화론자인 스펜서(H. Spencer; 1820-1903)와 헉슬리(J. S. Huxley; 1987-1975의 이론을 이용하여 비판하였다. "유물론적인 경향이 농후한" 스펜서는『심리학원리』에서 정신과 "신경"의 관계는 유물적이 아니며, 주관과 객관을 동일시하는 것도 불가하다고 하였다. 바꾸어 말하면 심의(心意)와 물질의 혼합이 불가하다고 보고 "구경적 실재(究竟的 實在)"를 가정하였으므로 진화론은 유물론이 아니라고 하였다. 또 헉슬리도 우주에는 물질, 세력, 필연만이 존재한다는 유물론을 경계하였으므로 유물론자가 아니라 하였다. 진화론자인 스펜서나 헉슬리가 유물론에 반대하는 "구경적 실재"를 주장하고, 물질과 필연을 신학적 독단으로 비판하는 면에서 진화론을 유물론으로 보는 것은 잘못이라고 하였다. 그 결과 진화론으로 정신적인 세계인 기독교를 비판하는 것도 잘못이라 하였다. 다섯째 학설의 보편성은 상대적인 것으로 모든 학설은 일면적이며 영원하지 않다고 하였다. 그 예로는 사회주의자들은 『자본론』 2판 서문에서 헤겔을 비판하였지만 시대가 지나면 마르크스의 이론도 비판받을 시대적 산물임을 부정할 수 없다고 하였다. 유물사관은 절대적 진리가 아니라는 변화하는 시대의 산물임을 강조하였다. 채필근은 상대적이어야 할 유물론을 절대화하고, 학문적으로 동일 계통인 관념론을 부정하고, 비유물적인 진화론을 유물론과 연결하여 기독교를 비판하였으므로 유물사관은 모순이라고 하였다. 나아가 학문의 일면성과 시대성으로 사회주의의 절대화를 경계하였다. 유물사관도 이론적으로 모순이 있으며 학문적 계통에서도 문제성을 보이고, 더구나 근대 학문의 근본 성격이 유물사관의 객관성을 제한한다고 하였다.

당시 장로교계를 대변하던 채필근은 유물사관을 비종교적 유물론으로 이해하고, 공산주의자들의 반기독교적 성향을 비판하였다. 이것은 '신간회' 가입으로 공산주의자들과 제한적이나마 타협해야 하지만, 반기독교적 인사들과 관계 형성에 주의할 것을 요구하기 위하여 제시하였다고 생각된다. 즉 평양의 기독교인들은 '신간회' 가입이 당면문제로 대두한 시점에서 유물사관을 유물론으로 이해하고 유물론의 부당성을 지적하여 공산주의와의 타협에 일정한 제한을 가하려는 의도가 있었음을 보여준다. 이렇게 볼 때 기독교 자본가 세력은 공산주의와의 협동에 적극적이지 않았으며, '신간회'에 가입한다 하더라도 공동전선을 형성하지 말고 소극적으로 보조를 맞추는 정도[19]에서 '신간회'에 참여

하는데 그쳤다고 할것이다. 평양을 중심으로 한 기독교인들의 '신간회'
에 대한 태도는 매우 소극적이었음을 알 수 있다.

2. 유물사관에 관한 부정적 인식의 유보

(1) 최상현(崔相鉉)의 인식

'신간회(新幹會)'를 중심으로 공산주의자들이 민족운동 세력을 결집
하고 있었기에 기독교인들도 민족운동에서 소외되지 않기 위해서 '신
간회'에 참여하게 되었다. 그러나 '신간회'에 참여하려는 과정에서 유
물사관에 관한 부정적 인식도 중대한 문제로 부각되었다. 이러한 문제
는 공산주의와의 타협 과정에서 자신의 노선도 관철시켜야 하지만 유
물론적 무신론에 대한 기독교인들의 부정적 인식도 어느 정도 불식시
켜야만 기독교 내부의 반대도 극복할 수 있었기 때문이다. 유물사관
을 비종교적 유물주의로 보는 반대 세력의 양해를 얻기 위한 이론적

---

19) "마즈막으로 우리의 取할 態度를 結論的으로 몃마듸 더하고져한다. 社會
主義의 目的한 바가 됴타던지 그 實行하는 方法이 틀니엿다던지 하는
問題는 여긔서 學論할 바가 아니오 다만 우리 그리스도人이 社會主義와
그 運動家들에게 對하야 엇더케할 것인가하는 問題가 現下 要求되는 것
이겟다. 그리스도인은 그리스도의 精神을 土臺로 삼아가지고 나아갈것인
즉 그리스도의 根本精神을 解得하고 體現하기에 努力하는 것이 첫째 步
調이다. 그다음에 消極的으로 社會主義者와의 關係를 생각할 것이다. 그
리스도인은 결코 社會主義를 敵對할 必要는 업다. 그 唯物論的 原理와
直接行動方法을 不合理한 것으로 알기는하거니와 出呼爾者를 反呼爾로
敵對할 理由는 업다. 그 反面에 그리스도의 精神的 原理와 愛의 實踐을
貴重히 녁일 것이다. 또 社會運動家들과 協力同心하여 갓흔 事業 갓흔
行動에 着手할 것은 아니다. 그 反面에 그리스도의 精神的 原理와 愛의
實踐에 힘쓸 것이다. 惡風弊習을 改革하며 美事良俗을 養成하기에 예수
교적 道理가 不足할 것이 업다." 채필근, 앞글, 『신보』 1927. 11. 16.

작업이 요구되었다.

1920년대 중 후반 '신간회' 가입을 위한 유물사관의 융통성 있는 해석은 최상현[20]으로부터 시작되었다. 최상현은 17세기 이후 물질문명이 발달하면서 유물사관이 사회를 주도하게 되었다는 것을 인정하고[21] 유물사관을 정확히 이해하려 하였다. 최상현은 유물사관을 크게 생물학적 유물사관과 경제학적 유물사관으로 분류하고, 다윈의 생물학적 진화론을 기독교 비판의 이론적 도구로 사용하는 것은 잘못이라 하였다.[22] 경제학적 유물사관은 인간의 도덕과 종교 그리고 모든 문물제도가 각 시대의 경제사정에 의하여 규정되고 발현되는 것으로 보는 것이며, 마르크스의 사회주의와 동일한 것이라고 하였다. 그리고

---

20) 최상현(1891~1950?), 평남 용강군 출신으로 진남포의 삼숭학교를 거쳐 1912년에 평양숭실학교를 졸업하였다. 연희전문 문과에 진학하여 1919년에 1회로 졸업하고, 동대문교회의 전도사로 있으면서 독립선언서의 영역에 관여하다가 중국으로 망명하였다. 북경의 연경대학에서 수학하다가 미국에 가려 하였으나 日警의 방해로 귀국하였다. 1921년부터 문필생활을 시작하여 『세계위인전』과 『신학세계』의 편집을 담당하였다. 1920년대에는 기독교 문학운동을 전개하면서 협성신학교를 졸업하고 미감리회 본처 사역자로 조선연회에서 안수를 받았다. 이후 궁정교회와 체부동교회에서 목회하다가 1935년부터 성서공회의 일을 담당하였다. 1936년에 그리스도교회로 옮기고, 일본에서 온 체이스 선교사와 함께 서울 송월정에서 교리강습소를 열고 설교자를 양성하였다. 일제 말에는 요시찰인물로 일제의 감시를 받았다. 해방 후에는 미군정 아놀드 군정장관의 고문과 공보과장을 2년간 담당하다가 1947년부터 돈암동교회 담임하였으나 6·25사변으로 행방불명되었다.

21) "十七世紀以後는 物質文明의 全盛時代라고홈니다. 그결과 -중략- 自然의 活動, 自然의 作用 등 科學思想이 人類思想의 中心勢力을 잡고있슴니다. -중략- 따라서 近世에 와셔는 唯物史觀이 社會全體에 優勢를 잡고 잇고 唯物的 思想이 人類社會의 깁흔 根抵까지 뿌리박고 잇게되 엿슴니다." 최상현, 「唯物史觀에 對ᄒ야」, 『神學世界』 1926년 10월호, 68면.

22) 최상현, 윗글, 68~69면.

사회의 모든 현상은 물질세계의 인과관계와 기계적 응용에 의하여 발생되는 것이며 사상과 신앙도 인간에게 부적당할 때에는 파괴해야 한다고 하였다. 따라서 각 시대마다 나타난 모든 제도는 인간발달의 단계에서 나타나는 현상이며 경제적 원인에 의하여 결정되는 것으로 보았다.[23] 즉 유물사관은 인간의 역사를 경제적으로 해석하는 사적 유물론이라고 생각하게 되었다. 이것은 종래 유물사관이 비종교적 유물주의로 이해되던 것에서 벗어나 인간 역사의 경제적 해석이라는 점을 강조하는 면에서 융통성을 발휘하게된 것이다. 그러나 사회주의가 인간의 역사를 완전하게 설명하지 못하므로 역사의 발전을 이해하기 위해서 여러 학설과 이론을 다양하게 돌아보고[24] 기독교에 관한 부정적 태도도 바꾸어야 한다고 주장하였다.

최상현은 기독교와 공산주의가 서로 대립하는 상황에서 유물사관은 유물론이 아니라 인간 역사를 경제적으로 해석하는 학설이라는 점을 강조하여 공산주의의 무신론적 경향을 불식시키려 하였다. 또 서로의 이해를 위하여 여러 학설을 좀더 고찰할 것을 요구하였다. 서로에 대한 적대적 감정을 유보하고 협동을 위하여 다양한 통로를 모색할 것을 주장한 점에서 진일보하였다 할 것이다.

(2) 강명석(姜明錫)의 인식

유물사관에 관한 해석은 1927년에 접어들면서 더욱 개방적인 경향을 보였다. 강명석[25]은 1927년에 경제사상을 고찰하면서 유물사관을

---

23) 최상현, 윗글, 69면.
24) 최상현, 윗글, 70면.
25) 姜明錫(1897~1944), 경남 밀양 기독교 가정에서 출생하였다. 일본 관서
    대학 신학과를 졸업하고 감리교회목사로 밀양에서 목회하였다. 1931년에
    감리사 양주삼목사의 추천으로 미국에 유학하여 1935년 6월에 학위를

다음과 같이 설명하였다.[26]

> "보통 유물ᄉ관이라고ᄒ는 것은 맑쓰의 특유ᄒ 력ᄉ관 즉 맑쓰가 과
> 거력ᄉ에 대ᄒ야 발견ᄒ 일종의 새법측을 ᄀ른처ᄒ는 말임니다. -중
> 략- 현사회의 경제조직으로 말ᄒ면 현샤회에 잇서서 부(富)의 생산
> 력이 발달되는 그 정도에 딸아서 명ᄒ여진다. -중략- 일반샤회에
> 생산력이 증가되고 부의 생산방법이 변화되여 가면 거긔 딸아서 샤회
> 의 경제조직은 실턴지 됴턴지 변통되지 안을 수 가 업다고 맑쓰는 생
> 각ᄒ엿슴니다."[27]

인용된 글은 자본주의 붕괴설을 설명한 것이다. 이것은 인간 역사는 생산력의 발달에 따라 진화하는데 사회의 생산력이 어느 정도 발달하면 새로운 생산력의 발전을 억제하는 장해물이 된다는 내용이다. 그러므로 강명석은 당시의 자본주의 경제조직도 생산력이 발달하면 생산력 발전을 방해하여 필연적으로 사회주의 경제조직으로 변하게 된다는 것이다.[28] 즉 일제가 주도하는 경제도 멸망할 것이라고 암시를 하였다.

그런데 지금까지 인간의 생산력 발전을 돌아보면 원시시대 인간은

얻었다. 귀향하는 길에 미국 교회를 순례하고 그리스도교회를 방문하였는데 이때 그리스도교회의 신앙에 충격받아 다시 그리스도교회 신학교에서 1년간 수학하였다. 귀국하여 초대교회로 돌아가 성서에 입각한 성찬과 침례를 매주 받을 것을 주장하는 환원운동을 전개하고 그리스도교회의 개척에 헌신하였다. 그는 울산, 경주, 월성 등지에 성공적으로 교회를 설립하였고, 1937년에는 서울 신당동과 동교동, 대현동에 그리스도교회를 세웠고, 인천 송림동에도 교회를 설립하였다. 강명석은 미국 유학 이후 발음상의 문제로 강문석으로 호칭되었다. 김세복, 『한국그리스도교회 교회사』, 참빛사, 1969, 50~51면.

26) 강명석, 「經濟思想의 變遷과 今日의 朝鮮敎會」 12, 『신보』 1927. 9. 28.

27) 강명석, 윗글.

28) 강명석, 윗글.

생존을 위한 필요노동에서 벗어나지 못하였다. 그런데 기술이 발달하면서 잉여노동이 가능해졌으며, 잉여가치를 차지하려는 계급투쟁은 고대에는 자유민과 노예, 로마시대에는 귀족과 평민, 중세에는 봉건영주와 농노로 양분되어 착취와 지배가 이루어졌다. 오늘날의 계급투쟁은 자본가와 프롤레타리아로 나뉘어서 계급투쟁을 벌인다고 하였다.[29] 강명석은 생산력이 발달되는 정도에 따라서 사회조직이 변화하며 이것을 설명하는 사상체계가 유물사관이라 하였다. 이러한 체계에 의하여 오늘날 자본주의 경제조직도 생산력이 발전하는데, 극도로 발전하면 오히려 경제조직의 발전을 구속하여 자본주의는 파괴되고 사회주의 경제조직으로 변화한다는 것이다.[30] 강명석의 유물사관 해석은 주로 생산력의 발전에 따른 인간 역사의 변화에 중점을 두었고, 유물사관이 포함하는 반기독교적 요소인 비종교적 유물주의에 관한 설명은 생략하였다. 1928년에 이르러서는 유물사관을 사회진화의 법칙으로 개칭하고[31] 경제적 역사관으로 못 박았다. 유물사관은 반기독교적 유물주의와는 관계가 없는 이론으로 이해한 것이다.

기독교의 지도부는 공산주의자들이 신(神)과 영혼을 부정한다는 일반의 인식을 불식하고, 단지 인간의 역사적 발전을 경제적 입장에서 고찰한 것에 불과하다고 애써 강조하였다. 즉 신간회에서는 공산주의자들과 최소한의 타협을 위해, 교회 내에서는 기독교인들의 반대를 무마하기 위해 공산주의자들의 유물론을 희석하고 종교적 또는 신앙적 차원에서 대적할 필요가 없다는 것을 일반에게 부식시키려 노력하였다. 그리고 지금까지 유물사관으로 인한 사회주의와 기독교의 갈등은 잘못

---

29) 강명석, 「칼 ○쓰의 경제사상」 1, 『청년』 1928년 6월호, 31면.
30) 강명석, 윗글: 28~29면.
31) 강명석, 윗글, 28면.

된 이해에서 비롯된 오류이므로 올바른 이해를 통하여 서로 협동할 것을 요구하였다. 결국 유물사관을 경제적 역사관으로 해석하게 된 근본적 이유는 민족협동전선을 구축하려는 기독교인들의 노력이었다 할 것이다.

(3) 이창희(李昌熙)의 인식

유물사관을 유물론과 구별하여 인식하려는 노력은 1929년 초반까지도 계속되었다. 1928년 말, 소위 '12월 테제'라는 국제공산당의 명령서가 도착하면서 공산주의자들은 점차 급진적 대중운동방향으로 선회하였다.

이러한 상황에서도 일부 기독교인들은 공산주의자들과의 민족협동전선을 계속하려 하였다. 이러한 경향은 유물사관의 인식에도 반영되었다. 이창희는 먼저 레닌이나 佐野學, '퍼이어 빠'(포에르바하 – 연구자) 등의 기독교 비판을 열거하였다. 또 『자본론』 제1권 제1편에 "現實 世界의 宗敎的 反映은 日常生活의 實際的 事情이 人類 相互 間과 人類 對 自然의 合理的 關係를 透明的으로 顯示함에 니르고 그때에는 消滅되고 만다."고 한 것을 인용하여, 마르크스는 종교 소멸을 주장하고 신(神)관념은 노예사상으로 규정하여 철학적 기초를 유물론에 두었다고 하였다.[32] 이창희는 마르크스주의가 유물론적이어서 반종교적이고 특히 반기독교적임을 인정하지만 그것은 유물사관에 근거한 것이 아니라 철학상의 유물론(="철학적 유물론")에 근거한 것으로 보았다. 이창희는 "철학적 유물론"을 우주의 기원과 현상을 물질의 필연적 작용으로, 사람의 심리작용도 물질이 지배하는 것으로 정의하였

---

32) 이창희, 「맑쓰주의와 기독교」, 『新民』 1929년 1월호, 105면.

다.33) 반면 유물사관의 해석은 유물론과는 다른 것으로 정의하였다.

> "맑쓰도 唯物史觀을 哲學的唯物論의 歸結이라고 생각지아니하엿다. 그
> 는 資本論 第1卷에 이 두思想을 區分하엿다. 唯物史觀은 宇宙의 因果
> 는 旣定 事實노 認하고 人間의 根本도 말하지아니하고 다만 人間의 組
> 織한 社會를 主體삼고 論하엿다. 故로 偏見을 바리고 公正한 立場에서
> 말하자면 唯物史觀은 한 훌륭한 新史觀이라하겟다. 맑스의 唯物史觀은
> 宇宙와 人間의 根本問題를 떠나서 社會進化狀態를 物質的 經濟的立場
> 에서 論한 것이다. 故로 두가지를 混同할것이 아니다. 唯物史觀은 富
> 의 生産, 分配, 交換方法, 地味 等의 自然的 要因이 經濟的 環境을 構
> 成하고 그 環境이 社會進化의 主人을 일운다하는 學說이다."34)

이창희는 유물사관을 사회진화론의 일종으로 사회진화의 원인이 대
부분 경제에 있다는 학설로 보려 하였다. 마르크스는 우주의 因果를
설명하는 "철학적 유물론"은 기정사실로 인정하고, 오직 인간이 조직
한 사회의 경제적 변화만을 유물사관의 적용범위로 삼았다고 하였다.
즉 유물사관과 "철학적 유물론"은 학문적 범위에서 차이가 난다고 하
였다. 유물사관은 인간의 영혼과 신(神)을 부정하는 유물론이 아니라,
인간의 역사발전을 물질 중심으로 이해하는 역사관으로 보았다. 그러
므로 공산주의자들은 유물사관과 유물론을 구별하고, 유물론에 기초한
반기독교운동은 중단할 것을 촉구하였다. 한편 기독교인들에 대해서도

---

33) "現今 社會主義者들은 大槪 唯物史觀과 哲學上의 唯物論과는 不可離할
　　直接關係가 잇는줄로 생각하는것갓다. 그런대 哲學的 唯物論은 宇宙의
　　基源과 그 現象을 物質의 必然的 作用에 돌니라는 學說이다. 그런故로
　　사람의 心的作用을 論함에도 物質作用이 根本이 되어 精神作用을 니르
　　키는 것이라하야 저 靈的 生命이 本質이 되어 物質界를 支配하는 唯心
　　論에 反對하는 것이다." 이창희, 윗글, 105면.
34) 이창희, 윗글, 105면.

공산주의가 주장하는 유물사관은 "철학적 유물론"이 아니므로 공산주의를 무조건 반기독교주의로 몰아가는 것은 잘못이라고 하였다.[35]

또한 마르크스의 유물사관은 신(神)의 존재를 언급하지 않았으므로 공산주의자들의 기독교 비판은 사회적, 물질적 부분에 국한된 것이며, 종교의 철학적 근거를 비판한 것이 아니라고 하였다. 오히려 기독교가 정치, 경제와 연결되어 일으키는 종교적 폐해를 비판하고 개혁할 것을 촉구하는 내용으로 이해하였다.[36] 한편 공산주의자들이 기독교인들을 맹렬히 비판하는 이유는 소련의 정치와 사회가 부패한 교회제도를 극복하는 과정에서 성장하였기 때문이라고 보고[37] 조선에서는 그러한 역사적 경험이 없으므로 기독교와 공산주의가 갈등을 일으킬 필요가 없다고 하였다. 종교는 현실적으로 사람이 사람 이상의 "존재자"를 믿고 "존재자"와 관계하여 생활의 향상과 진화를 촉진하는 것으로 여겼다. 종교도 고정된 것이 아니라 진화하는 도중에 있으므로 종교를 미

---

35) 이창희, 윗글, 104면.

36) "저희가 基督敎를 攻擊하는 것은 宗敎의 社會的 物質的 根據에 對하야 한것이고 宗敎의 哲學的 根據에 對하야한 것은 아니다. 宗敎의 物質的 根據는 第二次的이고 哲學的 根據가 第一次的이다. 그러면 그의 所謂 攻擊은 旣成宗敎의 改革을 鼓吹하는 말에 不過한 것이다. 獨逸社會主義者 베벨이 「社會主義와 基督敎는 水와 火의 關係갓다」 한것도 經濟와 政治에 連結된 宗敎制度에 對한 말이고 宗敎의 根本原理에 대한 痛駁은 아니다." 이창희, 윗글, 106면.

37) "唯物史觀은 社會進化의 唯一의 動因으로 物質이나 經濟를 들지아니할 뿐아니라 宗敎, 倫理, 哲學의 힘이 社會進化에 對하야 重要한 原因됨을 認定하엿다. 經濟를 土臺삼고 니러난 唯物史觀이 唯物的 方面으로 傾向함은 異相할 것이업다 그럿타고 거긔에 哲學的 根據가 內在한 것은 아니다. 맑스주의자들의 基督敎攻擊은 大槪 露西亞의 政治와 社會에 特有한 敎會制度에 對한 攻擊이다. 혹 맑스주의자로서 哲學的 理論을 갓초아 宗敎의 根本的 基礎를 顚倒하랴는 者가 잇다하면 그의 哲學的 主張은 個人의 主張인즉 그것은 別노히 取扱할 것이다." 이창희, 윗글, 107면.

신이라고 평가하는 것은 오해이며 기독교를 미신이라고 비판하는 것도 잘못이라고 하였다.[38] 기독교인들은 신(神)을 의지하고 신(神)의 요구를 준행하여 인류의 평등과 공정을 위하여 노력하는 자들이며, 내세관도 인간의 능력으로 어찌할 수 없는 숙명적 제한에서 벗어나려는 것이지, 민중을 굴종시키려는 것은 아니라 하였다.[39]

이창희는 유물사관을 강명석과 같이 사회진화의 법칙으로 이해하였지만 유물사관이 비종교적 유물주의로 인식되는 부분에서는 달랐다. 강명석은 특별한 설명 없이 지나갔으나, 이창희는 구체적으로 분석하여 유물사관과 유물론을 분리하고, 나아가 유물사관에 관한 기독교인들과 공산주의자들의 이해를 도모하려 하였다. 그리고 당시 조선의 공산주의자들이 기독교를 공격하는 이유는 유물사관에 기초한 것이 아니라 소련의 레닌주의와 유물론에 기초한 것으로 정리하였다. 따라서 공산주의자들이 레닌주의의 영향력에서 벗어나 유물사관을 올바로 이해하고, 기독교인들도 유물사관을 무신론과 구별하여 이해하면 서로 협력할 가능성이 있다고 보았다. 이것은 '신간회' 가입 이후 협동에 어려움을 겪던 기독교인들과 공산주의자들의 대립관계를 협조관계로 만들려는 과정에서 나타난 노력의 산물이라고 하겠다.

민족주의 우파가 '신간회'에 참여하면서부터 대두한 민중의 "헤게모니 전취론"이 공산주의운동의 원리로 작용하면서 민족주의자들과 공산주의자들의 주도권 쟁탈은 격렬해졌다. 더구나 소위 '12월 테제'가 도착하면서 식민지 조선의 공산주의자들은 민족주의자들과의 전면적인 투쟁을 전개하게 되어 갈등은 더욱 고조되었다. 그러나 1920년대 중 후반에 국권회복의 희망을 버리지 않았던 기독교인들은 민족협동

---

38) 이창희, 윗글, 105~106면.
39) 이창희, 윗글, 106면.

전선을 포기할 수 없었다. 많은 기독교인들이 공산주의자들과의 타협에 반대하였지만 기독교의 일각에서는 민족의 분열과 갈등을 어떻게든 막아보려는 노력을 기울였으며 그러한 노력의 이론적 기반이 이창희의 글로 나타난 것이다. 이창희의 유물사관에 대한 개방적인 이해는 기독교 지식인으로서 '신간회'를 유지하려는 의지를 강하게 반영한 글이라고 하겠다. 즉 민족해방이라는 대전제에 대한 기독교적 노력이 유물사관을 사회경제적 역사 해석으로 이해하게 만들었고, 그를 바탕으로 공산주의자들과 협동전선을 계속 유지하려 하였다고 생각된다.

그러나 공산주의자들과 협동전선을 계속 유지하려는 사람들만 존재한 것은 아니었다. 오히려 공산주의자들을 유물론자로 규정하고 도저히 공동 전선의 모색이 불가능함을 주창하는 의견(선교사 함일돈)도 나타났고[40], 민족적 요구를 외면할 수 없어서 '신간회'에 참석하였지만 기독교적 입장을 고수하려는 경우도 있었다. 종교의 옹호라는 면을 강조하는 보수파와 현실적 입지를 감안하지만 소극적으로 행동하는 중도파(채필근: 평양신학교 교수), 그리고 '신간회'에 참여하여 공산주의자들과 민족협동전선을 꾸려 가려는 진보적인 사람들(강명석, 이창희: 감리교 목사)이 공존하는 양상을 보이고 있었다. 이러한 세력들의 유물사관 이해가 현실적으로 '신간회'에 대한 기독교인들의 입장으로 작용하였을 것이고, 신간회에 대한 개방성의 정도는 유물사관을 경제 중심의 역사관으로 이해하는 것과 비례하였을 것으로 생각된다.

1920년대 중 후반에 '신간회'가 설립되어 민족주의자들과 공산주의자들이 협동전선을 모색하던 시기 한국 기독교인들은 민족운동에서 소외되지 않으려고 많은 노력을 기울였고, 그 기반으로 사회주의에 대한 긍정적 이해가 필요하였다. 한국 기독교인들은 공산주의자들과 협조에

---

40) 제2장 제2절 4. 사회주의와 공산주의의 구별에서 논의하였음.

걸림돌이 되는 유물사관을 긍정적으로 이해하려는 노력을 전개하였고, 그러한 노력은 유물사관을 경제적 역사 해석으로 인식하거나 유물론과 구별하여 이해하는 양상으로 나타났다. 즉 민족협동전선을 형성하려는 기독교인들의 노력은 유물사관에 대한 개방성으로 나타나고 있었다.

제3절 1920년대 후반~1930년대 초반

세계공황이 불어 닥치고, 소위 '12월 테제'가 본격적으로 발동하면서 공산주의자들은 '민족주의자들의 타협성'을 저지하기 위하여 '신간회' 조직의 기계적 점령을 도모하였다. 공산주의자들의 '신간회' 조직의 장악은 1929년 6월에 열린 복대표대회를 통해 형성된 허헌(許憲) 집행위원장 체제로 나타났다. 개편된 간부로 조직을 장악한 공산주의자들은 '갑산화전민사건진상보고대회'와 '민중대회'를 계획하면서 전국적 차원의 대중투쟁을 계획하였다. 그러나 일제의 탄압으로 중앙집행위원장과 주요 간부들이 구속되자 공산주의 세력은 전투력을 상실하였다. 이후 김병노(金炳魯) 대리위원장 체제가 성립되면서 민족주의 우파에 의한 '신간회' 우경화가 추진되었다. 또한 청년총동맹도 광주학생사건으로 간부들이 검거되자 서울계를 중심으로 우경화가 진행되었다. 이러한 과정은 김병로가 중앙집행위원장에 선출됨으로써 더욱 본격화되었다.

한편 세계공황으로 공산주의혁명이 고조되면서 식민지 조선의 공산주의자들은 혁명세력을 재편하기 위하여 '신간회'를 해소하고 '조선공산당'의 재건과 일제의 파쇼적 탄압에 대응하려는 노동자와 농민의 의

식적 결속과 조직, 투쟁의 강화를 도모하였다.[41]

자본가를 중심으로 형성된 민족주의 우파도 세계공황의 타격으로 어려움에 봉착하였다. 제국주의 수탈에 더하여 공황이 불어 닥쳐 어려움은 더욱 가중되었던 것이다. 식민지 토착자본가들과 제국주의와의 타협이 기존의 민족개량주의에 관한 연구에서 말하는 것처럼 순조롭게 진행된 것은 아니었다. 위약한 후발 자본주의인 일제는 식민지 토착자본가에 양보할 만큼의 경제력을 가지지 못하였다. 경제활동에서 일본인 자본가들과 조선인 자본가들의 경쟁은 치열하였고 식민지 토착자본가들은 일본인 자본가들과 힘겨운 투쟁을 전개하였다.

토착자본가들은 공산주의자들의 자본주의 비판에 대응해야 했으며, 노동운동이나 농민운동에도 적극적으로 대처해야만 했다. 공산주의 세력은 자신들의 사회적 기반을 확대하기 위하여 공산주의운동의 대중화를 도모했으므로 두 세력의 갈등은 극도로 고조되었다. 이러한 상황에서 나타난 기독교인들의 유물사관의 이해는 어떻게 진행되었는가를 살펴 당시 기독교인들의 상황 인식과 민족협동전선에 관한 태도를 가늠해 보고자 한다.

1. 유물사관에 관한 객관적 인식

1920년대 중 후반을 거치면서 기독교인들은 유물사관에 관한 다양한 해석을 접하게 되었고, 민족협동전선에 참여하려는 중립적인 태도를 견지하는 세력도 나타났다. 이 과정에서 기독교인들의 유물사관 인식은 객관성을 획득하였고, 이를 계승한 1920년대 말의 유물사관 인식

---

41) 김경택, 「일제하 국내사회주의자들의 민족협동전선」, 『통일전선과 민주혁명』 II, 사계절, 1988, 392~403면.

은 다양한 요소를 포함하게 되었다.

1927년에 유물론 비판으로 유물사관 비판을 대신하였던 채필근은 1929년 말의 「예수와 사회사상의 문제」라는 일련의 기사를 통하여 공산주의와 기독교의 관계를 다시 고찰하였다. 채필근은 신(神)을 섬기는 사회주의와 신(神)을 부정하고 박멸하려는 사회주의를 모두 살펴보았고,[42] 예수의 사상과 사회주의가 병립할 수 있다는 원어 범위의 사회복음주의도 살펴 식민지 조선의 기독교인들이 적극적으로 사회개혁에 참여할 것을 촉구하였다.[43]

또 마르크스의 『경제학 비판』 서문을 이용하여 유물사관을 이해하려 하였다.[44] 인류는 물질적 생산력의 발전 단계에 조응하는 생산관계에 들어가는데 생산관계는 법률상, 정치상 상부 구조와 사회의식의 기초가 된다고 하였다. 인간의 존재를 결정하는 것은 의식이 아니고 사회생활이며 사회생활을 결정하는 것은 생산관계라는 것이다. 유물사

---

42) 채필근, 「예수와 社會思想問題」 1~2, 『신보』 1929. 11. 20~1929. 11. 27.

43) "過去時代 基督敎會가 社會의 不合理한 組織과 모든 罪惡을 보고 도모지 自己에게 關係업는 것으로 생각한 것이 아니엿다. 그러한 것을 잘 알면서도 自進하야 社會의 모든 罪惡을 抑制하고 새로운 建設을 하려고 勞力하지 안앗다. 信者들은 主의 再臨을 항상 苦待하면서 예수의 權能으로 말매암아 世上이 自然히 革新되기를 헛되히 바라고 잇엇다." 채필근, 「예수와 社會思想問題」 2, 『신보』 1929. 11. 27.

44) "맑쓰氏의 著書中에 經濟學批判(1859) 序文에 말하기를 人類는 그 生活의 社會的 生産에서 物質的 生産力의 一定한 發展段階에 適應하는 生産關係에 드러가고마는 것이다. 이 生産關係의 總和는 곳 社會의 經濟的 組織인데 法律上 政治上의 上部建築이 構造되는 確固한 基礎가 되는 同時에 또 一定한 社會的 意識 곳 輿論이라고 稱하는 것의 適應하는 眞正한 基礎가 된다." "다시 말하면 우리 人生의 存在를 決定하는 것은 人生의 意識이 아니오 도리혀 우리 人生의 社會生活이라고 하엿다. 이말이면 經濟的으로 歷史를 觀察한 것만은 明確하게 알니워진다." 채필근, 「예수와 社會思想問題」 3, 『신보』 1929. 12. 4.

관은 경제적으로 역사를 관찰하는 것이 확실하다고 하였다. 마르크스의 서문은 1926년에도 이용하였던 글로[45], 그 당시에는 유물사관을 유물론으로 해석하는 기반이었다. 그러나 여기서는 유물사관을 역사의 경제적 해석으로 이해하였다. 1920년대 말 채필근의 사회주의에 관한 인식이 1920년대 중 후반을 거치면서 획득한 경제적 해석을 폐기하지 않고 유지하고 있음을 보여주었다. 바꾸어 말하면 사회주의에 관한 개방적 인식을 폐기하지는 않았다고 할 것이다.

반면 사회주의의 실현을 위한 혁명 방법에 대하여서는 "자본주의 도괴설"을 소개하고 급진적이고 과격한 계급투쟁설에 반대하였다.[46] 기독교인들은 유물사관의 반종교적 성격은 불식하였으나 과격한 혁명에는 동의하지 못하였다. 채필근은 예수는 천국을 건설하려는 완전한 개혁사상을 주장하고 실천하였지만 정치가는 아니었기에 국가나 사회제도를 전적으로 부인하지는 않았다는 이유를 달아 기독교적 개혁 방법이 옳음을 강조하였다.[47]

또 예수의 교훈과 사업은 폭력으로 직접 국가사회를 개혁하는 것이 아니고 우리의 마음 속에 천국을 건설하려는 것이며 정신적 개혁을 실시하려는 것이라 하였다.[48] 예수의 교훈과 봉사는 가난하고 약한 자를 위한 것이므로 유물사관과 계급투쟁을 가지고는 이상세계로 나아갈 수 없다고 하였다.[49] 만약 공산주의가 성취된다 하더라도 의도하는 것과는 다른 사회가 나타날 것이므로 예수의 사랑을 토대로 하는 기독교적 사회개혁을 주장하였다.[50]

---

45) 채필근, 「敎會와 科學」, 『신보』 1926. 9. 1.
46) 채필근, 앞글, 1929. 12. 4.
47) 채필근, 「예수와 社會思想問題」 4, 『신보』 1929. 12. 11.
48) 채필근, 윗글.
49) 채필근, 윗글.

채필근의 견해에 따르면 기독교인들은 유물사관을 경제적 역사 해석으로 인식하면서 사회주의의 반기독교적 성격은 극복하였다고 보인다. 그러나 급진적인 공산혁명에 대해서는 뚜렷이 반대하고 기독교적 개혁을 강조하였다. 유물사관에 관한 부정적 인식은 어느 정도 극복할 수 있었으나 현실개혁의 방법에서는 이견을 좁히지 못하였음을 보여주는 것이며, 실제 관계는 매우 악화되고 있었음을 시사하는 것이다. 국제공산당의 지시에 따라 공산주의혁명을 준비하던 공산주의자들의 좌경화를 막기는 사실상 어려웠다는 것을 보여주는 것이다. 1920년대 말의 기독교인들은 1920년대 중 후반에 획득한 사회주의에 관한 개방적 인식을 완전히 폐기한 것은 아니나, 개혁 방법에서 이견을 좁히지 못하고 결별한 것으로 생각된다. 즉 민족운동을 위한 개방적 인식을 폐기하지 않았으나 공산주의자들과 기독교인들의 양극화는 해결하지 못하였다고 하겠다.

2. 유물사관에 관한 부정적 인식으로의 회귀

(1) 경제적 해석에 대한 부정

개혁 방법에 관한 기독교 세력과 공산주의 세력의 차이가 극복되지 못한 가운데 기독교인들의 유물사관 인식은 부정적으로 기울어졌다. 그러나 유물사관에 관한 이해가 어느 정도 진척되었으므로 1920년대 초반의 부정적 이론을 그대로 답습할 수는 없었다. 이에 새로운 이론이 요구되었으나 직접적으로 공산주의를 비판하기는 어려웠으므로 일본에서 사용된 가가와도요히꼬(賀川豊彦)의 논의를 이용하였다.

---

50) 채필근, 「예수와 사회사상의 문제」 5, 『신보』 1929. 12. 18.

빈민선교로 유명한 가가와는 유물적 사회주의운동을 다음과 같이 비판하였다. 첫째 너무 집권적이어서 지역적인 편차를 고려하지 않으며[51] 둘째 공산주의는 생산과 노동자만 중시하고 유통을 생각하지 않아 결국에는 경제가 파탄할 것이라고 비판하였다.[52] 셋째 유물적 사회주의운동은 노동자의 범위를 기계노동자로만 제한하고 창조적 노동자는 제외하여 반복노동 중심의 기계적 사회를 형성한다고 비판하였다.[53] 가가와는 유물론적 사회주의를 생산과 노동자만 중시하여 문화창조를 저지하고, 인간 노동을 기계화하는 비인간적인 것으로 보았다.

그리고 이러한 점을 뒷받침하기 위하여 당시 서구의 새로운 이론적 경향을 소개하였다. 첫째는 독일의 "폴 나돌프"(P. Natorp로 보임 - 연구자)가 주장한 신페스탈로치주의를 소개하였다. 신페스탈로치주의는 신칸트학파의 철학과 페스탈로치의 교육철학을 복합한 새로운 사회운동 사상으로 유물주의가 아니라 이상주의를 실행하려는 사상이며, 경제운동도 물질운동으로 보지 않고 가치운동으로 이해하였다. 이들은 가치운동을 이상을 높이고 선택의 오류를 없애 의식을 고상하게 만드는 교육의 사회화라고 하였다. 신페스탈로치주의자들은 유물사관의 물질주의를 비판하고, 가치를 지향하는 의식적 사회주의를 주장하였는데 한국의 기독교인들은 이 부분에 관심을 가지게 되었다.[54]

---

51) 金健 역, 「協同組合運動의 社會哲學的 基礎」 2, 『眞生』 1930년 1월호, 34면.

52) 김건 역, 윗글, 34~35면.

53) 김건 역, 윗글, 35면.

54) "新칸트파의 哲學을 加하여 新社會運動을 하려고하였다. 經濟運動은 價值運動이다. 따라서 價値運動은 理想을 높히고 힘을 갖이고 選擇의 誤謬을 없이하며 意識을 高尙케하지안으면안된다. 이것이 없이는 眞正한 經濟運動이 있을수없으며 進步가 없을 것이다. 어떤 程度까지 達한 것을 一層高尙하게만드는 것은 敎育이다. 普通敎育을 社會化하지않고 眞正한 데모크래시는 完成할 수 없을 것이다." 김건 역, 윗글, 36면.

반면 오스트리아의 "맑쓰 아도라"(M. Aadler – 연구자)의 이론도 소개하였다. 맑쓰 아도라는 유물사관에 반대하였는데, 한 시대의 문화는 유물적 생산 양식에 의하여 결정되기보다는 기술에 의하여 결정된다는 것이다. 그런데 기술은 이상, 힘, 선택 등에서 발생하는 것이니 물적 생산양식이 사회와 문화를 규정한다는 것은 잘못이라고 하였다. 맑쓰 아도라도 신페스탈로치주의자들과 같이 물질적 생산양식이 역사발전을 주도한다는 것을 부정하고 인간의 의식활동에 의한 기술의 발달이 역사발전을 주도한다고 보았다.[55]

한국의 기독교인들은 가가와의 논의를 이용하여 서구의 새로운 사조를 소개하였을 뿐만 아니라 유물사관에 관한 근본적 비판을 제기하였는데, 첫째는 마르크스의 유물사관은 인간의 욕망을 거의 무시하므로 욕망의 표현 형태인 경제운동에 적용하기에는 너무나 단순하다고 하였다. 둘째는 경제운동은 소유를 중심으로 나타나기 때문에 법률로 지지하지 않으면 발전할 수 없고, 소유권은 심리적 반영으로 유물적 입장에서만 취급할 수 없고 심리적 기반 위에 성립하는 것으로 보았다. 셋째는 경제운동은 기능에 근거하며 발명과 발견에 따라 진보하는 것이므로 생산양식에 따라서만 규정되는 것은 아니라고 보았다. 넷째는 잉여가치는 기술과 사회과학의 발전에 의하여 일어나는 것이고, 착취는 인간의 욕망에서 비롯되는 것이기에 잉여가치의 착취를 유물적인 현상으로만 이해하는 것은 무리라고 보았다. 경제적 착취를 보호 유지하는 경찰력이나 병력 또한 의지의 표현이므로 경제활동은 전혀 심리적 요소

---

55) "맑쓰 아도라는 맑쓰의 唯物史觀의 公式에 反對하였다. 그 時代에 있어서 唯物的 生産의 形式으로 文明은 모다 決定된다고하는 唯物史觀의 原理에는 無理가 있다. 唯物的 生産의 形式以上에 技術로 因하여 決定되는 것이다. 그리고 技術은 理想과 力과 選擇들로 말미아마 生한다. 이것이 오스트리아의 心理的 修正派의 見地이다." 김건 역, 윗글, 36면.

에 의지하게 된다고 보았다. 그러므로 경제를 유물적인 현상으로만 이해하는 것은 오류라고 하였다.[56]

가가와의 글은 유물사관에 관한 최신 비판을 소개하여 사회주의도 인간의 의식과 가치를 중시한다는 것을 보여주었다. 뿐만 아니라 유물사관을 역사의 경제적 해석으로 받아들이는 개방적 인식까지 비판할 여지를 제공하였다. 영국, 독일, 오스트리아, 일본의 사회주의에 관한 최신 비판을 소개하여 유물사관의 유물론적 경향과 역사의 경제적 해석으로 인식하는 것을 비판하였다. 한국 기독교인들은 가가와의 글을 이용하여 유물사관을 경제적 역사발전의 법칙으로 이해하는 것마저 비판하게 되었다. 이즈음에 이르러 식민지 조선의 기독교인들은 사회주의에 관한 개방적 인식과 공산주의자들을 모두 비판하고 민족협동전선을 폐기하였다.

유물사관을 경제적으로 해석하는 것을 직접적으로 부정하는 경우도 나타났다. 하경덕(河敬德)은 유물사관의 형성에 영향을 미친 여러 학설들을 열거하고 유물사관을 유물론으로 규정하였다.[57] 그리고 유물사관에 관한 최신의 경향을 소개하면서 1900년경까지 유물사관은 사회적 영향력을 가지고 있었으나, 당시의 사회학자들이 사회적 욕구가 경제적 욕구보다 더 강하다는 설을 주장하여 경제적 욕구가 문명을 발전시킨다는 마르크스의 설을 비판한다고 하였다.[58]

뿐만 아니라 하경덕은 역사의 경제적 해석이 시대적으로 뒤떨어진 것이며, 경제적 해석 자체도 논리적으로 잘못되었음을 지적하여, 1920년대 중 후반에 식민지 조선에서 형성된 융통성 있는 유물사관 해석을

---

56) 김건 역, 「協同組合運動의 社會哲學的 基礎」 완, 『진생』 1930년 2월호, 52~53면.
57) 하경덕, 「現代思潮問題와 우리의 態度」 1, 『청년』 1930년 9월호, 4면.
58) 하경덕, 「현대사조문제와 우리의 태도」 2, 『청년』 1930년 10월호,

비판하게 되었다. 결국 역사의 경제적 해석을 바탕으로 민족협동전선에서 공산주의자들과 보조를 맞추려 했던 부분을 비판하고, 민족협동전선은 이론적으로도 가치가 없으며, 그의 탈퇴는 정당하다고 여기게 되었다.

(2) 반복기(潘福奇)의 인식

공산주의와 기독교의 갈등이 심화되면서 유물사관에 관한 한국 기독교인들의 인식은 더욱 부정적으로 기울어졌다. 당시 공산주의자들은 다윈의 진화론을 바탕으로 성경의 창조설을 부인하고 기독교를 미신이라고 비판하였다. 서구의 최근 사조를 이용하여 서구적 근대화의 통로로 인식되어 온 기독교를 미신적이며 비과학적인 것으로 규정하고, 공산주의를 과학적 근대화론으로 인식시키려 하였다. 반복기[59]는 공산주의자들의 이러한 논의가 허구임을 입증하여 기독교의 근대적 성격을 옹호하려 하였다.

반복기는 현대적 유물론과 유물사관을 동일시하고[60] 유물론은 모든 것의 기원을 물질로 보고 물질(원자)의 우연한 결합(우연한 충돌)이 인간과 자연의 역사를 진화시키는 이론이라고 보았다. 그런데 우연한 결합으로 나타나는 기회는 자연과 인간의 역사를 진보시킬 수 없

---

59) 반복기(Van Buskirk James Dale), 1908년에 감리교 선교사로 내한하여 공주선교부에서 시약소와 병원을 개설하였다. 1913년부터 세브란스병원의 의사와 교수를 담당하였다. 1914년부터 동료들과 한국인의 식생활과 보건문제에 관심을 가지고 연구부를 창설하여 한국인의 풍토와 체력, 소아사망율 등에 관한 연구를 계속하였다. 1931년부터는 세브란스 의전의 재단법인 부이사장을 지내다가 귀국하였다.

60) "彼等의 議論에 依하면 生活全部의 解釋이 「機會」곧 原子의 偶然的 結合에 不過한 것이라고 한다." 潘福奇, 「唯物論이냐 有神論이냐」, 『靑年』 1930년 7·8월호, 9면.

으며, 또한 일체의 생물이 우승하는 이유도 설명할 수 없다고 하였다. 왜냐하면 공산주의자들은 돌연변이만을 기회로 인정하기 때문이며, 희소한 돌연변이가 진보와 발전의 기회가 되려면 물질 뒤에 무엇인가가 잠재해야 한다고 하여[61] 오히려 신(神)의 자연 지배를 증명하는 예로 이용하였다. 반복기는 공산주의자들이 기독교 비판에 사용하는 무신론적 진화론을 신(神)의 자연 지배 방법으로 다시 정의하였다.[62]

또한 인격을 원자의 우연한 충돌로 보는 유물론으로는 인간 사회에서 가장 중요한 사랑과 의지를 포용할 여지가 없다고 비판하였다. 인간의 사랑과 의지를 인정하려면 신(神)을 긍정할 수밖에 없으며 인간 사회의 발전을 위해서도 신(神)을 인정해야 한다는 것이다. 결국 반복기는 유물론으로는 인간의 사랑, 의지, 인간 사회의 발전을 설명할 수 없으며 신(神)을 인정하고 믿어야 한다고 주장하였다.[63] 이것은 인격은 물질이 아니라는 일반의 상식적 이해를 바탕으로 유물사관의 유물론적 경향을 비판한 것이다.

반복기는 원자의 실체를 구명한 현대적 유물론에 접하고 그것을 비판의 전제로 삼았다. 이론적 전제의 선진성은 선진국에서 교육받은 사람만이 가질 수 있는 것이다. 그러나 반복기는 선진 지식을 사용하는 데에서는 선진성을 잃고 반(半)봉건적인 사회의 일반 대중의 입장으로 돌아갔

---

61) 반복기, 윗글, 10면.
62) "萬一 進化가 眞이라할 것이면 그 物質裏面에는 必히 그것보다 나흔 무엇이 潛在하고야 말 것이다. 이 意味에 잇서 有神論家들은 進化란 可能의 것이라고 認識하나 그러나 그 進化의 法則은 神이 自然의 法則과 方法을 主張하는 것으로써의 것이라고 信奉한다." 반복기, 윗글, 10면.
63) "物質主義는 人의 人格을 形成하는 데에 어대다가 둘만한 자리가 업다. 彼等의 論에 依하면 人類는 이 宇宙에서 臨時 化學的작용으로 된 一種의 揷物이라한다. 그러고 보면 物質論에 잇서서는 人類意志란 그것도 容納할 곳이 없다." 반복기, 윗글, 10~11면.

다. 현대 이론을 전혀 알지 못하는 대중의 수준에서 고차원적인 학문을
부정하였다. 이것은 선진성을 가장(假裝)한 후진성이며 그 후진성을 진
리로 또는 종교적 신앙으로 강요하는 지적 횡포였다. 반면 후진사회에서
는 선교사의 지적 권위를 비판할 여력을 가지지 못하였으므로 비판 없이
종교적 진실로 받아들였다. 결과적으로 유물사관 부정을 진정한 신앙으
로 인식하게 되었으며, 유물사관의 비판에 합리적 기초를 잃어버리게 되
었다. 뿐만 아니라 그때까지 한국인들이 축적한 이론적 인식의 기반마저
버리게 되었다.

(3) 김준성의 인식

1930년에 기독교인들과 공산주의자들의 갈등이 격화되면서 유물사
관을 무신론으로 보는 기독교인들의 경향은 한층 강화되었고 이론적
인 작업도 진전되었다. 공산주의자들의 기독교 비판도 이론적으로 심
화되었으며 현실적 운동으로 전개되었다.

이러한 경향에 맞추어 기독교인들의 공산주의에 관한 이해를 정리
한 작업은 함경도에서 청년들을 지도하던 김준성에 의하여 전개되었
다.64) 그는 기독교의 목표는 경제적 평등이 최종 목표가 아니라 인생
의 해결을 최종 목표로 하기에 마르크스의 경제개혁운동은 일시적 방
편이며 궁극적 인생관은 될 수 없다는65) 입장을 견고하게 유지하였

---

64) 김준성, 「基督敎와 社會主義」 1~29, 『신보』 1930. 1. 1~1930. 11. 26, 김
  준성, 「唯物이냐? 唯心이냐?」 1~5, 『眞生』 1930. 3.~1930. 10, 김준성, 「
  유물론의 근본적 결함」 1~2, 『청년』 1929. 12~1930. 1, 김준성, 『종교는
  아편인가?』 기독교서회, 1931, 전부 14면으로 된 소책자로 2,000여 부를
  인쇄하여 배부하였다. 이장식, 『대한기독교서회100년사』, 대한기독교서회,
  327면.
65) 김준성, 「基督敎와 經濟問題」, 『신학지남』 1930년 1월호, 22면.

다. 김준성은 무조건적으로 물질운동을 반대한 것은 아니나 물질운동을 중시하는 것은 반대하였고, 유물사관을 유물론으로 보려 하였다.

김준성은 유물이냐 유심이냐의 논쟁은 개념의 착오나 개념의 남조(濫造) 또는 말의 주관적 해석(語義 解釋)에서 기인하는 개념 유희에 불과한 것으로 보고 유물사관의 발전과정을 역사적으로 고찰하였다. 김준성의 비판은 고대 유물론에서는 채필근과 비슷하나 내용을 근대로 확장하여 이론적 정합성을 증대시키려 하였다.

김준성은 먼저 영국의 유물론적 전통을 비판하였다. 홉스(T. Hobbes)는 사회계약설의 기반으로 일체의 자연현상, 심리현상, 사회현상을 물질의 최소 부분이 이동하여 일어난 것으로 생각하였다. 인간의 감정, 의지, 행동 등은 외부의 운동에 의한 감각기관의 반동에서 나타난 필연적인 현상으로, 인간이 욕구하는 선(善)도 자기보전과 자기쾌락에 "불외(不外)한" 것으로 보았다. 그 결과 인간의 사회는 "만인에 대한 만인의 투쟁"의 장이 되며, 사회의 안녕과 질서를 위하여 종교를 도구로 이용하게 되었으므로 종교의 진리성을 따지는 것은 무가치하다고 보았다.[66] 홉스는 기계적 유물론을 바탕으로 감각론과 이기주의적 의지필연론과 종교방편설을 주장하여 군주의 권한을 강화시켰다. 그 때문에 홉스의 주장은 당대에는 많은 영향을 끼쳤으나 후대에 이르러서는 비역사적, 비합리적이며 무가치한 것으로 평가받았다고 하였다.[67]

프랑스의 유물론으로는 라메트리(La Mettrie, 1709~1751))와 돌바크(Baron, d' Holbach, Paul Henri Thiry, 1723~1789)를 소개하고 비판하였다. 라메트리는 데카르트와 로크의 영향을 받은 의사로서 병상실험을 통하여 정신작용은 생리적, 기계적 조직의 결과라고 하여,[68]

---

66) 김준성, 「유물인냐? 유심이냐?」 3, 『진생』 1930년 7월호, 15면.
67) 김준성, 윗글, 15면.

인간 정신을 물질적인 것으로 타락시켰다고 하였다. "유물론의 법전"이라고 불리는『자연의 체계: La Systeme de la Nanature, 1770)』를 저술한 돌바크는 물질은 작은 부분으로 성립되었으나 작은 부분의 대부분은 알 수 없는 것이며, 이들은 서로 흡인력과 반발력에 의하여 결합하고 분리하여 광물, 식물, 동물 등의 자연현상이 연출된다고 하였다.[69] 또한 인간은 사회적 환경의 산물로 관습, 교육, 정치, 종교, 습속 등의 영향을 받으며, 반면 사회환경도 인간의 지식, 이성, 여론 등에 의해 좌우된다고 하였다.[70] 즉 물질의 아주 작은 부분이 교환·순환하는 과정에서 만물이 변화·유전하며 그 과정에서 인간과 사회가 서로 영향을 받으며 인간의 행복과 불행이 결정된다고 보았다. 돌바크는 만물이 생성하고 소멸하는 변화와 유전의 과정에서 인간 사회가 나타났고, 그 과정은 인간 이성에 의하여 좌우된다고 하였다. 이에 대하여 김준성은 유물론을 주장하는 과정에서 인간의 이성을 인정한 돌바크의 논의는 유물론으로 정의할 수 없다고 하였다.[71] 김준성은 인간의 이성이 사회환경을 좌우한다는 결론에 이르게 된 것을 유물론 자체에서 나온 유심론적 경향으로, 유물론의 자체적 모순이라고 비판하였다.

김준성은 유심론이 유행하였던 18세기에 대한 반동으로 발흥하게 된 19세기 독일의 유물론도 주목하였다. 특히 마르크스의 유물사관 형성에 큰 영향을 준 포이어바흐(L. A. Feuerbach)의 사상에 비중을 두었다.[72] 먼저 포이어바흐의 지적 성장 과정과 스승인 헤겔의 관념론에

---

68) 김준성, 윗글, 15면.
69) 김준성, 「유물인냐? 유심이냐?」 5,『진생』 1930년 10월호, 13면.
70) 김준성, 윗글, 14면.
71) 김준성, 윗글, 14면.
72) "그러한 反動으로 十九世紀 中葉에는 唯物論이 勃興하게되여 結局 카알

반대하여 유물론을 주장한 경위를 설명하고[73] 포이어바흐의 저서인
『기독교의 본질(基督敎의 本質)』을 통하여 종교의 기원을 심리적으로
설명하였다. 포이어바흐는 신(神)을 인간의 여러 능력과 여러 본성과
여러 규정에 의하여 자기가 희망하는 것과 이상으로 생각하는 것, 그
리고 추상하는 것에서 독자적인 본질로 신격화된 것이라고[74] 보았다.
나아가 신(神)의 인격, 사랑, 속죄, 성만찬도 인간의 희망에 결부된 허
구라 하였다. 김준성은 이에 대하여 이스라엘 국민의 원망(怨望)이 없
었다면 메시아의 출현이 곤란하였겠지만 메시아의 객관적 존재가 불
가능하다면 원망자체가 성립할 수 없다고 포이어바흐의 원망설(怨望
說)을 비판하였다.[75] 또한 식물(食物)이 인간의 사상과 문화를 발전
시킨다는 견해에 대해서도 반론을 제기하였다. 식물이 풍부하여 육체
적 성장이 왕성할 때는 정신적 성장이 고조되는 것이 아니라 오히려
저열해지며, 천재적 영감이나 과학적 발명은 금식하여 정신이 맑을 때
에 나타나므로 인간 의식의 물질적 기반이 풍부하다고 인간의 역사가
발전하는 것은 아니라고 하였다.[76] 김준성은 유물사관 형성에 큰 영
향을 준 포이어바흐의 종교기원설과 물질에 관한 학설을 고찰하여 유
물론은 모순이며 사실과도 다르다고 유물사관의 기반을 부정하였다.

　다음은 19세기 중엽 독일인 몰레숏트(Moleschott Takob, 1822~1903),
뷔히너(Büchner), 카를 포크트(Karl Vogt, 1817~1895, 동물학자) 등 기

　맑쓰로 하여곰 「唯物史觀」의 觀念을 形成하게한 것이다. 그런데 이 카알
맑쓰의 思想에 最大 影響을 준 者가 누구냐하면 그것이 곧 우리가 여기
서 말하려는 포이에르빠하라고 한다." 김준성, 「唯物이냐? 唯心이냐?」 4,
『진생』 1930년 8・9월호, 16면.

73) 김준성, 윗글, 16면.
74) 김준성, 윗글, 17면.
75) 김준성, 윗글, 17~18면.
76) 김준성, 윗글, 17면.

계적 유물론의 3대 사도라고 불린 이들의 유물론에 대해서도 언급하였다. 이들의 논의는 1854년 괴팅겐 '자연과학대회'를 기점으로 시작되었다. 와그너(Rudolf Wagner, 1805~1864, 생리학자)는 여기서 "인간 창조와 심령실체"를 강연하여 성경과 기독교의 교리를 옹호하였는데[77] 이에 대하여 포크트는 『미신과 과학』을 저술하여 심령은 존재하는 실체가 아니며, 심적 현상은 뇌수의 생리적 기능에 의하여 나타난다고 반박하여 유물논쟁을 일으켰다.[78] 그런데 김준성은 이러한 논의의 내용보다, 강력한 유물론자인 포크트가 유물사관을 주장한 마르크스를 "금전강탈자의 수령"이라고 혹평했다는 것을 강조하였다.[79] 철저한 유물론자인 포크트가 유물사관을 주장하는 마르크스를 유물론자가 아니라 금전 강탈자로 평가하였다는 것을 보여준 것이다. 마르크스의 유물사관은 "금전 강탈자"의 이론이라는 식으로 마르크스의 이론을 폄하한 것이다. 기독교인들의 공산주의에 대한 적대감의 원인이 사유재산의 폐기에 있었음을 단적으로 보여주는 예이다.

이 밖에도 인간의 생리현상을 연구하여 유물론을 주장하는 몰레숏트(Moleschott Takob, 1822~1903)[80]와 로버트 훅(Robert Hooke, 1635~1703)의 논의도 인간을 물질로 환원시키는 것이라고 비판하였다.

김준성은 「유물인가? 유심인가?」라는 일련의 글을 통하여 서구의 유물론을 시대별로 고찰하고 문제점을 지적하였다. 고대의 유물론은 유물론으로 보기 어렵고, 근대의 유물론은 자체 모순으로 인하여 이성을 인정하였고, 저급한 유물론자는 인간의 정신작용을 보리떡 뇌수로

---

77) 김준성, 윗글, 15면.
78) "사상이라는 것은 맞히 膽囊에서 膽汁이 나오고 신장에서 소변이 나오는 것과 같이 이것은 뇌수에서 흘러나오는 것이다." 김준성, 윗글, 15면.
79) 김준성, 윗글, 15면.
80) 김준성, 윗글, 15~16면.

만들거나, 인간 뇌수의 용량을 기묘한 현미경을 이용하여 계산하는 비상식적인 것으로 만들었다고 혹평하였다.[81] 식민지 조선의 기독교인들은 유물사관을 유물론과 동일시하고 유물론을 무가치한 것으로 만들려는 작업에 열을 올렸다.

김준성의 유물론 비판은 이에 그치지 않고 「유물론의 근본적 결함」이라는 글을 통하여[82] 공산주의자들이 제기한 유심론에 대한 7가지 비판에 대답하였다. 김준성은 첫째 유물론자들이 보여 달라는 마음은 보이지 않지만 전기, 힘 등과 같이 감지되는 실제라고 답변하였다.[83] 둘째 유물론자들은 "생각"도 물질로부터 비롯된 현상이라 하는데 "생각"하는 "생각자체"는 무엇인가를 반문하였다. 김준성은 "생각"하는 것을 마음이라고 보고 마음이 자기 이성으로서가 아니라 기계에 의하여 나타난 것이라고 한다면 논리적 시비나 철학적 진가를 토론할 필요가 없다고 하였다. 그리고 유물론이 인간의 생각에 의하여 생성된 학설이라고 생각한다면 정당하게 인간의 정신력이 실행한 종합, 분석, 비교, 선택의 결과는 인정하라고 이의를 제기하였다.[84] 셋째 유물론자들은 인간의 의식을 물질적 변화양상으로 설명하는데 물질은 열, 전기, 자기로 변화하고 있다. 그러나 마음의 작용은 물적인 에너지와 같이 변하는 일이 없으므로 심적($心的$) 작용을 물적($物的$) 작용으로 설명하는 것은 불가능하다고 유물론을 반대하였다.[85] 넷째 유물론자들

---

81) "참말로 神通한? 計算家가 아닌가.....? 그는 아마도 億萬倍顯微鏡을 쓰고 億萬分 之一인취의 極微形算盤을 使用하였던가보다......哄笑可一番!" 김준성, 윗글, 16면.

82) 김준성, 「唯物論의 根本的 缺陷」 1, 『청년』 1930년 12월호, 「유물론의 근본적 결함」 2, 『청년』 1931년 1월호.

83) 김준성, 「유물론의 근본적 결함」 1, 『청년』 1930년 12월호, 15~16면.

84) 김준성, 윗글, 16면.

85) 김준성, 윗글, 16면.

은 만물의 작용을 기계적이고 수학적 법칙에 의하여 설명하나 인간의 선, 사랑, 행복 등은 나누면 나눌수록 커지는 것이며 수학적으로 적어지는 것이 아니라고 하여 물질적 법칙을 정신영역에 적용하는 것을 부정하였다.[86] 다섯째 유물론자들은 물리 화학적 법칙으로 인간의 생리현상을 설명하는데, 물리 화학적으로는 햄릿의 마음, 십자가의 비의, 순교자의 열정, 연애, 자애, 번민 등을 설명할 수 없다고 하였다. 김준성은 '빼륵손'(베르그송 – 연구자)의 말을 인용하여 "과학은 실험자재의 사물은 취급할 수 있지마는 시시각각으로 변전·진화하는 생명의 반복할 수 없는 미묘한 동작을 여실히 관찰하기는 도저히 불가능하다."고 하였다.[87] 여섯째 유물론은 인간은 물적 현상을 간접적인 감각(인간의 5가지 감각)을 통하여 의식한다고 하지만 심적 생활의 현상은 직접 스스로 증명하는 것에 의하여 의식하는 것이므로 가장 정확하다고 하였다. 여러 현상은 망원경이나 현미경 등의 기계를 통하여 관찰하고, 그 다음 인간의 감각기관에 전달되어 최종적으로 의식하므로 측정이 가지는 부정확성과 감각기관의 부정확성은 분명한 것이므로 "인간의 내관적 자증(自證)"에 의한 인식과 논증이 가장 정확하다고 하였다.[88] 일곱째 인간의 지성은 사물에 대하여 何(what), 如何(how), 何故(why)를 의문시하는데 유물론은 何와 如何의 문제에 대해서는 대답을 할 수 있으나 하고(何故)의 문제에서는 대답이 불가능하며 대답을 한다면 이미 유물론의 범주에서 벗어난 것이므로 유물론이 인간의 사고 범위를 만족시키지 못한다고 평가하였다.[89] 바꾸어 말하면 유물론은 목적론을 부정하기에 존재의 하고(何故)문제에 절대

---

86) 김준성, 윗글, 16면.
87) 김준성, 「유물론의 근본적 결함」 2, 『청년』 1931년 1월호, 25면.
88) 김준성, 윗글, 25면.
89) 김준성, 윗글, 26면.

로 답할 수 없으며 이것이 유물론의 치명적이고 결정적인 결함이라 하였다. 그러므로 유물론은 존재를 과학적으로 설명할 때에는 필요한 방법이지만 물질을 벗어난 범위를 설명하기는 불가능하므로 유물론의 과학성은 유물론의 특징인 동시에 최대의 결함이라고 하였다.[90]

1930년대에 들어서면서 식민지 조선의 공산주의자들은 대중혁명을 통하여 공산주의를 실현하려는 의지를 분명히 하고, '신간회'에 집결되어 있는 혁명적 역량을 공산주의 세력하에 포섭하려고 적극적인 노력을 경주하였다.[91] 이에 기독교인들은 공산주의자들의 과격화에 대처하는 논리와 대응책 개발이 필요하였다. 이러한 작업의 이론적 기반으로 유물사관을 유물론적 무신론으로 규정하는 서구의 새로운 이론도 소개하였으며, 유물사관을 전면적으로 비판하기에 이르렀다. 김준성은 서구의 새로운 이론들을 받아들여 이러한 작업들을 정리하고 통합하여 이론적 체계를 확립하는데 기여하였다.

앞에서 살펴본 바와 같이 1920년대 말부터 각 세력은 각자의 상황에 적응하기 위한 노력에 골몰하면서 자신의 노선을 확립하는 데에 급급하였다. 공산주의자들은 코민테른의 노선에 따라 과격화되었고, 기독교인들은 세계공황의 타격을 해결하고 자본주의 발전을 모색하기 위하여 온건한 사회주의마저도 용납하기 어렵게 되었다. '신간회' 내에 포진하고 있던 각 세력들은 타협점을 찾지 못하고 극한적인 대립 상태에 들어가게 되었다.

기독교인들은 1920년대 중 후반에 획득한 유물사관에 관한 융통성 있는 해석들을 유보하고 유물론적 무신론으로 회귀하였다. 그러나 이러한 가운데에서도 1920년대 중 후반에 획득한 융통성 있는 인식을 그대

---

90) 김준성, 윗글, 26면.
91) 김경택, 앞글, 392~397면.

로 견지하는 경우도 있었다. '천연인(天然人)'은 유물사관을 철학적 유물론과 구별하여 사회진화의 역사관으로 보고, 역사를 구성하는 사회진화의 근본을 경제조직이라 하였다. 유물사관은 마르크스도 자신의 유물론과 구별하여 우주의 기원과 현상에는 적용하지 않고 인간이 조직한 사회에만 적용하였다고 경제적 역사관을 강조하였다. 즉 유물사관은 우주의 기원과 현상을 설명하는 절대의 세계를 논하는 것이 아니라 상대의 세계(인간의 역사 내에서)를 논하는 공평한 입장에서 경제를 중시하는 경제사관이라 하였다. 그러므로 공산주의자들은 철학적 유물론을 떠나 유물사관을 정확히 이해하고, 인간의 역사발전 과정에만 적용하고 절대의 세계를 다루는 종교에는 적용하지 말라고 하였다.[92]

'천연인'은 유물사관의 경제적 역사 해석을 중시하였으나 이것을 기독교인들에게 적용하기보다는 공산주의자들에게 유물사관을 올바로 이해할 것을 요구하는 데에 사용하였다. '천연인'의 이해는 1920년대에 나타난 이대위, 이창희, 강명석의 유물사관 해석과 내용적 기조는 같은 것이다. 그러나 공산주의자들이 유물사관을 무신론적 유물론으로 이해하는 데에만 적용하여 반기독교운동을 비판하는 데 사용하였다. 인식의 내용은 동일하지만 적용하는 분야가 달라지면서 공산주의자들의 과격화에 대응하여 기독교인들의 보수적인 성향을 강화하는 데에 이용되었다.

1930년대 초에 공산주의자들은 민족협동전선을 폐기하고 대중운동을 고조시켜 공산주의 실현을 운동의 당면목표로 설정하였다. 나아가

---

92) "지금 나의 目的은 말크스主義의 全體를 敍述함에 잇지않고 다만 宗敎에 부드처오는 點만을 指摘硏究하려는 것인즉" 天然人 譯, 「唯物史觀과 基督敎」 2, 『新生』 1931년 3월호, 30면.

기독교에 대한 비판과 반종교운동은 이론적 심화와 더불어 운동 면에서도 격화되었다.[93] 이에 따라 한국 기독교인들도 공산주의자들의 과격화에 맞추어 유물사관에 관한 비판을 강화하였다. 이러한 양극화에 따라 유물사관을 철학적 유물론과 구별하고 경제적 역사관에 국한하여 이해하려던 기독교인들의 노력은 퇴조하고, 그때까지 이룩한 이론적 이해를 총동원하여 무신론적 유물사관을 비판하였다. 한국 기독교인들은 서구에서 나타난 새로운 유물론 비판을 적극적으로 수용하였다. 가가와도요히꼬(賀川豊彦)의 글을 통하여 서구 사조를 도입하고, 반복기를 통하여 무신론에 관한 반대를 대중화하려 하였으며 김준성과 천연인 그리고 하경덕의 이론적 작업을 통하여 서구의 이론을 적극적 수용하였다. 이러한 일련의 노력은 결국 유물사관에 관한 비판론을 체계적으로 정리하게 하였으며 공산주의에 대한 유화적인 태도를 철회하게 만들었다.

---

93) 鄭東哲, 「맑키스트의 宗敎意識」 1~5, 『中外日報』 1929. 6. 10~1929. 6. 14; 玄人, 「宗敎批判과 反宗敎運動」, 『批判』 1932년 2월호; 金明植 「朝鮮宗敎論」, 『비판』 1932년 4월호; 「宗敎時評」, 『신계단』 1932년 11월호; 南哲水, 「反宗敎運動天道敎의 拳力」, 『비판』 1932년 12월호; 「종교시평」, 『신계단』 1933년 7월호; 鐵夫: 「基督敎의 奴隷性을 檢討」, 『신계단』 1933년 2월호; 安炳珠 「우리는 웨 종교를 反對하는가」 『신계단』 1933년 2월호; 鄭宇鎭 「靈魂의 發生에 관한 硏究」, 『신계단』 1933년 2월호 「宗敎批判欄」, 『신계단』 1933년 4월호, 5월호, 7월호.

제4장 | 자본문제에 관한 인식

일제의 식민지 지배정책은 3·1운동 이후 식민지 민족운동을 무마하고 일본의 경제적 불황을 극복하려는 문화정치와 식민지 자본주의화 정책으로 전환되었다. 일제의 정책 변화는 식민지 민족운동의 발전에도 기인하였지만 1차 세계대전을 통해 비약적으로 발전한 일본 자본주의의 후진성 때문이기도 하였다. 일제는 전후 만성적인 공황에 부딪히자 조선에서 회사령과 관세를 철폐하여 일본인 자본의 식민지 진출 여건을 조성하고, 그 활로를 개척하려 하였다. 식민지의 자원과 노동력을 수탈하고 이를 통하여 경쟁력을 강화하려는 수탈구조의 산업화였다.

일제의 경제정책은 수탈구조의 자본주의화를 도모하는 것이었지만 식민지 토착자본가들에게는 자본주의화에 참여할 수 있는 기회이기도 하였다. 그러나 토착자본가들이 구체적 자본활동에서 겪는 제약과 어려움은 상당한 것이었다. 자본축적이 영세한 토착자본가들은 자본의 융통과 원료의 확보에서 어려움을 당하였고, 기계 설비에서도 후진성을 면할 수 없었다. 더구나 정책적 지원에서도 차별적 지위에 놓여 있었다. 실제로 식민지 조선의 토착자본가들은 자본주의 활동에서 배제당하였고, 편입된 경우에도 후진 자본주의 수탈의 하부구조에 들어가 열악한 경영환경에 시달리고 있었다.

　한편 일제의 수탈로 생존을 위협받던 농민과 노동자들은 노동운동과 농민운동을 전개하였다. 이들 운동은 일제의 수탈정책에 저항하는 것으로 민족운동의 지원도 받아 매우 강력하게 전개되었다. 그런데 식민지 조선의 토착자본가들은 수탈구조의 수직적 분업체계에 속해 있어서 경영환경이 매우 열악하였고, 그 때문에 노동운동에 대처할 경제적 여력을 가지지 못하였다. 식민지 토착자본은 산업화에서도 영세성과 후진성으로 고통받았으며 노동운동의 발전으로 인한 경제적 어려움도 비켜가기 어려웠다. 토착자본가들은 제국주의 수탈에 대해서도 자유롭지 못하였으며 노동운동의 타격에 대해서도 자유롭지 못하였다. 식민지 조선의 토착자본가들은 후진성과 영세성을 벗어나기 위해 노력해야 했으며, 제국주의 자본과도 경쟁해야만 했다.

　본 장에서는 토착자본가들의 후진성과 영세성이 후진 제국주의 자본과 어떤 갈등을 일으켰으며, 그 갈등을 극복하기 위하여 어떤 노력을 경주하였는가를 사상적인 면에서 살펴보고자 한다. 이것은 한국 기독교인들이 제국주의 진출에 어떻게 저항하였는가를 경제사상 면에서 살펴보려는 것이다.

　경제사상을 살피는 것은 기독교인들의 경제활동에 관한 직접적인 자료를 얻기 어려워서 빌려온 방법이다. 이것은 경제활동에 관한 직접적인 고찰은 아니지만 토착자본의 영세성이 식민지 수탈정책을 어떻게 극복하려 하였는가를 보여줄 것이며, 이와 연결되어 일제를 극복하려는 민족운동에 대한 입장도 보여줄 것으로 기대한다.

제1절 영세한 자본에 관한 인식

1. 산업화의 의지

일제시대 한국 기독교인들은 총독부가 국민생활의 안정을 도모하는
정책을 전혀 실시하지 않는다고 비판하였다. 즉 식민지 조선의 경제가
어렵고, 민족의 생활이 극도로 빈곤한 것은 식민 권력이 국민들의 생
활을 돌보지 않고 일본자본의 진출만을 도모하기 때문이라는 것이
다.[1] 따라서 도와줄 곳이 없는 가난한 이들을 기독교인들은 바라만
볼 수 없으며, 빈곤에서 벗어나기 위하여 적극적으로 사회를 개량하라
고 권고하였다.[2] 기독교인들은 가난을 구제하기 위하여 여러 가지 방
법을 강구하고 실천할 것을 주장하였다. 더구나 토착자본가들은 총독
부의 지도와 지원을 바라기 어려운 실정이므로 교회가 적극적으로 산
업활동에 나서야 한다고 주장하였다.[3] 뿐만 아니라 교회는 당면한 경

---

1) "아― 뎌 無産者들의 可憐흔 狀態를 보라 그 形狀은 너무도 慘酷ㅎ여 무
   어라 입을 열어 말흘 슈가 업다." 崔啓哲, 「宗敎의 根本主義와 社會問題」
   1, 『신보』 1924. 12. 2, "오날 우리의 生活難이 이러틋 極盡흔 原因은 그
   무엇일가. 첫재로 政治덕 保護가 不勤實홈이니", 사셜, 「엇져면 잘살가」 1,
   『신보』 1925. 9. 2.
2) "敎會와 社會의 關係는 絶對 分離하기 不能홀뿐아니라" "이에 대한 方法
   을 善用치 못하야 敎會가 도로혀 社會의 利用이 되면 敎會는 흥용치 못
   할 뿐아니라 더욱 國家의 干涉을 皮ㅎ야 急性傳染病에 死亡홀 것이다."
   社說, 「基督敎와 社會」, 『신보』 1924. 10. 15, "아― 이러한 狀態를 目睹흔
   우리 宗敎家들은 엇지 敢히 傍觀의 態를 取ㅎ리요." 최계철, 윗글, 1924.
   12. 2.
3) "비록 外國敎會가 産業機關에 相干치안는다 홀지라고 우리는 相關ㅎ여야
   홀것이다. 뎌들에게는 政治가 잇서 産業을 保護ㅎ고 先導者가 잇서 産業
   을 指導ㅎ여준다. 그러나 우리는 不幸히 政治의 保護 先導者의 指導가 적
   다 그럼으로 우리 朝鮮그리스도교회는 率先하여 産業機關의 先導者가 되

제문제를 해결하기 위하여 전도와 권업을 병행하며4) 믿음으로 직업에 복리를 주어 믿음을 굳건하게 만들 것을 권장하였다.5) 구체적으로 교회가 산업기관을 설치하여 교인과 일반인의 복지를 향상하는데 노력하는 것이 선교라고 생각하였다.

"몬져 財産家와 유지쟈들이 그 칙임을 질지니 그리스도敎會는 맛당히 그 션도가 될 것이다. -중략- 우리는 이긔관 시셜에 대ᄒ야 작은 資金으로 시작ᄒ야 실디 經驗을 엇는듸로 확쟝ᄒ 것이다. 특별히 례빗당 下層이나 또는 례빗당 구늬에 잇는 무슴 집을 리용ᄒ야 敎人들의게 셰탁이나 자봉 양말 직조 비누 제죠 가마니 치는 것 새끼 꼬는 것 그타 무삼 젹은 職業을 ᄀᄅ칠 수 잇다."6) -①

"본긔쟈는 싱각ᄒ기를 간난흔 敎會에셔는 이 산업긔관 시셜에 듸하야 달니 츌연ᄒ 것이 업고 크리스마쓰에 슈입ᄒ는그 자션금으로 대용흠이 무방ᄒ다ᄒ노니"
"비록 엇던 敎會는 富饒ᄒ야 이러흔 機關을 시셜ᄒ 必要가 업다 흘지라도 이것으로 족ᄒ지말고 힘이업는 다른 敎會를 도아주거나 또는 불신쟈의 失業을 위ᄒ야 그시셜이 다시 잇셔야흘지니"7) -②

"敎人의 産業問題는 敎會의 間接問題가 아니요 直接問題며 또 敎會의 一部 事業이다."8) -③

"資本家나 지쥬들에게는 그힘을 모아서 有利한 工場이나 有望한 會社

어야흘 것이다." 金京河, 「敎會와 産業機關을 닑고」, 『신보』 1926. 11. 17.
4) 사셜, 「젼도와 권업」, 『신보』 1926. 6. 30.
5) 사셜, 「믿음과 직업」, 『신보』 1924. 6. 4.
6) 社說, 「교회와 산업긔관」, 1, 『신보』 1926. 10. 27.
7) 社說, 「교회와 산업긔관」, 2, 『신보』 1926. 11. 3.
8) 金京河, 앞글, 1926. 11. 17.

를 많이 일으켜 모든 실업쟈를 救濟할 消息을 傳할 것이오."9) -④

"近者종교와 事業을 親近케ᄒ고져ᄒᄂ 傾向이 보이고 또 그러케 흘터
인데 이져 그에 對ᄒ야 都市敎會면 ……단순한 工業……經營ᄒ여 利나
면 敎會費用에 보틱고 不利라도 製造業에 흐하여서ᄂ 職工의 賃金은
될터이매 하여간 敎會 又는 個人의 生活을 보틸 수가 잇스며 農村敎
會면 敎人평균 50名치고 一年에 每人이 三日식만 내노흐면 五千坪土
地는 能히 耕作홀 수 잇스며 五千坪에셔 少不下 二白圓 收入은 될지
니 이것을 半作ᄒ더래도 白圓은 될지라"10) -⑤

기독교인들은 일제가 한국인의 산업발전에 대하여 노력하지 않는다
고 인식하고, 일제의 지원을 기다릴 것이 아니라 한국인 자신이 나설
것을 촉구하였다. 산업화의 방법으로 ①에서는 재산가는 자본을 출자
하고 경영자와 노동자는 합심하여 노력할 것이며, 교회는 건물을 적극
적으로 이용하라고 하였다. ②~④에서는 자본가나 지주들은 교인 이
외에도 일반인들의 경제적 어려움을 해결하는 데 적극적으로 나설 것
이며, 자본금이 부족할 경우 크리스마스 헌금도 사용하며, 교우들이
공동으로 출자하여 산업기관을 설치하고 생산에 참여할 것을 주장하
였다. ⑤는 농촌 교회는 교인들이 노력 봉사로 토지를 경작하고 그 이
익금으로 교회를 유지할 것을 주장하였다. 기독교인들은 일제의 수탈
로 경제적 곤란을 겪게 되자 교회의 시설과 교인들의 자본을 적극적
으로 산업에 투자하도록 유도하였다.

교회들의 산업발전에 대한 노력은 세계공황을 겪으면서 더욱 증대하
였다. 김준성은 경제적 토대가 변화하면 종교적 구조도 변화해야 한다
고 전제하고 경제적 어려움의 해결에 교회가 적극적으로 나서라고 하였

---

9) 社說, 「社會改良의 必要」 1, 『신보』 1927. 5. 4.
10) 金旺善, 「信仰과 實踐」 4, 『신보』 1927. 5. 25.

다. 그렇지 않으면 종교가 경제적 변화에 적응하지 못하고 쇠망할 것이라고 여겼다.[11]

이러한 견해는 채필근에게서도 나타났다. 채필근은 지식이 늘고 사회가 변화하면 신앙과 경제문제를 보편적이고 합리적인 활동으로 여기고 적극적으로 산업활동에 참여하게 된다고 하였다.[12] 교인들도 저축계와 소비조합을 설립하며, 생산기관을 설립하여 영리사업을 도모하는 것이 당연하다고 하였다. 뿐만 아니라 교인들의 산업활동을 도와주기 위한 서적 출판, 정보 제공에 교단이 앞장서라고 하였다.[13]

기독교인들의 산업활동 장려는 여기서 멈추지 않았다. 기독교인들은 산업활동의 목적을 사익(私益) 추구에 한정하지 않았다. 기독교는 개인적 이익에 급급한 이기적 산업운동을 억제하고 전체의 복리를 위한 진정한 산업운동을 발전시킬 것을 주장하였다.[14] 그리고 건실한 경제운동은 천국의 운동법칙에 순응하며 천국운동과 합치한다고 정의하였다.[15] 기독교인들은 산업활동을 종교적 활동으로 생각하고, 산업도덕의 확립이라는 형태로 교회의 산업활동을 적극적으로 장려하였다.

이렇게 볼 때 경제적 난관에 봉착한 한국 기독교인들은 국가적 지원 대신에 거교적인 산업활동을 통하여 일제의 수탈을 극복하고 자본주의화에 참여하려고 노력하였다. 즉 기독교인들은 자본주의화를 위한 국가의 지원을 필요로 하였으나 일제는 이러한 기대에 부응하지 않았다. 오히려 자국(自國)의 경제적 발전을 위하여 식민지 조선을 수탈하였으므로 기독교인들은 교회를 통하여 경제활동의 통로와 지원을 모

---

11) 김준성, 「基督敎와 經濟問題」, 『신학지남』 1930년 1월호, 41면.
12) 채필근, 「敎會의 産業問題에 對하여」, 『眞生』 1930년 6월호, 7면.
13) 채필근, 윗글, 7면.
14) 卷頭辭, 「産業運動과 基督敎」, 『진생』 1930년 6월호, 1면.
15) 권두사, 윗글.

색했다고 생각된다.

2. 자본부족에 관한 인식

당면한 생활난을 해결하고 자본주의적 산업활동을 전개하려던 기독교인들은 거교적인 산업활동을 전개하였으나 동원할 수 있는 자본이 매우 영세하였기에 자본축적을 위해 노력하였다. 앞에서 살펴본 바와 같이 교인들의 산업활동을 적극적으로 지원하였으며, 신규 사업장을 만들기 어려운 경우는 교회 건물이나 교회의 토지를 이용하여 작업장을 설치하고, 그에 맞는 세탁공장, 재봉공장, 양말직조공장, 비누제조공장 등을 운영하려 하였다.16) 교회가 적극적으로 나서서 소규모 자본을 산업화하였으며, 자금이 모자라면 크리스마스 헌금도 자본으로 전용(轉用)하려 하였다. 한국 기독교인들은 산업활동의 주체로서 교회를 상정하고 교회의 경제활동에 적극적으로 참여하였다고 생각된다.17)

이러한 산업활동 속에서 자본부족을 심각하게 인식한 한국의 기독교인들은 자본축적을 위하여 여러 가지 방법을 제안하였다. 재산가들에게는 기부와 공동출자를 권장하였고18) 종교적 조직을 저축조합이용을 권장하기도 하였다. 금주금연의 절제운동을 전개하여 다수의 교인들로부터 기본금을 모으고, 이를 지속적으로 추진하여 자본을 축적하려 하였

---

16) 社說, 「교회와 산업긔관」 1, 『신보』 1926. 10. 27.
17) "몃쥬간젼에 우리를 방문ᄒ던 헴쓰박ᄉ도 美國 뽀스턴에서 단 四百원의 젹은 資本으로 교우 몃명을 다리고 헌옷을 슈션ᄒ야 다시 파던 것이 지금 그공장에 직공이 남녀 五千이요 一년 고젼총익이 五十五萬원이며 十四종의 실업을 ᄀᄅ치고" 윗글.
18) "만일 일긔인의 긔부ᄒᄂ 자금으로 산업긔관을 시설ᄒ기 불능ᄒᆯ시ᄂ 일반 교우의 공통덕 출자를 요ᄒᆯ 것이다." 社說, 「교회와 산업긔관」 2, 『신보』 1926. 11. 3.

다. 종교조직을 이용한 저축운동을 전개함으로써 자본융통의 길을 마련하는데 노력하였다.

한편 전근대적 재산가들의 재산도 근대적 산업자본으로 전용하기를 강력하게 희망하고 식견이 없어서 산업에 투자하지 못한다고 비판하였다.[19] 지주재산의 산업자본화를 촉구하고 산업화에 동원되지 않는 지주자본의 봉건성을 비판하였다. 자본의 근대화를 위한 기독교인들의 노력은 눈물겨운 것이었다. 형태에 관계없이 이윤을 얻기 위하여 생산에 투자된 것은 자본이라 정의하였을 뿐만 아니라, 적은 돈이라도 은행에 넣어 생산에 투자되기를 간절히 희망하였다.[20] 한국 기독교인들

---

19) "有産階級 諸君이여 諸君의 所有흔 土地財産이 諸君各自의 勞力뿐으로 有흔 成功이뇨 므릇 成功홈은 個人의 勞力과 社會의 保障으로 得ㅎ느니 諸君의 成功흔 力量은 즉 우리 社會의 勞力이 其半을 占하엿다 可謂하 겟거늘 何故로 自利에만 暗ㅎ야 吝嗇漢守錢奴가 되며 혹시 如干흔 成功을 得홈에 至ㅎ면 安身키를 爲主ㅎ야 隱居ㅎ느니 今日 우리 社會産業界의 零落된 責任이 全혀 有産階級諸君의게 在ㅎ다ㅎ여도 無妨ㅎ도다. 故로 都市城村을 勿論ㅎ고 大建築의 工廠 工場을 設置ㅎ며 大規模의 産業機關을 組織홈이 諸君의 義務일지라" 寄書, 隱嚴生, 「朝鮮社會의 急務」, 『신보』 1920. 3. 31, "우리 죠션에 흘일이 만흐며 또 지산가도 도모지 업는 것은 아니다. 혹은 말ㅎ기를 죠션의 산업은 지산가 그네들부터 완고ㅎ고 린식ㅎ고 식견이 업서 무슴 큰공쟝이나 회샤를 조직치안키 때문에 빈한흔 동포들이 졍신로동이나 육톄로동을 흘 기회가 업다흔다." 社說, 「교회와 산업긔관」 1, 『신보』 1926. 10. 27.
20) "充分한 知識을 具하야 有望한 事業을 選擇할지라도 資本을 得하기 不能함에 因하야 該事業이 實現치못함이 比比有之함을 目睹하얏도다." "資本은 즉 利潤을 生하기 爲하야 使用하는 財 - 니 金錢만 資本될뿐아니라 금전으로 計算함을 得하는 財는 何物이던지 資本됨을 득하는 것인 즉 資本의 增加를 圖謀하려면 몬져 現在의 財를 資本으로 向케할 것이오 資本으로 向하야 利潤이 生한 後에 其利潤을 連次로 또 資本化하게 하면 資本이 증가할 것이라 또 資本에는 多寡를 논치 아니하니 假令 我에게 一圓이 有하면 此一圓의 少額으로 我는 此를 資本되게하기 難하나 此一圓을 銀行에 預金하면 銀行은 此一圓을 生産事業에 融通하는 것인

은 산업화에 필요한 자본의 부족을 절실히 느끼고 자본부족을 해결하기 위하여 자본의 축적에 힘을 기울였으며 지주자본의 근대화도 요구하였다.

자본축적을 위한 이론적 작업도 나타났다. 강명석은 리카도의 분배론을 이용하여 자본축적의 중대함을 다음과 같이 진술하였다.

> "리칼드는 生産物의 전톄에셔 디딕를 졔ᄒ고 남는 것을 삭젼과 리즈 두갈내로 분할ᄒ엿습니다. 그러면 생산물 전부에서 디딕(지대-연구자)를 졔ᄒ고 또 노동쟈의 보슈인 삭젼을 졔ᄒ고 그위에 남는 것은 자본가의 가질 리즈가 됩니다. -중략- 리칼드는 자본쥬의의 변호쟈로셔 유명ᄒ 학쟈가 된 까닭은 로동쟈의 보슈인 삭젼을 주기 위ᄒ야 자본가의 소득인 리즈를 희생ᄒ는 일은 절대로 불가ᄒ다고 주장ᄒ는 동시에 자본가의 리익을 위ᄒ야 로동쟈의 삭젼을 희생ᄒ지 안흐면 안 된다고 쥬챵ᄒ 때문입니다."[21]

소개된 내용은 리카도는 생산활동을 통하여 얻은 이익은 임금과 이자(이윤-필자)로 구성되었다고 전제하였다. 그리고 노동자의 임금을 위하여 지대와 이윤을 희생하면 자본투자가 감소되므로 자본의 보수로 지불할 지대와 이윤을 확실히 보장할 것을 요구하였다. 원래 리카도의 논의는 지주들의 지대에 대응하여 농업자본가(借地農)들의 이익을 보장하려는 것이었는데[22] 강명석은 자본가의 이익을 보장하려는 의도에서 임금을 희생하라고 하였다. 임금을 희생하면 오히려 일자리를 장기적으로 확보하게 되어 실업을 막는다는 것이다. 강명석은 리카

즉 我가 此少額의 一圓을 間接으로 資本되게 함이라." 안국선, 「經濟上으로 見한 半島의 將來」續, 『청년』 1921년 5월호, 5~6면
21) 강명석, 「經濟思想의 變遷과 今日의 朝鮮敎會」 10, 『신보』 1927. 9. 14.
22) 김수행 외 6인 공저, 『경제학개론』, 비봉출판사, 1992, 22~24면.

도의 학설을 소개하는 과정에서 자본가를 중시하고, 이들의 이윤을 확보하여 자본축적을 도와주려 하였다. 강명석의 논의는 자본가의 이윤을 우선적으로 분배할 것을 주장한 것으로, 노동자의 입장에서 보면 임금을 희생시키는 반민중적인 것이었다.

산업발전을 도모하던 식민지 조선의 기독교 토착자본가들은 산업화를 위한 자본의 부족을 절실히 느꼈으며, 이를 해결하기 위하여 종교조직을 이용한 자본의 축적과 토지자본의 근대화를 요구하였고, 나아가 노동자들의 임금마저도 희생하려 하였다. 즉 리카르도의 노동가치설을 자본가 중심으로 해석하여 식민지토착자본의 이익을 최우선적으로 보장하려 하였다.

3. 이자에 관한 인식

영세한 자본으로 산업을 일으키려던 기독교인들은 자본융통에 많은 어려움을 겪었다. 일제는 제도 금융을 독점하고 일본인들에게 우선적으로 자금을 대출하였으므로, 조선인들은 자금융통에서도 배제당하였다. 이러한 틈새를 이용하여 제국주의의 상업자본은 고리대를 목적으로 사금융(私金融)에 진출하였으며, 은행도 자본의 상당 부분을 고리대금업에 투자하고 있었다.

당시 일반적으로 통용되던 이자율은 대체로 월리 5푼 정도였으며, 심한 경우는 월리 10푼이었다. 대부분의 대금업이 유례없는 고리(高利)였으며 조선인들의 생활은 파멸 지경에 이르렀다. 조선인들은 고리대금업을 '진흙 구덩이'로 생각하거나[23] '공인된 도적'으로 여겼다.[24]

---

23) H生, 「당면한 생활문제」, 『신보』 1928. 4. 11.
24) "高利貸金業者는 一種의 公認 盜賊이라하여도 過言이 안일 것이다. 原始

기독교인들은 이러한 고리대금업을 성경을 이용하여 비판하였다. 강명석은 신명기 24장 10~12절, 출애급기 22장 25~27절, 레위기 25장 36~37절을 살펴보고 성경에는 고리대금업을 금지할 뿐만 아니라 채무자에 대한 가혹한 대우도 금지하였다고 하였다. 나아가 빈곤한 자에게 자선적 대부를 권장하였다고 하여[25] 고리대금업은 해서는 안 될 것으로 규정하였다. 강명석은 대금업에 관한 성경의 입장을 고찰하여 고리대금업을 용인할 수 없는 죄악으로 여기고 이를 없애려는 구약시대의 노력을 높이 평가하였다.[26] 기독교인들은 산업활동을 전개하면서 겪은 고리대금업의 피해를 성경을 통하여 용인할 수 없는 죄악으로 비판하였다. 종교적 윤리를 이용하여 제국주의 수탈을 비판하였던 것이다.

고리대금업에 대한 기독교인들의 부정적 인식은 1930년 일본의 금해금정책이 실시되면서 더욱 강화되었다. 연희전문의 교수인 이순탁(李順鐸)은 금해금(金解禁)으로 밀어닥칠 일본의 금융자본에 대비하기 위하여 이자에 대한 전면적 고찰을 시도하였다.

이순탁은 먼저 이자 발생에 관한 학설을 고찰하였다. 이자를 정당하게 보는 학설로는 자본의 생산력에 대한 대가(代價)라는 생산력설과 욕망을 억제한 대가라는 제욕설 그리고 시간성을 염두에 둔 가치시차설을 소개하였다. 반면 불로소득설을 소개하고 불로소득은 정당한 것이 아니라고 평가하였다.[27] 다음으로는 성경에 나타난 대금업에 관

時代에 잇서셔 公平한 社會制度를 不公平한 社會制度로 만든 害毒物의 一種은 高利貸金業制度이다 - 여긔 쓴 高利貸金業者 중에는 典當業者도 包含되여잇다" 강명석, 「聖經에 表顯된 經濟思想」 2 - 舊約에 表顯된 經濟思想 『眞生』 1927년 9월호, 18면.

25) 강명석, 윗글, 18~19면.

26) 강명석, 윗글, 19면.

27) 이순탁, 「基督敎의 利子觀」 1, 『신보』 1930. 1. 1.

한 평가를 살펴보았다. 강명석이 살펴본 성경 구절에 더하여 시편(15편 5절, 17편 26절)과 이사야(18장 8~9절) 그리고 신약성경(누가복음 6장 34~35절, 14장 12절, 데살로니가후서 3장)을 살펴보았다. 이순탁은 성경의 이자에 대한 인식과 평가를 살펴보면서 논의의 발전을 주목하였다. 출애굽기와 레위기에 나타난 내용은 빈민에 대한 이자를 금지하였다고 하여 이자에 대한 부정적 인식의 원형을 찾아내었다. 빈민에 대한 취리(取利) 금지는 신명기에 이르러 동족 사이의 취리(取利) 금지로 확대되었고, 시편에 이르면서 윤리적으로, 도덕적으로 부당하므로 모든 취리를 금지하였다고 하였다.[28] 구약성경을 통하여 이자는 빈민과 동족에게는 받아서는 안 될 것이고 인간적인 윤리나 도덕으로도 있을 수 없는 것이라고 평가하기에 이르렀다.

이자에 대한 부정적 인식은 신약성경을 고찰하면서 더욱 강화되었다. 자본을 빌려 주는 대금주(貸金主)는 이자를 바라지 말며 이자는 불로소득이니 취하지 말 것을 권장하였다. 자본가는 사회를 위하여 헌신적으로 돈을 빌려 줄 뿐 이자는 받지 말라는 것이다.[29]

이것은 가난한 자들의 생계유지를 위해서는 이자를 허용하지 않았으나, 이윤을 위한 자본 대부에는 적당한 이자를 허용하였던 기독교의 전통적 이자관보다 훨씬 급진적인 것이었다. 이자를 부정하는 급진적 이자관은 식민지 토착 산업자본가들의 당면한 현실을 그대로 반영하는 것이었다. 식민지 농업정책의 혜택을 받는 반(半)봉건적 지주자본가들이 농민에 대한 수탈과 착취는 사회적으로 자본가에 대한 투쟁성을 강화할 뿐 아니라, 농업에서 자유롭지 못한 노동자들의 생활을 압박하여 노동문제를 더욱 어렵게 했기 때문이었다. 다음은 산업자본가에 비해

---

28) 이순탁, 「基督敎의 利子觀」 2, 『신보』 1930. 1. 8.
29) 이순탁, 윗글.

상대적으로 대자본가인 지주자본가들의 고리대 수탈은 산업자본가들의 투자와 경영을 어렵게 만들었기 때문이었다. 그만큼 한국 기독교인들은 산업화를 위한 자본축적과 투자에 여력이 없었으며, 제국주의의 수탈로 빚어진 경제적 어려움을 해결하기 위하여 지주자본의 헌신적 사용을 요구하게 되었다.

제2절 자본축적에 관한 인식

1. 사유재산제도에 관한 인식

산업화를 도모하면서 자본의 부족을 절실히 느낀 한국 기독교인들은 자본축적을 갈망하였다. 이러한 경향은 공산주의자들의 공격에 대응하여 사유재산제도를 옹호하려 하였으며, 운동 차원의 격문에서는 사유재산제도를 붕괴시키려는 균등분배제도를 건전한 사유의 몰락이며 악의 최후의 비명이라고[30] 비판하였다.

푸레춰 뿌락만[31]은 공산주의는 이론적으로는 이상 세계를 지향하지만 인간의 천성이 너무 악하기 때문에 실현될 수 없으며, 결국은 사

---

30) "民族解放의 流血은 階級打破에 對한 殺戮, 分配均衡에 對한 鬪爭은 獨占에 對한 瞋○는, 束縛에 對한 反抗은, 現實否定은, 感情의 軋轢은, 欺滿과 僞善의 手段은, -중략- 基督의 精神과 사랑이란 매스 위에 올려 놓아볼 때 어떠한 것은 人類幸福의 破壞요 福音의 叛逆이요, 向上의 挫折이요, 健全한 私有의 沒落이요 -중략- 惡의 最後의 悲鳴밖게 안되는 것을 確信한다." 「檄!!」, 『진생』 1930년 1월호, 2면.

31) Flecher S. Brockman(1867~1944), 윤치호와 연결되어 한국의 YMCA 운동에 동생(Frank M. Brockman)을 파견하여 지원하였다. 1915년부터 국제 YMCA 총무를 지내고 이후 미국, 캐나다, 아시아 YMCA에 관계하다 은퇴하였다. 한국의 농촌운동도 지원하였다. 김승태·박혜진, 앞글, p.180.

유재산제도가 실시된다고 하였다.[32] 공산주의는 인간성이 악하여 실시할 수 없으며 이상 세계만을 지향하는 비현실적인 이론으로 평가한 것이다.

이러한 논조는 함일돈(咸日頓)에게서도 나타났다. 함일돈도 사회주의나 공산주의가 실현되기 어려운 것은 인간의 천성 때문이라 하였다. 인간의 천성은 이론적으로 애타주의(愛他主義)이지만 실질적으로 자신의 노작(勞作)은 자신이 가지려는 이기주의가 강하기 때문에 공산주의는 실현될 수 없다고 보았다. 공산주의가 실현되면 자신의 노력을 소유할 수 없다는 이유로 경제활동의 의욕이 감퇴되고 그로 인하여 경제는 붕괴될 것이라고 전망하였다. 아울러 프롤레타리아의 사회는 모든 지도자와 시민계급을 추방하고 몰락시켜 사회적으로 문화적으로 쇠퇴하므로 사유재산제도를 실시하여 사회발전을 도모해야 한다고 주장하였다.[33] 기독교인들은 인간의 천성을 악하게 보고 사회발전을 위해서는 사유재산제도를 실시하여 인간에게 성취동기를 부여할 것을 주장하였다.

인간의 악함으로 공산주의를 실현할 수 없다는 것을 교회사를 통해서 증명하려는 노력도 있었다. 초기 기독교시대 기독교인들은 하나님의 재림과 천년왕국의 건설을 희망하면서 빈부 차별이 없는 사회를 건설하고 소유의 유무, 다소(有無, 多少)에 관계없이 나누어 생활하는 소비사회주의를 실시하였으나 생산문제는 고려하지 않아서 단절되었다고 하였다. 이후 기독교는 부자들에게는 탐심을 버리고 빈자들에게는 가진 것에 만족하라고 권유하여 기독교적 선(善)을 실현하려고 노력하였으나, 4세기경에는 사유재산제도를 인정하게 되었고 공산주의적

---

32) 푸레쳐 뿌락만, 「신문명의 기초」, 『청년』 1922년 6월호, 7면.
33) 함일돈, 앞글, 1928, 6, 14~15면.

사상은 수도원에만 남게 되었다고 하였다. 그런데 수도원에서도 사유재산제도를 인정하게 되어 교회에서 공산주의적 사상은 소멸되었다고 하였다. 교회의 역사를 살펴볼 때 사유재산제도의 철폐는 인간의 소유욕이 없어지지 않는 한 불가능하며 공산주의의 실현도 불가능하다고 보았다.[34] 인간의 악한 천성이 사유재산제도를 요구하며 그것은 교회사에서도 여지없이 관철되는 필연적인 결과로 보았던 것이다.[35] 기독교인들에게 사유재산제도는 인간은 타락하였다는 종교적 교리를 유지하면서도 타락을 극복하고 사회발전을 도모하는 종교의 사회적 효용성을 중대시키는 것으로 간주되었다.

위에서 이루어진 논의와는 달리 사유재산제도 자체를 정당한 것으로 평가하는 사람들도 있었다. 첫째는 공산주의를 주장하는 레닌도 노력(노동 - 연구자)으로 형성한 재산의 소유는 인정하였다고 하여 공산주의 국가에서도 사유재산제도를 실시한다고 보았다.[36] 또 사회주의의 일종인 국가사회주의는 노동자의 생활 향상을 위하여 노력하지만 현 사회제도와 사유재산제도를 인정한다고 하여 사회주의 중에도 사유재산제도를 인정하는 경우가 있다는 것을 이해시키려 하였다.[37] 둘째는 사유재산을 정당한 경제활동의 대가로 이해하였다. 따라서 아편 판매, 주류의 제조와 판매, 도박, 고리대금업, 어음의 고가할인, 알선업

---

34) 「社會改造의 諸思想」, 『東光』 1931년 6월호, 73면.
35) "原始基督教의 이러한 思想과 實踐도 漸漸 稀薄하여지고 마침내 富者는 財産을 가지대 貪心을 없는듯이하고 貧者는 財産을 求하지말고 現狀에 感謝, 滿足할 것이라는 敎理로 變하야 第四紀에는 完全히 私有財産制度와 野合하고 말앗다." "하느님이 所有慾을 없이하지않는 以上 基督의 慈善心만으로는 原始基督教의 共産思想의 實現은 三井이 天國에 들어갈 수 없는 것과 같이 不可能한 일이다." 윗글, 73면
36) 안국선, 앞글, 1921년 7 · 8월호, 5면.
37) 김준성, 「기독교와 사회주의」 20, 『신보』 1930. 10. 1.

등의 부정한 방법으로 재산을 축적해서는 안 된다고 하였다. 즉 사유재산은 제국주의자들과 같이 남의 것을 수탈하여 축적해서는 안 되고 정당하게 노력하여 축적할 것을 주장하였다.[38] 셋째는 자본가의 사유재산은 노동자의 잉여가치를 착취한 것이 아니라 자본가가 사회의 경제적 요구에 부응하여 경제활동을 영위한 결과로 받은 것이며, 경제적 공리(公利)를 획득한 것으로 규정하였다. 대표적인 예로는 자동차 회사를 경영한 헨리 포드(Henry Ford)를 들고, 그의 경제활동은 자신의 이익과 사회의 공익을 위하여 노력하고 그 대가를 획득하였으므로 정당한 이윤 획득이라고 보았다.[39] 사유재산을 자신의 이익뿐만 아니라 사회의 공리를 위하여 활동한 경제적 대가라고[40] 규정하게 되었다. 기독교인들은 자본가의 기업활동을 사회에 대한 봉사로 생각하고, 봉사의 대가를 축적한 사유재산을 정당하게 여겨 자본축적의 기반을 형성하였다. 즉 자본은 수탈로 이루어진 것이 아니라 경제적 봉사의 대가를 축적한 정당한 것으로 평가하였다.

식민지 조선의 기독교인들은 자본축적을 위한 사유재산제도의 정당성을 여러 가지로 모색한 결과 인간의 악한 천성을 순화시키기 위하여 사유재산제도가 필요하다고 주장하였다. 또 경제활동을 사회에 대한 봉사로 정의하여 사유재산은 자본가의 사회적 봉사의 대가로 평가하였다. 이에 따라 자본축적도 정당화되었고, 공산주의자들의 잉여가치착취설에 대응하여 자신의 정당성을 주장하게 되었다.

---

38) 鄭尙仁, 「信者와 金錢」, 『신학지남』 1930년 5·6월호, 38면.
39) 河敬德, 앞글, 1930. 9, 19면.
40) 하경덕, 윗글, 19면.

2. 자본의 사용에 관한 인식

앞에서 고찰한 바와 같이 한국 기독교인들은 자본축적의 기반인 사유재산제도를 정당하게 평가하고 자본축적을 촉구하였다. 특히 자본가의 노력을 사회적 봉사로 규정하여 봉사의 대가를 소유하는 것은 지극히 당연한 것으로 보았다. 그러나 제국주의의 침탈로 인한 생활의 고통과 영세한 자본의 어려움은 현실적으로 그들을 괴롭히고 있었다. 특히 일제는 생산수단을 독점하고 식민지 초과이윤을 독식하였으므로 식민지 토착자본가들은 제국주의의 수탈을 극복하기 위하여 탁월한 자본의 투자를 요구하였다. 탁월한 자본투자 방법으로는 그리스도의 교훈과 그에 따른 사유재산의 선용을 들었다.[41]

일제의 수탈에 대응하여 사유재산의 기독교적 사용을 적극적으로 검토한 정상인(鄭尙仁)은 사유재산으로 정당한 생산활동에 참여할 뿐만 아니라 선교와 교육 그리고 자선사업과 가난한 자의 구제에 적극적으로 사용할 것을 요구하였다.[42] 'YO生'은 예수는 재산의 유혹과 사유재산의 탐욕이 민족애와 동포애를 발현하는 데에 방해물이 되므로 사유재산에 관한 지나친 집착을 경고하였다. 하지만 사유재산을 부정하고 공산주의를 주장한 것은 아니며, 예수의 사상은 사랑과 정의의 사회주의를 주장하였다고 하였다.[43] 즉 예수는 부(富)의 멸절을 주장

---

41) 이대위, 앞글, 『청년』 1923. 9, 10면; 홍병선, 「교회와 사조」 7, 『신보』
   1923. 9. 5; 매도날, 앞글, 『신보』 1926. 6. 9; 이대위, 「世界覺悟中 朝鮮
   의 勞工問題」, 『청년』 1926년 8월호, 5면.
42) 정상인, 앞글, 38면.
43) "이렇게 酷한 言辭로써 財産의 誘惑과 惡影響을 警告하시었으니 예수는
   私有財産의 貪慾이 民族愛 同胞愛의 理想의 發顯을 防止하는 障碍物로
   믿으셨다. 然이나 예수는 일즉붙어 財産의 共産主義들(를의 誤記로 보임

한 것이 아니고, 중세에서와 같이 경제적 부(富)를 부정하는 것도 아
니다. 부(富)를 공적인 신용물로 여겼으며, 정당하게 얻은 재물을 선
용하는 것은 칭찬하고 악용하는 것은 경계하였다[44]는 것이다. 예수는
사유재산제도를 부정하거나 경제적 활동으로 정당하게 얻은 재산을
부정한 것이 아니라, 재산에 대한 이기심과 악용을 경고하신 것으로
"진정한 경제학"의 입장에서 재물을 화폐가치로 측량하지 않고 선용
과 효능의 여하로 가치를 결정하였다고 하였다.[45] 예수는 사유재산을
선용하여 인간의 삶에 유용하게 쓸 것을 장려하였다고 보고, 적은 자
본이라도 유용하고 가치 있게 사용할 것을 주장하였다.

　일제의 수탈에 대응하여 사유재산의 선용을 주장하던 기독교인들은
사유재산이 소수에게 독점되어 남용되는 것은 반대하였다. 성직자들의
재산에 대한 절제를 요구하였고, 직업적 설교자는 지상의 재화를 타인
에게 해가 되지 않는 범위 내에서만 소유하라고 하였다.[46]

연구자) 主張하신적은 없었다. 오히려 正義와 愛의 共産主義를 明示하신
　　것이다." YO生, 「예수의 社會思想」, 『眞生』 1929년 10월호, 55~56면.
44) "그(예수-연구자)는 富를 否定하고 富의 滅絶을 主張하신바도 아니고
　　中世의 聖徒들과 같이 經濟的 財를 否定하신것도 아니다. 마태 二十五章
　　十四節-三十節의 比喩를 보면 잘알것이다. 요컨대 그 財産이란 公的 信
　　用物이어서 이것을 어떻게 善用하랴에 問題이었다. 그는 정당히 얻은 財
　　物을 肯定할뿐만아니라 이는 善用하는 者에게 稱讚하시면서 財物의 惡
　　用을 警戒하시었다." YO生, 윗글, 56면.
45) "如斯히 예수께서는 眞正한 財物을 貨幣價値로 測量치 않고 그 善用과
　　效能如何로 決定할 것이라하시엇다. 여기서 眞實로 예수께서는 眞正한
　　經濟學의 立場에서 財物을 看過하신 것은 窺得할 수가 있다." YO生, 윗
　　글, 56면
46) "基督教會 內의 職業的 說教者들은 적어도 嚴密한 原則下에서 所有物과
　　地上의 財貨를 他人의게 陋를 끼치지 아니하리만치한 限度 內에서는 此
　　를 得함이 穩當하며 其以上에 限하여서는 此를 放棄치 아니하면 不可할
　　것이다." 金鐘弼, 「社會問題에 對한 예수의 見解」, 『神學世界』 1927년 2

제국주의의 수탈적자 대응하며 사유재산의 선용과 공정한 소유를 주장하던 기독교인들은 공산주의자들의 사유재산제도의 철폐에 대해서는 적극적으로 반대하였다. 그리고 공산주의자들이 사유재산을 박탈하여 인민에게 분배하려는 것을 사회주의의 근본 원리를 잘못 이해한 현상으로 여겼다.[47) 기독교인들은 사유재산에 대한 사회주의의 원리는 사유재산제도를 근본적으로 파괴하는 것이 아니라 "인간이 공형(共亨)할 공권(共權)을 단용(單用) 또는 독점"하는 것에 반대하는 것으로 보았다. 그리고 우주만물은 개인의 사유물이 아니고 조물주의 공탁물이므로 독점은 종교적 율법에도 어긋나는 것으로 여겼다.[48) 기독교인들은 사회주의를 재원(財源)의 독점을 철폐하는 이론으로 생각하고, 사유재산은 하나님이 주신 것으로 정당한 것이니 독점하고 남용하지 말고 인간의 삶을 향상시키는 사업에 선용할 것을 주장하였다. 즉 사유재산을 인격적 윤리적으로 사용하여 인류의 발전에 기여하며, 그 소유는 종교적으로 합당하다고 평가하였다.

사유재산의 인격적 사용을 요구하던 기독교인들은 부를 인격의 수양으로 정의하기도 하였다. 1920년대 초에 사이도(濟藤實) 총독에게 언론문제를 조언했던[49) 노정일(盧正一)은 러스킨(John Ruskin)의 부

월호, 60면.

47) "今日의 社會主義者 그 主義와 行動이 그 根本主義에서 脫線한 故로 一般人의 誤解를 得한 것이다. 社會主義 그것은 決코 人民의 私有財産을 剝奪하거나 또는 이를 分配하는 殘忍無道의 行動을 하는 것이 아니다." 崔啓哲, 「基督敎와 社會主義」, 『眞生』 1930년 3월호, 47면.

48) "社會主義者의 所謂 破壞라는 것은 人間의 私有財産을 根本的으로 破壞한다는 것이아니요 人間의 共亨할 公權을 檀用 또는 利用하는 制度에 反對한다는 意味이다고 하였다. 社會主義의 根本主張은 우리 基督敎敎會 中 宇宙의 萬物은 個人의 私有物이 아니고 造物主이신 神의 供託物이라고하는 그 意義와 共鳴되는 것이다." 최계철, 윗글, 47면.

49) 姜東鎭 『日帝下 韓國侵略政策史』, 한길사, 1980, 193면.

의 정의를 다음과 같이 소개하였다.

> "富는 財貨의 莫大한 積蓄이 안이요 道義的 關係에 立한 高尙하고 强
> 健하며 眞情하고 정의한 인격을 양성하야 인격적 봉사를 구득할 수
> 잇고 지배할 수 잇는 人格의 勢力을 有하는 것이 卽 富가 되는 것을
> 개(깨의 오기로 보임 — 연구자)다를대 우리는 몬져 天賦한 모든 潛
> 勢力을 圓滿히 發展하야 적거나 크거나 社會에 人格的 奉仕를 貢獻할
> 수 있는 人格이 될 수 잇는 可能性이 有한 것을 自信할 수 잇스며 그
> 러한 人格을 多數히 養成하는 것이 富의 圖謀 中에도 可能한 圖謀인
> 것을 알수가 잇슴내다."[50]

노정일은 부는 도덕적고 고상하며 강건하고 진정한 인격을 가지고
사회에 봉사하는 것이라고 주장하였다. 그리고 인격적 부의 정의를 채
용해야만 한국인도 부를 소유할 수 있으며, 마르크스의 정의에 따라
재화의 축적을 부라고 하면 한국인은 부를 소유할 가능성이 없다고
보았다.[51] 공산주의자들이 주장하는 부의 정의를 버리고 러스킨의 부
의 정의를 받아들여야 한국인도 부를 소유할 수 있다는 것이다. 노정
일은 마르크스의 이론을 부정함으로써 힘을 얻어 가던 공산주의를 비
판하였을 뿐만 아니라, 일제의 침략과 수탈 속에서 식민지인들의 부의
획득을 정신적 방면으로 전환시키는 역할을 담당하였다. 즉 식민지의
경제적 제약하에서 이론적이나마 도덕적이고 정신적인 부의 개념을
주장하여 현실의 어려움을 극복하려 하였다고 하겠다.

식민지의 경제적 제약을 극복하는 정신적 도구로 사용된 러스킨의
부(富)의 정의는 강명석에 이르러 재화의 가치문제로 발전하였다. 러

---

50) 노정일, 「人生의 二大問題」, 『靑年』 1922년 1월호, 17~18면.
51) 노정일, 윗글, 16~17면.

스킨은 부를 재화의 사용에 따라서 정해지는 것으로 여기고, 사랑과 희락과 찬탄의 모든 것을 포함한 도덕적 존재인 인간의 생활을 진정한 가치로 또는 부로 정의하였다는 것이다.[52] 그러므로 러스킨의 부(富)의 정의에 따르면 재화의 소유가 부가 아니라 재화의 인격적 소비가 부이며[53] 소유보다는 좋은 방법으로 소비하는 것이 진정한 부라는 것이다. 이러한 부의 정의는 식민지의 영세한 자본가들이 적은 자본이라도 이상적이고 효율적으로 사용할 것을 권장하는 이론이며, 더하여 종교적 윤리를 자본에도 적용하는 기독교적인 부의 정의이다.

러스킨의 부의 정의는 영세한 자본의 이상적인 선용 방법을 제시하는 데 그치지 않고 자본축적의 정당성을 확립하는 데에도 이용되었다. 김광훈은 물건의 가치는 노동이 창조하는 것이 아니라 재화가 본원적으로 소유하는 효용성에서 비롯된 것이라고 주장하였다.[54] 김광훈은 마르크스의 노동가치설을 부정하고 러스킨이 주장하는 재화의 본원적 효용이 가치를 창조한다는 것에 동의하여 재화의 소유가 가치를 생산한다고 하였다. 나아가 가치는 물질적인 것에 그치는 것이 아니라 정신적인 것이며 재화의 소유와 소비를 명령할 수 있는 인격으로 나타난다고 하였다. 김광훈은 러스킨의 부의 정의를 이용하여 마르크스의 노동가치설을 비판하고 자본의 본원적 효용을 강조하였으며, 나아가 자본축적은 잉여가치를 착취한 것이 아니라 자본의 본원적 효용에 대한

---

52) 강명석, 「존 러스킨의 經濟思想」, 『청년』 1927년 7・8월호, 20면.

53) 강명석, 윗글, 20면.

54) "맑스는 리가드의 설에 의하여 노력을 價值의 기본으로 삼으려고 하엿으나 그실은 價值를 결정하는 것은 노력만이 아니오 러스킨의 말과 같이 그본질적인 效用性 즉 인산생활의 발전향상에 봉사라고 할만한 效用性이 제일이도 인산의 욕망과 그물품의 분량은 노력과 동양의 價值를 결정하는 판단의 요소입니다." 김광훈, 「맑스의 經濟論과 그批判」, 『新生』 1930년 11월호, 9~10면.

대가를 축적한 것으로 정의하여 자본축적을 정당화하였다.

일제하 한국 기독교인들은 자본은 물질적인 것만을 지칭하는 것이 아니라 재화를 신(神)의 의지에 맞게 사용할 수 있는 인격을 포함한 것으로 인식하였다. 나아가 재화의 효율적 사용을 가능하게 하는 인격의 양성 자체를 자본축적이라고 인식하였다.

1920년대 초부터 간간히 언급되었던[55] 러스킨의 부의 정의는 1920년대 말에 이르러 노력으로 정당하게 얻은 소득을 사유재산으로 축적하고 인격적으로 활용하여 인생의 가치를 극대화하는 방법으로 제시되었다. 그리고 기독교적 윤리를 자본의 활용에도 적용하게 만들어 교회가 산업활동을 장려하고 자본의 선용을 권장하는 역할 담당하게 만들었다. 즉 적은 자본이라도 효율적으로 사용하는 것이 부의 축적이라는 영세한 자본의 논리가 러스킨의 부의 정의와 맞아 떨어져 종교적 윤리로 발전하였다고 할 것이다.

제국주의의 침략으로 자본축적에 실패한 식민지의 토착자본가들은 식민지 자본주의화에 적극적으로 참여하였다. 그러나 이들이 일제와의 경쟁에서 살아남으려면 자본축적이 우선적으로 필요하였고 다음으로는 축적된 자본을 성공적으로 투자하는 것이 필요하였다. 즉 일제의 수탈과 독점을 극복할 경영비법(經營秘法)이 요구되었다. 한국 기독교인들은 일제의 수탈에 대응하여 종교성을 정신적 인격적 자본의 축적에까지 적용하기에 이르렀다. 구체적 서술이 없어 단정할 수는 없지만, 인격적 자본의 축적과 사용은 자본의 축적에 더하여 기술과 경영 그리고 일제의 수탈정책을 극복할 수 있는 인격과 지혜의 필요에서

---

55) 노정일, 「人生의 二大問題」, 『청년』 1922년 1월호, 강명석, 「존 러스킨의 經濟思想」, 『청년』 1927년 7·8월호, 김광훈, 「맑스의 經濟論과 그 批判」, 『新生』 1930년 11월호.

나온 결과일 것이다.

3. 자본가에 관한 인식

식민 지배하에서 자본축적의 어려움을 정신적 자본의 축적과 자본의 효율적 사용으로 극복하려던 기독교인들은 자본가에 대해서 이중적인 인식을 가지고 있었다. 대자본가(大資本家)에 대한 시기와 선망이 교차하여 긍정적인 인식과 부정적인 인식이 중첩되어 있다.

먼저 자본가에 대한 부정적인 평가를 살펴보면, 자본주의의 모순은 자본주의 제도에서 비롯되는 것이 아니라 비도덕적인 자본가와 이들의 "공가제도(工價制度: 임금제도 – 연구자)"의 운영에서 유래된다고 하였다.

> "이 點에 잇서셔 私産은 本來 文明進化의 産物이 되는 同時에 能히 人類社會의 文明을 促進식히는者라 흔다. 그의 言論중 現在 社會에 허다흔 罪惡이 發生흐는 것은 다 私産 그것으로 말미암음이라흠에 對하야 말하되 그것은 私産本身의 罪惡이라흠보다 사름이 그것을 誤出한 까닭이라흔다. 이 點에 잇셔서는 우리도 또한 現時社會上 私産制를 贊成흐는 것이 아니라 도로혀 그것을 制限 또는 改良흐야 다시는 人類社會의 罪惡의 淵源이 되지안키를 求흔다흐는것이다."[56]

이대위는 자본주의의 모순은 사유재산제도에서 비롯되는데, 사유재산의 사용은 소유자에 의하여 결정되므로 자본주의제도의 모순은 자본가들의 자본운영에 있다고 보았다. 비도덕적 비인격적 자본가들이

---

56) 李大偉, 「基督敎가 現代 資本主義에 對하여 取할 態度」 3, 『신보』 1924. 1. 16.

자본을 잘못 사용하여 자본주의 모순을 유발한다는 것이다. 바꾸어 말하면 비인격적 침략자들의 수탈 때문에 자본주의 모순이 나타나므로, 제국주의의 침략과 수탈을 극복하면 자본주의는 건전하게 발전할 수 있다고 생각하는 것이다. 즉 일제의 침략을 극복하면 조선의 자본주의는 발전한다고 보았다.

이대위는 자본운영의 형태를 "권력적 산업"과 "이용적 산업"으로 구분하고, "권력적 산업"은 산업을 이용하여 권력을 획득하고 그 권력으로 인간을 압제하는 것으로 정의하였다.[57] 권력적 산업활동은 사람의 복리를 증진하는 것이 아니라 인간을 압제하고 수탈하는 것으로 보았다. 산업이 인간을 위하여 존재하는 것이 아니라 인간이 산업의 이익을 위하여 희생당하고 있음을 비판하였다. 일제의 수탈과 착취를 권력적 산업활동으로 개념화하고 비도덕적이고 비인격적인 자본활동이라고 비판하였다.

그리고 "권력적 산업"의 폐해는 산업의 다과(多寡)가 문제되는 것이 아니라, 평균적으로 가지지 못하여 많이 가진 자가 횡포를 부리는 데에서 비롯된다고 보았다. 산업을 가진 소수가 공가제도(工價制度)를 이용하여 부의 대부분을 차지하므로 부익부 빈익빈해지며, 자본을 소유한 부자는 임의 방종하고 전제하여 노동자는 바늘 꽂을 땅도 없게 되었다는 것이다.[58] "권력적 산업"의 폐해는 인간의 삶을 고통스럽게

---

57) "今日의 形勢를 보라 假令 흔사름이 아모 産業으로써 地上의 權力을 삼아 다시 그 權力을 가지고 人類를 압계ᄒᄂᆫ 것은 事實이다. 이를 보건딕 사름이 産業의 支配를 밧ᄂᆫ 것이오 사름이 産業을 利用ᄒᆯ줄은 아지못ᄒᄂᆫ 까닭이다." 李大偉, 윗글.

58) "다시 말ᄒ면 大多數의 財富ᄂᆫ 小數資本家의 弄絡ᄒᄂᆫ 手中에 잇고 多數흔 民衆은 뎌들의 自由와 自養의 權利를 失ᄒ야 完全히 뎌들의 寄生蟲生活을 마지아니ᄒ게 되엿다. 이로 보건대 現在의 資本家와 勞動者 間에 戰爭이 發生ᄒᄂᆫ 最大原因은 許多의 勞動者들이 밧ᄂᆫ바 勞銀이 도저

하는 것으로 그치지 않고 인간을 타락시키고 사회발전을 막는데까지 이른다고 생각하였다.[59] 결국 이대위의 권력적 자본에 관한 비판은 일제가 식민지 권력을 이용하여 부를 독점하고 식민지 민중의 삶을 타락시키므로 반드시 극복해야 한다고 주장하는 것이다. 이것은 자본주의 제도 자체에 관한 비판이 아니라 자본주의 발전에 적극적으로 참여하기를 희구하였으나 일제의 방해로 참여하지 못하는 식민지토착 자본가의 비판이라 할것이다.

기독교인들은 당시의 경제적 어려움은 자본주의제도에서 유래된 것이 아니라 비도덕적인 자본가(제국주의 침략자)의 횡포와 수탈에서 비롯되는 것으로 인식하였다. 이것은 기독교인들이 자본주의를 부정하는 것이 아니라 침략자들의 수탈을 비판하는 것이며, 자본주의 발전에 적극적으로 참여하려는 욕구를 간접적으로 표출한 것으로 볼 수 있다. 기독교 토착자본가들은 공산주의자들의 제국주의에 대한 비판에 동의하였으나 자본주의제도와 사유재산제도를 부정하는 데에 이르러서는 공산주의와 보조를 맞출 수 없었다. 여기서 기독교인들의 사회주의에 관한 긍정적 이해는 사라지고 부정적 견해가 힘을 얻었으며, 공산주의 운동이 과격해지면서 반(反)공산주의적 분위기는 강화되어 갔다.

기독교인들의 자본주의 발전에 참여하려는 의지는 기업가의 정신을 높이 평가하는 데에서도 나타났다. 한말 독립협회의 발기인이며 군부 대신(軍府大臣)을 지낸 안경수의 양자로 탁지부 서기관과 청도군수

히 며 少數資本家의 勞動ㅎ지안코 엇는 暴利에 比ㅎ수업는 까둙에 富益富ㅎ며 貧益貧ㅎ야 終日 勞動에 子女敎養은 尙矣 勿論이오 自身의 忠僕이 問題가 되는때에 私産의 富者는 任意 放縱ㅎ야 一切의 것을 專斷홈으로써 眞正의 勞動者들은 有口無言이오 立錐의 地도 업게되는 것이다." 이대위, 윗글.
59) 이대위, 윗글.

그리고 '조선인산업대회발기위원회'의 조사위원을 지낸 안국선(安國善)[60]은 생산의 요소로 토지, 자본, 노동, 기업을 들었다.[61] 이러한 경향은 자본가와 기업가를 분리하여 인식하는 것으로 자본가보다는 경영자를 높게 평가하는 것으로 보인다. 이러한 인식은 신흥우(申興雨)에게서 구체적으로 나타난다.

> "엇더한 學者는 第四 要素를 말하나니 그들의 言論으로 볼진대 비록 自然과 資本과 勞力의 三要素가 잇슬지라도 그들이 各各 分離 散在할진대 生産이 될 수업는 故로 반다시 第四의 要素 企業家가 잇셔셔 以上 三者를 合하야 人의 要求하는 바를 觀察하야 時期에 適合하게 生産케할者이 업지못할 터인고로"[62]

신흥우는 자본가와 분리된 기업가 즉 수요를 예측하고 시장을 개척하는 경영자의 능력을 중시하고 분배에서 기업가의 몫을 필히 구분할 것을 주장하였다.[63] 뿐만 아니라 강명석은 샤를 푸리에의 분배론을 공정하다고 소개하면서 출자자(4/12)와 구분하여 지휘하고 감독한 사람에게도 분배의 몫 (3/12)을 할당하였다.[64] 김준성은 지휘하고 감독한 사람에 대한 분배의 몫으로 재능에 대한 분배로 분류하였다.[65]

기독교인들은 자본을 출자한 사람과 사업을 경영하는 사람을 구분하고 경영자의 역할을 높이 평가하였다. 이렇게 자본가와 경영자를 구

---

60) 金榮敏, 「李人稙과 安國善 文學 比較 硏究」, 『東方學志』 70, 1991, 257~270쪽, 崔起榮, 「한말 안국선의 기독교 수용」, 『한국기독교와 역사』 5, 1996.
61) 안국선, 「經濟上으로 見한 半島의 將來」續, 『靑年』 1921년 5월호, 5면.
62) 신흥우, 「近代思想과 靑年의 危機」, 『청년』 1921년 12월호, 13면.
63) 신흥우, 윗글, 13면.
64) 강명석, 「空想的 經濟思想論」속, 『靑年』 1927년 11월호, 28~29면.
65) 김준성, 「基督敎와 社會主義」 14, 『신보』 1930. 4. 9.

분하는 것은 당시로서는 상당히 선진적인 주장이지만 이러한 선진성은 자본주의의 성장에서 오는 것은 아니라고 생각된다. 기독교인들이 자본가와 기업가를 구분하는 것은 영세한 토착자본이 기업활동에서는 투철하지만 실제 투자된 자본과는 유리되어서 이자로 또는 배당으로 자본가의 몫을 구분할 현실적인 필요가 있었기 때문이라고 생각된다. 즉 기업가가 이윤을 산출하지만 자본가(일제가 장악한 제도 금융이나 일인 대금업자-필자)에게 이자를 지불해야 하므로 자본가와 기업가를 분리하게 만들었고, 이윤의 생산자인 기업가에게 이윤을 분배하는 것을 당연하게 여긴 결과라고 할 것이다.

1920년대에 기독교인들은 자신들이 처한 경제적 상황을 통해서 일제의 비인간적 비도덕적 자본축적과 생산수단의 독점에 대한 비판적 안목을 획득하였다. 그러나 자본주의 발전을 목표로 삼았기에 자본주의와 사유재산제도의 부정에는 이를 수가 없었다. 이들은 자본주의 발전에 참여하기 위하여 사회적으로는 실력양성을 주장하였고, 사상적으로는 생산기관의 공유를 주장하는 공상적 사회주의를 주목하였다. 그러나 공상적 사회주의의 실시는 사실상 불가능했고, 현실적 해결방안의 모색이 절실해졌다.

그것은 1929년에 일어난 세계경제공황의 파괴적 영향으로 더욱 절실한 과제가 되었다. 일본의 후진 자본주의는 공황의 여파를 식민지에 전가하거나 전쟁을 통한 수요의 증대로 해결하였다. 그러므로 식민지 토착자본가들은 더욱 가혹해진 경제현실에 무방비 상태로 노출되었고 경제문제는 모든 문제를 압도하게 되었다. 한편 공산주의자들도 과격해졌으므로 기독교인들이 공산주의자들과 보조를 맞출 수 있는 사회적 기반도 붕괴되었다. 그 결과 기독교인들은 자신들의 목표 즉 자본주의화를 달성하기 위하여 매진하게 되었다.

제3절 토지와 자본재에 관한 인식

1. 토지와 자원에 관한 인식

일제의 토지 침탈로 고통당하던 식민지 조선의 기독교인들은 토지는 생존을 위한 필수품이므로 공유해야 하며, 황무지 개척은 사용권만 인정하라고 하였다. 지주들의 횡포가 극심한 상황에서 토지의 독점적 소유를 전면적으로 부인한 레닌의 토지론을 소개하고, 토지 독점은 조화주(造化主)의 본의에 맞지 않는 것으로 규정하였다.[66]

이것은 토지조사사업 이래 강화된 일제의 토지독점과 지주경영을 비판한 것이라고 하겠다. 식민지 조선의 기독교인들은 소련의 토지제도를 참고하여서라도 식민지 토지제도의 모순을 비판하려는 의도를 가지고 있었다. 그러나 공산주의를 부정하는 기독교적 분위기에 압도당하여 적극적으로 지지하지 못하고[67] 소개하는 것으로 일제의 토지

---

66) "土地는 空氣와 日光과 갓치 天然的으로 人生에 필요한 것인대 何人이던지 獨占하야 他人의 共用을 排斥할슈업는 것이라. 空氣와 日光을 或人이 獨占하고 他人의 共用을 不許하면 他人은 모다 直時에 死滅하겟도다. 土地도 그와갓치 獨占할 수 업는 것인데 何時의 何法으로 何人이 何權利로 創始하얏는지 土地의 所有權이라하든 것이 社會의 公約갓치 成立되얏스니 土地를 엇지 所有하너냐. 人이 勞動하야 荒蕪土地를 開拓하얏다 하면 그 勞力의 結果로 그 土地는 基人이 使用하지만는 이것은 勞動의 報酬로 하야 基人의 使用權만 잇슬것이지 土地를 所有치 못하며 子孫에게 相續하는 것도 合理하지 아니하고 賣買의 目的物 삼는것도 不當하다합니다. 故로 土地는 社會萬民의 共有요 一個人의 獨有가 되지못할 것인즉 過去及 現在의 制度가 土地의 所有를 認定한 것은 天主가 人生을 爲하야 備供한 本意에 違背함이요 造化主에 對한 大罪惡이라 共産主義派들은 한다합데다." 안국선, 앞글, 1921. 7·8월호, 5면.

67) "무엇 레닌主義에 合理와 正道가 잇너냐고? 예, 어느 主義던지 合理와 正道가 업스면 行하지 못하는 것이요. 레닌主義가 果然 世界를 征服하겟

독점을 비판하였다.

안국선의 견해보다 일보 전진하여 이원(利源)의 합병을 주장하는 경우도 있었다.[68] 국가 단위로 생산조합을 운영하면 개인이 대규모 자본을 동원하지 않아도 생산수단을 이용할 수 있어 생산수단의 독점을 막을 수 있다고 보았다. 또한 상품의 판매와 소비에서도 모든 국민에게 균등히 분배하면 불필요한 생산을 없애고 판매 경쟁도 막을 수 있다고 하였다. 즉 국가 단위의 생산수단을 국민에게 개방한다면, 생산설비에 들어가는 개인적 어려움도 없어지며, 고리대금업자도 없어져, 노동하지 않고 기생하는 무리와 실업자가 없어질 것으로 기대하였다. 또한 수요를 예측하고 생산량을 계획할 수 있으므로 과잉생산으로 인한 물자의 낭비와 판매 경쟁도 방지할 수 있다고 보았다.

기독교인들은 자신의 노력으로 획득한 사유재산은 적극적으로 옹호하였으나 생산수단의 독점은 반대하고 오히려 공유를 주장하였다. 이것은 식민정권의 후원으로 부당하게 생산수단을 독점하고 그 결과마저 독식하는 일본자본을 비판하려는 것으로 국민경제의 건설을 절실

너냐고 무르시니 그 主義에 合理正道가 잇스면 何時던지 世界가 그 主義下에 服從할 것이며 合理와 正道가 업스면 一時는 勢力이 雄壯할지라도 終末에는 消滅하는 法이지요" "레닌主義의 運動과 各國이 禁遏하는 勢力과 互相對峙하야 奮鬪하는 結果-야 엇지될는지 모르지요 前에 言함과 갓치 그 主義에 合理와 正道가 잇스면 從來에는 得勝할 것이요 그럿치 아니하면 消滅하고 말터이지요." 안국선, 앞글, 1921. 7. 8월호 4~6면.

68) "그 國家는 맛당히 그 民의 大生産組合이 되고 각 개인은 그중에서 용감한 株主와 同事者가 되어야할 것인데 그는 곳 現時 資本家와 勞動者間의 爭鬪를 革除하는 一 方法이며 資本과 勞力이 一物이 되는 時에 勞財 兩級에서 起하는 것은 문제도 될것이 없다. 그리하고 現時 商工業者가 부담하는 稅金과 利殖은 다시는 社會 上에서 生産치 안코 寄生食하는 人類의 手에 入지 못하게 할 것이다." 이대위, 「社會主義와 基督敎思想」, 『청년』 1923년 4월호, 13~14면.

히 기대하였다고 보인다. 이대위가 주장한 생산수단의 공유는 일제의 차별정책으로 고통받는 후진 토착자본가의 입장에서 일제의 경제적 독점을 비판하고 생산수단의 공유와 상품시장을 요구한 것이라고 하겠다.

1920년대 초반에 기독교 자본가들은 일본 자본가들과의 경쟁에서 낙오하고 있었다.[69] 독일과 같은 후발 산업국가에서는 보호무역주의로, 러시아와 같이 봉건적 폐해가 극심한 곳에서는 공산주의로, 일본과 같은 후진 자본주의 국가에서는 국가가 주도하여 자본주의적 산업화를 지원하고 있었으나, 식민지 조선의 토착자본가들은 경제발전에 필요한 국가적 지도와 지원을 전혀 기대할 수 없었으며 오히려 착취와 수탈의 대상이었다. 자본주의화에 참여하려던 한국의 기독교 자본가들은 자본의 영세성, 기술부족, 미약한 경쟁력의 해결을 절실히 요구하였으나, 이러한 사업을 선도해 줄 국가가 없었다. 총독부도 이러한 요구를 외면하였으므로 자체적인 해결을 위하여 생산수단의 공유를 주장하게 되었고, 자본주의의 모순을 제국주의의 수탈현상으로 비판하였다. 자본주의화를 추구하는 식민지 토착자본의 어려움이 노력한 대가를 사유하는 것은 정당하게 인정하였지만, 생산수단의 독점과 불로소득의 향유는 사유재산제도의 모순으로 비판하는 이중적인 태도를 가지게 하였다.

영세한 자본가로서 일본 제국주의 자본을 비판하던 한국 기독교인들은 『신명기』와 예언서들에 나타난 유태 사회의 소유론을 주목하였다. 유태인들은 토지는 본래 하나님의 소유로, 인간은 하나님으로부터 소유권을 위임받아 관리한다는 '토지관리'사상을 가졌다고 하였다.[70]

---

69) 이한구, 앞글, 135~157면.
70) "社會主義의 根本 主張은 우리 基督敎의 敎理 中 宇宙 萬物은 個人의

이러한 토지관리사상은 독점적 소유권이 발달한 가나안 정착 이후에도 남아 토지 소산물을 공유하는 전통으로 이어졌다고 보았다. 즉 추수할 때 과일과 이삭을 두 번 떨지 않고 남겨두어 가난한 사람들이 가져갈 수 있도록 하였고, 굶주린 자들이 농산물을 손으로 가져가는 것은 묵인하였다는 것이다.[71] 구약성경은 유태사회가 부원(富源)을 공유하는 공산사회였으며 사유재산제도를 시행한 뒤에도 그 전통은 없어지지 않았다고 하였다.

토지관리사상의 이해는 안식년의 고찰로 이어졌다. 공동 부의 원천인 자연(토지와 자원 – 연구자)이 훼손되는 것을 막기 위하여 유태인들은 안식을 실시하였는데[72] 그중에서 가장 적극적인 안식은 가난한 자를 구제하고 소유의 관리 사상을 구현한 방석년제도라고 하였다. 이 제도는 매 7년마다 모든 채무를 탕감하고 노예를 해방하며 7번째 방석년은 희년으로 모든 부동산을 원래의 소유자에게 돌려주어 생산수단을 원시적 공동분배 상태로 회복시키는 제도라고 설명하였다.[73] 기독교인들은 희년제도를 인간의 능력을 최대한 보장하면서도 재원의 편중을 막고 부의 소유를 공평하게 만드는 제도로 인식하였고,[74] 생산수단의 공유를 신앙생활로 이해하게 되었다. 그 결과 생산수단을 독

私有物이 아니고 造物主이신 神의 供託物이라고 하는 意圖와 共鳴되는 것이다." 최계철, 「基督敎와 社會主義」, 『신보』 1928. 2. 1, 金岡, 「基督敎 社會思想硏究」, 『신보』 1928. 2. 1, 一記者 역, 「猶太古典에 現한 社會思想」, 『신보』 1926. 7. 21.
71) 일기자 역, 「猶太古典에 現한 社會思想」, 『신보』 1926. 7. 21, 譯者 不明, 「舊約聖經에 나타난 社會主義」, 『신보』 1923. 7. 21.
72) 일기자 역, 「유태고전에 現한 사회사상」 8, 『신보』 1926. 7. 28.
73) 역자 불명, 「구약성경에 나타난 사회주의」, 『신보』 1923. 9. 5, 일기자 역, 『유태 고전에 現한 사회사상』 8, 『신보』 1926. 7. 28.
74) 일기자 역, 앞글, 1926. 7. 28.

점한 일제를 비판할 종교적 논리를 획득하게 되었으며, 독점적 소유권
이 확립된 이후 나타나는 문제의 해결 방법도 시사받았다고 하겠다.

성경에 나타난 공산주의적 제도를 적극적으로 평가하여 재산의 독
점적 소유권을 종교적으로 부인하는 경우도 있었다.

> "우리는 此財寶에 對ㅎ야 所有者가 아니오 各各 隣人을 爲ㅎ야 此財
> 寶를 管理ㅎᄂ 사름으로 委任權을 맛흔 것뿐이요 絶對의 所有權은 神
> 끠 잇다. 고로 사름으로셔 누구던지 自己의 가지고 잇ᄂ 財寶에 對ㅎ
> 야 自己의 所有權이 잇다고 ᄆ음대로 此를 浪費ㅎᄂ 者는 倫理道德上
> 으로 보아셔는 社會의 敵이오 宗敎立場으로셔는 又를 委任식히신 神
> 끠 對흔 强盜的 行爲이다. ─중략─ 그러나 예수의 精神은 임의 二千
> 年前브터 共産的이엿다. 私有財産權을 根本的으로 否認ㅎ셧다."75)

위의 인용문은 모든 것은 하나님의 소유이므로 재산의 관리를 위임
받은 사람이 관리하는 재보(財寶)를 낭비하는 것은 하나님에게 죄를
짓는 것으로 여겼다. 재산의 알뜰한 사용과 생존을 위한 재원의 공유
를 종교적 윤리로 인식하였다. 결국 기독교인들은 일제의 독점과 수탈
에 대응하여 성경을 중시하고 종교적 비판논리를 개발하였다.

기독교인들은 자본가의 착취가 분배과정에서 발생하는 것이 아니라
원천적으로 생산수단의 소유 여부에 있다고 파악하였다.76) 빈궁문제
를 분배보다 생산수단 독점 즉 재원의 편중을 원인으로 생각하였다.
가가와(賀川豊彦)는 구약시대부터 면면히 계승되어 온 공산주의는 종
교적 교리로 승화되었으며77) 생산결과는 노동에 따라 분배한다고 하

---

75) 김종필, 「社會問題에 對한 예수의 見解」, 『神學世界』 1927년 2월호, 61〜
    62면.
76) 강명석, 「貧窮과 寄生蟲」, 『청년』 1928년 4월호, 47면.
77) 賀川豊彦 著, 赤城學人 譯, 「基督敎社會主義論」 1〜8, 『신보』 1927. 3.

였다. 김강(金岡)[78]은 기독교사회사상의 역사를 고찰하면서 모세의 율법은 사회·경제적 공의를 위한 의협심에서 나온 것으로 현대의 4대 문제인 사유재산, 빈궁, 계급, 노동문제를 해결함에 막대한 가치를 지니고 있다고 평가하였다. 특히 레위기 25장 23절은 소수의 토지독점을 부정하고 토지의 관리사상을 주장하였다고 보았다.[79] 최계철은 레위기 23장부터 25장에 나타난 모세의 사상은 공의(公義)와 인자(仁慈)로 안식년과 희년의 계율을 밝히는 것으로 토지, 인민, 시간은 신(神)의 것으로 여기고, 토지매매를 제한하고, 인간의 노예화는 방지하고, 신(神)의 시간인 안식을 철저히 지킬 것을 요구한다고 하였다.[80] 기독교인들은 성경을 통하여 재원의 공유가 종교적 교리에 합당함을 확인하였으며, 토지와 노동력 그리고 시간은 신(神)의 소유로 신(神)의 위임에 의해 인간이 이용하는 것으로 여겼다. 그 결과 이것들을 독점하고 수탈하는 제국주의 침략을 비종교적인 것으로 비판하게 되었다.

기독교인들은 일제의 수탈로 일어나는 현실에 대해서도 비판하였다. 소요산인(逍遙山人)은 지주들의 소작인 착취를 비인도적이라고 비판하였다.[81] 채필근은 자본가는 이자, 이윤, 지대의 형태로 잉여가치를 할당받아 자본을 집적하고, 그것을 바탕으로 생산수단을 독점한다고 보았다. 그런데 집적된 생산수단이 자본주의를 발전시키는 방향으로

9~1927. 5. 17.

78) "경성협성신학교 영문과를 졸업하고 강원도 등지에서 전도하다가 월전에 서울 광희문 교회로 전임하였다 한다. 아직 청년으로 충실하고 명민하고 겸손한 교역자로 기독신보에 많은 글을 기고하였다"고 하였다. 一 記者, 「교회순례17 : 서울 교회를 차져서 : 光熙門敎會」, 『신보』 1928. 2. 29.

79) 김강, 「기독교사회사상연구」 8, 『신보』 1928. 2. 1.

80) 최계철, 「聖經의 社會學的 考察」, 『신학지남』 1929년 7·8월호, 22~23면.

81) 逍遙山人, 「떡으로 사는 이들」, 『眞生』 1930년 8·9월호, 24~27면.

작용하는 것이 아니라, 다윈의 자연도태설에 따라 몇몇 자본가에게 독점되어 유통되어야 할 생산력이 제한되면 자본주의가 발전되는 것이 아니라 붕괴될 것이라고 주장하였다.[82] 채필근은 카우츠키파가 주장하는 '자본주의붕괴론'을 이용하여, 일제의 지배가 계속적으로 독점과 수탈을 강화하면 오히려 자본주의를 붕괴시킬 것이라고 전망하였다. 일제의 독점과 수탈이 일본의 패망을 가져올 것이라고 암시하는 것이다.

기독교인들은 상속제도에 대해서도 부정적이었다. 생 시몽은 사유재산제도하에서는 우둔한 자도 재산이 있으면 중요한 지위를 차지하고 노고 없이 편하게 살고, 재산이 없는 사람들은 쉴 새 없이 일하여도 살아가기가 어려우므로 노고 없이 막대한 재산을 상속받는 제도는 폐지하여 열심히 노동할 것을 주장하였다.[83] 기독교인들도 생 시몽의 상속제도 폐지론에 동의하였는데, 그것은 선천적·출생적으로 얻은 부(富)를 부정하는 것이며, 부정한 부의 소유를 보장하는 상속제도를 비판한 것이다.

앞에서 살펴본 바와 같이, 한국의 기독교인들은 일제의 생산수단 독점과 그로 인한 수탈을 비판하기 위하여 레닌의 사상과 프랑스의 대생산조합운동을 살펴보았다. 그리고 성경에 나타난 유태사회의 공산주의적 경향을 적극적으로 해석하여 일제 통치에 대한 종교적 비판논리를 형성하였으며, 일제의 수탈로 일어난 현실에 대해서도 강하게 비판하였다. 일제의 수탈과 독점에 관한 기독교인들의 비판은 당시 서구에서 논의되던 카우츠키파의 자본주의붕괴론을 받아들여 일제지배가 가져올 파괴적인 미래를 전망하는 데에까지 이르렀다. 나아가 독점을

---

82) 채필근, 「예수와 社會思想問題」 3, 『신보』 1929. 12. 4.
83) 강명석, 「공상적 경제사상론」, 『청년』 1927년 9월호, 40면.

조장하는 상속제도마저 폐기할 것을 주장하여 노력에 대한 정당한 대가를 요구하였다. 결국 한국 기독교인들은 성경을 이용하여 생산수단과 자원의 공유, 노력의 대가는 정당하게 소유하는 정의로운 사회실현을 주장하였으며, 나아가 일제의 차별지배와 수탈을 극복하려 했다고 하겠다.

2. 근대적 생산수단에 관한 인식

식민정권의 차별적인 지배에 대응하여 토지와 원료의 독점을 종교적 원리로 비판하였던 기독교인들은 생산 기계에 관해서 이중적인 인식을 가지고 있었다.

"공업이 進步하면 기계의 應用이 普及됨으로 失業者가 증가한다. 이것이 窮民이 今世에 漸漸증식되는 所以이다. 又機械工業으로 大規模의 製造를 하면 必然的으로 販路를 擴張아니할 수 업다. 販路의 확장 必然的으로 國際的 競爭을 니르키게된다. 從하야 大資本이 아니면 도저히 될 수 업는 故로 이에 資本의 集中이 必要하게된다. 이것이 今後의 社會가 二三의 資本家만 繁榮하야 大勢力을 占領하게된 所以이다."[84]

"最近 루-루鑛山에서 考案한 새로운 技術의 合理化는 十三萬人의 勞動者를 節約한다고한다. 最近 米國에서는 使用馬力 六%의 增加에 따라 四, 五%의 勞動者가 減少되는 現象을 보이고 잇으니 技術의 合理化는 失業者를 낳고 失業者는 恐慌自體를 부른다."[85]

---

84) 윤근, 「共産主義思潮史」, 『청년』 1922년 10월호, 22면.
85) 임병철, 「世界的經濟恐慌」, 『新生』 1930년 10월호, 13면.

위에 인용한 글들은 기계생산이 발달하면 산업이 발전한다는 긍정적 인식이 없이, 기계생산이 발달하면 실업자가 증가하고, 대량으로 생산된 상품의 판로를 얻기 위해 제국주의 침략이 일어난다고 인식하였음을 보여준다. 이것을 현실에 견주해보면 일본자본의 진출로 나타난 산업화는 식민지 사람들의 삶을 윤택하게 하는 것이 아니라 더욱 어렵게 만든다는 것이다. 기계공업의 발전이 제국주의 침략을 부추긴다는 것이다. 일제의 침략이 가져온 착취와 수탈을 기계공업의 진출과 연관시켜 인식한 것이다.

그런데 기독교인들은 기계공업의 폐해를 실업과 생활고에 연결시키는 데에 그치지 않고 기계공업이 발달하여 1~2개의 대자본에 집중되면 중소자본이 몰락할 것을 염려하였다. 홍병선은 기계가 발달하여 상품이 대량 생산되면 전통적으로 내려오던 가내수공업이 쇠퇴하고 소자본가도 몰락하여 노동자로 전락하게 된다고 보았다.[86] 소공업과 소자본의 몰락, 그리고 소자본가의 노동자화를 구체적으로 인식하고 두려워하였다. 제국주의의 침략으로 인한 식민지 소자본가의 몰락과 이에 연결된 실업문제, 즉 제국주의 침략이 가져온 토착공업의 몰락을 주목하였다고 할것이다.

자본주의 초기 봉건적 수공업과 숙련공들의 몰락은 서구의 자본주의화 과정에서도 나타나는 보편적인 계급분화 현상이지만, 한국은 민족국가 건설에 실패하였으므로 자본주의화 과정이 제국주의 침략으로 강요되었고 그 결과 자본주의의 모순이 증폭되고 토착자본가의 몰락

---

86) "대개 가정안에셔 하든 것이 큰긔계를 사용하야 물건을 만히 마드러내게 되엿다. 그래셔 한편으로는 물건이 만히 나게되고 또 한편으로는 적은 공업은 다깨여지고 대공업이 되엿다. 공업이 발달함을 따라서 큰자본쥬가 생기는 동시에 쇼자본쟈들은 업셔지고 다만 로동쟈 만히 생기게 되었다." 홍병선, 「교회와 스죠」 5, 『신보』 1923. 8. 15.

도 극심하였다. 국민적 자본주의화 과정을 겪지 못한 식민지 가내수공업자나 숙련노동자들은 증폭된 자본주의의 모순을 제국주의의 침략 때문으로 이해한 것이다. 자본주의 모순과 제국주의 침략의 모순을 구분하지 못하고 혼동하였다고 하겠다.

기계공업의 발전에 관한 인식은 상품의 경쟁력과 연관되어서도 나타났다.

"機械 한 臺만 가지면 사람 幾百幾千名이 勞力하는 以上의 物品을 製造할 수 잇서셔 그物件의 代價가 손으로 製造한 物件의 代價보담 廉價일 뿐만 아니라 機械로서 만든 物件이 손으로 만든 物件보담 훨씬 美麗하다. 비단 物品을 生産하는 일뿐만 아니라 物品을 運搬하는 일까지도 機械로한 것이 말할 수 업시 便利하고 速한 까닭에"[87]

"生産機械가 發達됨을 따라 生産은 漸次 勞動力을 省略하고 大量生産이 可能하게된다. 그리하여 多數 勞動者의 勞動力을 들여야 할 生産을 幾個人의 勞動者로 하여곰 能히 同一分量의 生産을 하게함으로 商品生産에 費用節約을 可能하게할 뿐 아니라"[88]

기계생산은 노동을 줄여 생산비를 절감할 뿐만 아니라 물건을 잘 만들어 상품의 경쟁력을 향상시킨다고 보았다. 일제의 발달한 기계공업 제품과 조선인의 수공업 제품을 비교하고, 양질의 상품이 대량으로 생산되어 조선 상품을 시장에서 쫓아낼 것을 염려한 것이다.

이렇게 볼 때 기계공업에 대한 비판은 실업문제에서 시작하여 상품의 경쟁력으로 연결되고 결국에는 토착공업의 몰락으로 귀결되었다. 일제의 기계공업 진출이 조선인 노동자를 어렵게 만들 뿐만 아니라

---

87) 강명석, 「貧窮과 寄生蟲」, 『靑年』 1928년 4월호, 45면.
88) 林炳哲, 「自由競爭의 社會的 影響」, 『新生』 1930년 7월호, 10면.

토착자본가도 몰락시킨다고 이해하여 일제의 기계공업 진출이 조선인의 삶 전체를 몰락시킬 것으로 인식하였다. 이러한 인식은 공황을 겪으면서 더욱 강화되어 노동력과 비용 절감이 상품의 경쟁력을 향상시키지만, 한편으로는 실업자를 양산하여 수요를 감소시키고 결국에는 공황도 유발한다는 인식에 미치게 되었다. 기계공업의 독점적 발전은 경제를 발전시키는 것이 아니라 공황을 유도한다는 부정적 인식으로 나아갔다.[89]

반면에 기독교인들은 자신들이 기계를 소유하는 것에 대해서는 긍정적으로 인식하였다.

> "뽀스타즈의 意義난 惡의 報酬을 爲하야 惡의 勞作(Bad work for bad pay)을 하난 것이니 이러한 것은 엇던 工廠을 勿論하고 實行하다가 심하면 機械를 破壞하며 貨物을 損傷하며 懶怠의 工作을 하는 種種의 不吉의 事를 起케하나니 此가 同盟罷工에 比하면 그 運動은 猛烈치 못하나 和平的으로 또는 永久的으로 하기때문에 資本家에게는 더욱 손실이 多大하다."[90]

위의 인용문은 사보타지(sabotage)에 관한 설명으로 보인다. 그런데 이 설명은 사보타지는 표면적으로는 큰 문제가 아니지만 실제로는 자본가에게 큰 손실을 입히므로 조심하라고 하였다. 사보타지가 일어나면 명분 없이 기계와 자본재 그리고 상품이 손상되어 기업 운영이 어려워지므로 자본가의 손해가 막심하다는 것이다. 게다가 기계 피해는 일시적인 것이 아니라 영구적이어서, 복구가 어려우므로 파괴되면 안 될 것으로 생각하였다. 대규모 자본이 요구되는 기계 설비의 손상은

---

89) 임병철, 「世界的 經濟恐慌」, 『新生』 1930년 10월호, 11면.
90) 이대위, 「世界覺悟中半島의 勞動問題」, 『청년』 1923년 7·8월호, 7면.

영세한 자본가에게는 치명적인 손실이므로 노동운동으로 기계가 파괴되어 영세한 자본가가 도산할 것을 염려한 글이다. 영세한 자본가의 입장에서 노동운동이 가져올 기계 손상에 각별한 관심을 보인 것이다.

한국의 기독교인들은 일제의 기계공업이 조선인들의 가내수공업과 숙련노동자를 몰락시킬 것으로 생각했으며, 나아가 조선 상품의 경쟁력을 떨어뜨릴 것으로 생각했다. 그러나 자신들의 근대적 생산수단인 기계는 매우 소중하게 생각하였으며, 기계를 파괴하는 과격한 노동운동에 대해서는 적극적으로 반대하였다. 결국 제국주의 자본의 진출로 몰락당하던 식민지 토착자본가들은 일제의 기계공업 진출은 비판하였지만 자신의 공업이 발전하는 것은 긍정적으로 인식하는 이중성을 가지고 있었다.

제4절 생산수단 공유에 관한 인식

한국의 기독교인들은 자본주의 발전에 동참하려는 노력을 기울였지만 제국주의 침략으로 국민시장의 형성, 자본축적의 도모, 후진 기술력의 향상을 위한 국가적 지원을 받을 수 없었다. 식민지 토착자본가들은 자본주의적 발전에 동참하기 위하여 민족국가 수립을 최우선 과제로 인식하였으나 그것은 매우 요원한 일이었다. 식민지 토착자본가들은 자체적으로 산업화를 도모하였으며, 기독교 자본가들은 필요한 자본을 마련하기 위하여 절제운동과 저축운동을 전개하였다.

그러나 산업화를 위한 여러 운동들이 순조롭게 전개된 것은 아니었다. 이에 산업화를 위한 구체적이고 효율적인 방안의 모색이 요구되었다. 기독교인들은 먼저 성경에 언급된 생산수단의 공유(토지문제는 4

장 3절의 2를 참조)를 살펴 공산주의적 제도가 종교적으로 합당한 것인가를 고찰하였다. 또한 서구 사회에서 나타난 국가 주도의 생산수단 설비론을 주목하고 생산수단 공유의 구체적 방법론으로 제기하려 하였다. 여기서는 서구의 생산수단 공유론에 대한 기독교인들의 관심을 살펴 산업화를 위한 영세한 자본가들의 노력이 어떤 것이었는가를 알아보고자 한다.

1. 생 시몽의 이상적 산업사회에 관한 인식

생 시몽의 사상은 원래 산업혁명기 소자본가나 숙련노동자들이 단순한 임금노동자로 전락하는 것을 막기 위하여, 토지나 자본 등 생산기관을 공유하는 공산적 신사회의 건설을 제시한 유토피아적인 사상이었다. 그러나 1920년대 초반에 식민지 조선에서는 생산수단의 공유보다는 노동의 효능에 따라 차등분배를 실시하고 사유재산을 인정하는 사상[91]으로 소개되었다. 생 시몽에 관한 기독교인들의 초기 인식은 공산주의자들이 주장하는 균등분배와 사유재산제도의 폐지에 대응하여 차등분배를 실시하는 사회주의도 있다는 것을 보여주는 데에 강조점이 있었다. 즉 생산수단의 공유가 사유재산의 폐지와 직결되는 것은 아니라는 것을 보여주어, 공산주의의 실현을 위하여 사유재산제도를 폐지해야 한다는 공산주의자들의 과격한 주장을 저지하는 데 사용되었다.

그러나 산업화에 참여하려고 백방으로 노력하였으나 방법을 찾지 못했던 기독교인들은 1920년대 중 후반에 이르러 생 시몽의 사상을

---

91) 尹槿, 「共産主義思潮史」, 『청년』 1922년 10월호, 20~21면.

생산수단의 공유론의 측면에서 이해하기 시작했다. 생 시몽은 전통사
회의 지배세력이 가져온 혼돈 상태를 극복하기 위하여 이상사회를 건
설해야 하는데, 이상사회는 생산수단을 공유하고 모든 민중이 직업에
종사하여 생활을 영위하는 것이라고 하였다. 그런데 기존의 산업조직
으로는 모든 민중이 자기 직업에 종사할 수 없으므로 산업조직을 개
량하자고 하였다.[92] 새로운 산업사회는 학문과 산업의 지도자가 지배
하며, 산업조직은 "재물을 생산식히는" 산업계급, 즉 노동자와 금융가
를 중심으로 구성된다고 하였다.[93] 특히 금융가는 산업을 일으켜 일
반 민중에게 직업을 주고 생활을 안정시키는 최고의 산업지도자로서
활동할 것을 요구하였다.[94] 금융가로 하여금 국가적인 생산시설을 설
치하고 경영하게 하여 모든 사람이 생산에 참여하는 공산적 산업사회
를 이루려는 것이었다. 생 시몽의 이상사회는 생산시설을 국가적으로

---

92) "科學의 指導者의 責任은 萬國을 統一식히고 平和하게하는 것이오 産業
　　의 指導者의 責任은 一般民衆에게 職業을 주고 또는 그 職業에 딸아서
　　報酬를 支拂하는 일이다." "시몬은 大多數의 勞動者들은 언제던지 貧窮
　　의 線을 脫出할 수가 업는 反面으로 勞動을 하지안코도 언제던지 奢侈
　　한 生活, 安樂한 生活을 할 수가 잇게 만드러저잇는 社會組織은 도저히
　　許諾할 수 업는 不合理한 組織이라고하엿다. 거긔딸아서 그의 意見대로
　　말하면 社會生活을 平等케하는대는 무엇보담도 組織을 改造하는 것이
　　急先務이엿다." 강명석, 「空想的 經濟思想論」, 『청년』 1927년 9월호, 3
　　7～38면.
93) "中古封建時代에 잇서서는 캐톨릭教會가 民衆을 支配하여왓스나 오늘날
　　와서는 教會는 임의 民衆을 지도할만한 세력을 업다. 이 教會勢力대신에
　　民衆을 指導할만한 勢力은 學問뿐이다. 딸아서 中古에 잇서서는 實業과
　　戰鬪가 民衆의 行爲를 支配하여왓다. 그러나 封建制度가 업서지는 同時
　　에 戰鬪는 所用이 업시되고 實業만이 남아잇다. 그러기 때문에 이제부터
　　는 社會의 精神的 管理는 學問이나 또는 科學의 指導者가 하고 肉體的
　　管理는 實業이나 또는 産業의 指導者가하여 社會를 새로히 建設하지 아
　　니하면 안되겟다." 강명석, 윗글, 37면.
94) 강명석, 윗글, 39면.

공유하며, 국민 모두가 생산에 참여하도록 하는 것이라고 보았다. 그러므로 생산수단을 독점하고 노동자에게만 노동을 강요하는 독점자본가〈노동하지 않고 호의호식(好衣好食)하는 일본인 자본가 – 연구자〉는 사회의 기생충으로 규정하여 소유물을 가질 수 없다고 하였다.[95]

1920년대 중 후반에 식민지 조선의 기독교인들은 생 시몽의 이상사회론을 이용하여 금융가, 학자 그리고 노동자를 중심으로 한 생산조직을 만들고, 모든 국민이 생산하며 그 결과를 분배하여 소비하는 이상적 사회를 건설하려 하였다. 즉 생산수단을 국가적으로 공유하여[96] 생산수단의 독점으로 나타나는 폐해를 극복하려는 것이었다. 또한 금융가와 노동자는 적대적 관계가 아니라 산업사회를 구성하는 일원으로 서로 협력하는 관계로 이해하였다. 산업화에 어려움을 겪던 식민지 조선의 기독교인들은 생산수단의 공유를 주장하는 생 시몽의 이상사회론을 이용하여 제국주의 자본의 생산수단 독점을 막고 산업화에 참여하여 국민사랑을 보유하려 하였다고 할 것이다.

세계공황의 여파가 몰아치면서 경제적 어려움은 가중되었다. 게다가 공산주의자들도 좌경화되어 대중의 혁명적 분위기를 고조시켰으므로 기독교인들은 위기의식을 느끼고 이를 극복하기 위하여 생 시몽이 제시한 이상사회를 다시 주목하였다.

> "將來의 社會는 秩序가 整然한 軍隊的 組織에 依하야 中央集權的 統治를 할 것이며 基統轄의 任에 當할 者는 宗敎家와 學者와 實業家의 三種類의 首領으로 組織된 政府라고 하엿다. 또한 財産은 國有財産으

---

95) 강명석, 윗글, 38면.
96) "生産機關을 共有하여 各사람은 自己 能力의 딸아서 生産機關을 使用하야 그 使用分量에 比例하야 報酬를 밧아가는 것은 얼마를 밧아가든지 그것은 私有로 是認하여주엇다." 강명석, 윗글, 39면.

로 할것을 主張하야 此를 敎會에 屈하게하고 敎會는 職業을 監督하야
勞動을 神聖케할 것이라 하엿스며 遺産相續制를 反對하였으며 富貴하
야 懶怠한 자는 盜賊이요 貧賤하야 懶怠한 者는 乞丐라하야 不勞收益
을 非難하엿다"[97]

위에서 소개한 내용으로 볼 때 김준성은 생 시몽의 미래사회를 교
회를 중심으로 모든 재산을 공유하고, 국민에게 직업을 주어 생계를
영위하게 만들려는 것으로 소개하였다. 나아가 노동을 신성시하며, 불
로소득을 지속시키는 유산상속제는 소멸시켜 출생의 이익이나 나태한
자의 불로소득도 없애는 사회이념으로 소개하였다. 기독교인들은 생
시몽의 이론을 통하여 선천적인 불로소득자(일본인 자본가들 - 연구
자)를 없애고 누구나 노동하여 생활하는 빈곤 없는 공평한 사회를 건
설하려 하였다.

김준성은 생 시몽이 제시한 이상사회의 조직도 소개하였다. 이상사회
의 구성원은 전 국민의 24/25를 차지하는 "산업계급"인데, 이들 산업계
급은 귀족과 기생생활자를 제외한 상인, 기업가, 농민, 학자, 예술가 등
으로, 사회의 물리적, 지적, 재정적 세력을 가진 절대 다수라 하였다.[98]

이렇게 보면 김준성이 보여준 생 시몽에 대한 이해는 1920년대 중
후반에 강명석이 보여준 것과 여러 면에서 차이가 난다. 강명석은 금융
가의 활동을 중시하였으나 김준성은 종교인의 역할을 강조하였다. 김

---

97) 김준성, 「基督敎와 社會主義」 12, 『신보』 1930. 3. 26.
98) "原來 産業階級은 平和를 愛好한다. 그뿐아니라 現在 産業階級은 全國民
　　의 二十五分之二十四를 占하야 物理的 勢力으로던지 智力으로던지 財政
　　的 勢力으로던지 經濟的 勢力으로던지 絶對的 優勢를 가지고 있다. 그런
　　고로 暴力 手段은 전혀 不必要하다. ……… 그가 말한 産業階級이란 말은 貴
　　族이나 妓生生活者 外의 商人 企業家 農民과 學者 藝術家의 一部까지도
　　包含되는 것인 故로 無産階級이라는 뜻과는 不同하다." 김준성, 윗글.

준성은 강명석이 산업사회의 최고의 지도자로 지목했던 금융가를 별로 중시하지 않았다. 오히려 사회의 모든 재산을 교회가 관장할 것을 주장하였다. 교회를 중심으로 하는 경제제도를 구상하였다고 생각된다. 둘째 산업계급의 범위를 열거하면서 노동자를 구성원에서 누락시켰다. 강명석의 해석에서는 산업계급을 재화를 생산하는 금융가와 노동자로 정의하였으나, 김준성은 기업가와 상인을 중심으로 농민과 학자 예술가를 포함시키고 숫자상으로도 전 국민의 24/25나 되는 대다수로 보았다. 산업계급을 열거하면서 귀족, 기생생활자를 제외하고 노동자는 언급하지 않았다. 그리고 산업계급과 무산계급으로 구별함으로써 산업계급에서 노동자를 제외하였음을 보여주었다. 김준성은 자본주의 모순을 만들어 내는 귀족과 기생생활자를 노동자와 같은 범주로 구분하여 산업계급에서 제외하고, 자본주의 발전을 방해하는 사람들로 규정하였다. 또한 자본가라는 용어를 사용하지 않고 "기업가"로 대체하여 불로소득을 위하여 노동자를 착취한다는 자본가에 대한 비판을 비켜 가려 하였다.[99] 이것은 귀족과 생산활동에 기생하는 특권적인(일제의 특권적 자본 진출 - 연구자) 자본가에 대해 배타적이었음을 보여주는 것이며, 폭력혁명을 통해서 산업을 파괴하려는 공산주의적인 노동자에 대해서도 배타적이었음을 보여주는 것이다. 그리고 자본주의 발전을 종교적 신념으로 받쳐 주는 종교지도자를 경제발전의 지도자로 삼으려 하였다. 세계공황에 직면하여 식민지 조선의 기독교인들은 토착자본의 존립을 당면과제로 삼고 그 존립을 저해하는 집단들을 모두 산업계급에서 제외하였다.

생 시몽에 관한 이해가 상황에 따라 차이가 있기는 하지만 그의 이상적 산업사회에 대한 이해는 강명석과 김준성을 통하여 일본 제국주

---

99) 김준성, 윗글.

의의 진출을 막으려는 기독교적 이상으로 유형화되었다. 이러한 경향은 이후로도 강화되어 한국 개신교의 보수성을 대표하는 박형룡에게로 계승되었다. 박형룡은 공상적 사회주의를 프랑스 사회주의의 하나로 소개하고 생 시몽이 주장한 산업사회는 "과학적 탐사와 상당한 지도자 하에 식산국가를 경영하며 반군사적 원칙을 채용해야 등급과 권위를 능률과 가치의 표집으로 설정"하였다고 평가하게 하였다.[100] 박형룡은 생 시몽이 주장한 이상적 산업사회를 합리적인 논리와 실천성을 갖춘 평화적인 이상사회의 모형으로 이해하였던 것이다. 이렇게 볼 때 한국 기독교인들은 경제적 어려움과 일제의 수탈을 극복하는 방법으로 생 시몽이 제시한 이상적 산업사회를 주목하였고, 기독교의 유지와 발전을 위한 경제개혁의 방법으로 이해하였다고 할 것이다.

2. 샤를르 푸리에의 "팔랑주"에 관한 인식

1920년대 초반에 한국의 기독교인들은 프랑스의 노동자생산조합운동에 관심을 가지고 있었다. 이 운동의 주도자는 "푸란"(Louis Blanc ? − 연구자)[101] 으로 노동자들이 생산조합을 설립하여 생산을 장악해야 불공정한 생산제도를 고치고 불공평한 사회도 개선할 수 있다고 주장하였다. 그러나 노동자의 힘으로는 자본가에 대응하여 생산을 장악하기 어려우므로 국가는 노동자생산조합에 정부 보조금을 교부할 것을 요구하였다. 그 결과 프랑스 노동운동에 커다란 영향을 끼쳐 1848년 2월혁명 후에는 "푸란"을 회장으로 '국립공장'(Ateliers Nationaux)을 설립하였고, 이를 매개로 노동자들이 생산제도를 운영하였음을 적극적

---

100) 박형룡, 「現思想의 歷史的 背景」, 『신학지남』 1932년 3월호, 26면.
101) 송종복, 앞글, 54∼55면.

으로 소개하였다.[102] 푸리에의 팔랑주는 1920년대 초반에는 주목받지 못하였고 오히려 "푸란"의 국립공장이 주목을 받았다.

전통적 독립소생산자의 몰락은 산업혁명 과정에서 나타나는 일반적 현상이었다. 나라마다 전통과 자본주의화의 정도에 따라 편차는 있지만 거의 모든 국가가 겪는 현상으로 선진적인 영국에서는 봉건적 경제구조 청산에 성공적이었지만 독일과 프랑스에서는 봉건적인 숙련공과 독립 소생산자들이 광범위하게 잔존하여 커다란 사회문제로 부각되었다. 독일은 전근대적 생산구조에서 벗어나지 못하여 독립소생산자(수공업자) 들을 구제하기 위한 생산자협동조합을 조직하였고, 프랑스는 독일보다는 산업화가 진전되어 노동자생산조합운동을 전개하였다.[103]

그런데 한국 기독교인들은 독일의 생산자협동조합보다 프랑스의 노동자생산조합에 관심을 가지고 "푸란"을 소개하였다. 자본주의화 과정에서 일제에게 수탈당하던 토착자본가들의 상황이 윤근(尹槿)으로 하여금 프랑스의 노동자생산조합운동에 관심을 기울이게 한 것으로 보인다. 이것은 식민지 조선의 토착자본가들의 기반이 거의 무너져 산업화에 참여하기가 어려운 상황에 봉착하였다는 것을 반영하는 것이라 할 것이다.

---

102) "資本家階級이 橫暴를 極하야 勞動者의 死命을 自由로 制裁함은 不可하다. 此를 改善하는 策은 勞動者로 하야곰 生産組合을 組織하고져함에 잇다. 그러나 勞動者는 도저히 自力에 依하야 資本者에게 對抗하야 生産事業을 掌握할 수 업는 故로 政府는 이의 維持經營에 補助金을 賜하여야한다고하엿다. 1848年의 니러난 佛國二月革命은 佛國社會主義의 勝利를 말한것이나 此는 政治上民主主義者와 經濟上勞動者들이 聯合하야 君主政治主義와 資本家의 聯合을 勝한 것이엇다. 革命政府는 푸란氏를 會長으로하고 國立工場을 設立하엿으나 乃히 失敗하엿다." 윤근, 「共産主義思潮史」, 『청년』 1922년 10월호, 21면.
103) 송종복, 앞글, 46~48면.

한편 당시의 식민지 조선의 경제계는 관세철폐를 앞두고 일본 상품의 조선 진출에 긴장하였다. 박영효를 대표로 이풍재(李豊載), 안국선(安國善), 윤치호 등 다수의 기독교인들이 참여한 '조선인산업대회'는 식민지 조선의 산업화를 요구하였으나 별 성과를 거두지 못하였다.[104] 윤근이 소개한 노동자생산조합, 국립공장 설립 그리고 보조금 교부는 총독부에 식민지 토착자본을 지원할 것을 요구하고 압박하려는 노력의 일부분이었다고 할 것이다.

1920년대 중 후반에 들어서면서 푸리에에 대한 소개가 본격화되었다. 샤를르 푸리에(Charles Fourier, 1772~1837)는 상인 집안에서 태어나 어릴 때부터 상업자본의 폐해를 인식하고 상인들에게 수탈당하는 소생산자들을 구하기 위해 공동생산조직인 팔랑주(phalange)의 설립을 주장했다고 하였다.[105] 기독교인들은 푸리에의 생애를 소개하면서 상업자본의 수탈을 강조하였고, 상업자본이 빚어내는 "생산과 소비의 불통일과 부적합성"을 제거하기 위한 방법으로 푸리에가 주장한 팔랑주를 소개하였다.

푸리에의 팔랑주는 상업자본가들의 착취로 노동자들이 굶어 죽는 상황을 목도하고 유통과정의 모순과 폐해를 제거하려 하였다는 것이다.[106] 기독교인들은 팔랑주를 생산과 소비를 직결시킨 협동조합으로 보고,[107] 구체적 조직도 설명하였다. 국가는 팔랑주로 구성되는데 팔랑주는 생산과 소비를 동시에 수행하도록 7~8인을 최소 단위로 1,500~2,000명 정도를 포괄한다. 이들 팔랑주는 각기 침실, 공동식당,

---

104) 윤해동, 「일제하 물산장려운동의 배경과 그 역할」, 『한국사론』 27, 1992, 302~310면.
105) 송종복, 앞글, 49면.
106) 송종복, 윗글, 49면.
107) 송종복, 윗글, 49면.

객실, 유희실, 주악실, 연극장 등을 구비한 팔랑스테르(phalanstere)에서 공동으로 생활한다. 이들은 팔랑주를 단위로 과수, 곡물, 직물을 공동 생산하며, 양화공장, 목공장, 단야공장 등도 공동으로 운영하여 생필품을 생산하고 소비한다. 또한 생산에 필요한 노동은 팔랑스테르의 구성원이 자신에게 적당한 분야를 선택하여 충당한다.[108]

푸리에가 제안한 팔랑주는 농업을 중심으로 생필품을 공동으로 생산하며 공동으로 소비하는 집단경제체제이다. 생산과 소비를 동시에 추진함으로써 상업자본의 개입을 막고, 외부 개입이 없어도 운영되는 독자적인 경제단위이다. 이것을 기독교인들의 입장에서 해석하면 식민 지배하에서 일제의 경제적 간섭을 막고 조선인들만으로 생산하고 소비하려는 의미를 내포하였다고 볼 수 있다. 즉 강명석이 소개한 푸리에의 팔랑주는 동일한 작업장과 삶의 터를 가지고 생산과 소비를 실현하는 민족적 경제단위를 형성하여 일본의 침략과 수탈을 방지하려는 의도에서 소개되었다고 추정된다.

푸리에의 팔랑주에 대한 고찰은 1930년 사회주의에 관한 기독교인들의 입장을 정리하는 가운데에도 나타났다. 푸리에는 직물 상인의 아들로 10만 프랑의 유산과 가업을 계승하였으나 상업자본가의 착취를 혐오하여 27세부터 사회개혁에 몰두하였다고 서술하여 상업자본가의 착취를 극복하려는 의지를 부각시켰다.[109] 상업자본가의 착취를 막기 위해 제안된 팔랑주는 농업(농업, 원예, 식목 등)을 기초로 동일 직종에 종사하는 7~9명을 하나의 조로 편성하고, 여러 조가 모이면 1부(部)로, 여러 부가 모이면 하나의 팔랑주를 구성하여 400명 이상 1800명 정도가 하나의 공동 가옥(팔랑스테르, phalanstere)에서 생활하는

---

108) 강명석, 「공상적 경제사상론」 속, 『청년』 1927년 11월호, 31면.
109) 김준성, 「基督敎와 社會主義」 13, 『신보』 1930. 4. 2.

집단공장이라고 하였다.110) 팔랑주에 속한 사람은 각자의 취미에 맞는 직업을 선택하며, 높은 생산성을 유지하여 18세부터 28세까지 10년간의 노동으로 일생을 살도록 한다고 하였다.111)

김준성이 소개한 팔랑주는 첫째 농업을 이상사회의 기초로 삼았고, 둘째 고도의 노동생산성을 요구하였으며, 셋째 생산과 소비를 직결시켜 상업자본의 폐해를 막으려 하였다. 이것은 전체 인구의 75% 정도가 농민인 조선의 상황을 반영하여 농업을 기간산업으로, 수공업자들은 자본을 모아 생산설비를 갖추어 공동으로 생산하고 소비함으로써 조선의 독자적인 경제운영을 도모하려는 모델이었다고 추정된다. 식민지의 영세한 토착자본가들은 일제의 수탈에서 벗어나 자본의 부족, 생산설비의 부족, 판로 개척의 어려움을 해결하기 위하여 집단적인 공장 운영과 소비자의 조직화가 요구되었다. 즉 민족경제의 건설이 요구되었으나 그것은 요원하였다. 기독교 자본가들은 푸리에의 팔랑주를 이용하여 산업화에 참여하며, 독자적인 경제운영체제를 형성하려 하였다. 나아가 직업을 능력과 취미에 맞게 선택함으로써 노동자들의 기본 생활을 보장하고 노동생산성을 높여 노동문제도 해결하려 하였다.

푸리에의 이상사회에 대한 소개는 제국주의 상업자본의 수탈과 격화되는 노동운동을 극복하려는 내용을 근간으로 한다. 1920년대 한국의 기독교인들은 팔랑스테르라는 공동촌을 설치하여 자본을 모으고

---

110) "이는 理想的 사회조직의 單位로서 일종의 協同組合이다. 農業 園藝 植木 등 殖産에 종사하는 자들이 四百名以上 一千八百名以下가 集團하야 生産과 消費를 共同으로하는 自給自足의 團體다." 김준성, 「基督敎와 社會主義」 14, 『신보』 1930. 4. 9.

111) "各各 자기의 趣味에 적합한 職業을 自由로 選擇하는 것이다. 그런고로 푸란쥬에서는 노동은 遊戲化하여 결코 苦痛이나 厭症이 생기지 않는 것이며", "18세부터 38세까지 근 10년간의 勞動收益으로써 殘餘의 일생을 歡樂중에 생활할 수있다." 김준성, 윗글.

생산과 소비를 직결시키는 형태로 일제의 자본 진출을 극복하려 하였다. 즉 일제의 침략으로 자본주의적 발전을 저지당한 한국의 기독교 자본가들은 제국주의 침략과 수탈을 극복하기 위하여 영세한 자본을 규합하고 생산과 소비를 직결시켜 상업자본의 폐해로부터 벗어나려는 방법론에 접근하게 되었다. 그리고 이러한 자본주의적 산업화를 성공적으로 수행하기 위해서는 반드시 일제의 지배에서 해방되어야 함도 확인하였을 것이다. 그러나 민족국가의 건설이 요원하였으므로 "조선인의 경제"(민족경제)를 이룩할 수 있는 현실적 모델로 푸리에의 팔랑주를 주목하였다고 생각된다.

3. 러들로의 자영공장 운영에 관한 인식

한국 기독교인들은 당면한 경제문제를 해결하기 위하여 영국의 기독교사회주의운동 중 러들로(J. Ludlow, 1821~1911)의 자영공장운동도 자세히 고찰하였다. 러들로는 영국의 "모든 사회악과 고통은 생산 방법과 현상에 있다."고 생각하였고, 사유재산제도의 폐해는 협동적 분배로는 고쳐질 수 없고 자영공장의 새로운 생산조직에 의해서만이 고쳐질 수 있다고 생각한 사람이었다.[112]

러들로는 런던 캐슬가 34번지에서 양복직공조합을 설립하고 중앙기관을 설립하여 운영을 주관하게 하였다. 중앙기관은 주간자의사회(counsil of promoters)와 중앙위원회(중앙실무위원회)로 구성되었다. 주간자의사회는 주의의 선전과 자금 모집과 경영 그리고 협동 원리의 보급을 담당하고, 중앙위원회는 노동자 대표와 각 조합의 지배인(관리

---

112) 전영택, 「19세기 기독교사회운동」 6, 『신보』 1931. 4. 1.

인)으로 구성하여 공장이나 상점의 실무를 담당하며, 각 조합 간의 연락과 사업의 발전을 도모하도록 하였다. 지부에는 각 양복직공조합이 있고 그 아래에 자영공장이 있고, 각 조합은 營理會(成理事會)가 있어 지배인의 자문과 새로운 조합원의 등록과 조합 사무를 처리하게 하였다. 각 조합의 운영은 조합원 각자의 기능에 따라 일하고 일한 시간에 따라 비례로 보수를 받으며, 6개월마다 조합의 이익금은 불시자금융통금 불입과 자금의 적립을 위하여 얼마간 할당하고 노동시간에 따라 비례로 조합원들에게 배당하도록 하였다. 만약 지배인과 조합원 사이에 문제가 생기면 지명된 중재인이 해결하며, 조합과 조합 사이의 문제는 중앙위원회에서 담당하도록 하였다.[113] 러들로는 1850년대 말까지 자영공장을 여덟 곳에나 설립하여 "서생(書生)의 모험적 사업"으로 조소당하던 것에서 벗어났다. 사업은 계속 발전하여 런던시의 각 직공조합을 대상으로 꾸준히 선전하여 1851년에는 '기계직공합동조합(Amalgamated Society of Engineers)'을 창립하였다. 이후 기독교사회주의운동을 널리 선전하고 사람들을 훈련시키기 위하여 직공전문학교(Working Men's College)도 운영하였다.[114]

러들로는 도덕적, 종교적 해결 방법도 중시하고 예수 안에서 참다운 종교생활에 전념할 것을 요구하였다.[115] 자영공장과 노동조합의 운영을 자본주의가 내포한 비기독교적인 경쟁적 산업제도를 없애는 방법으로 사용하였다. 결국 직공조합운동은 산업화에 따라 나타나는 노동자 인격의 몰각과 불행한 계급의 증오와 투쟁을 방지할 수 있는 방법으로 소개되었다.[116]

---

113) 전영택, 「19세기 기독교사회운동」 6(7 - 연구자), 『신보』 1931. 4. 8.
114) 전영택, 「19세기 기독교사회운동」 7(8 - 연구자), 『신보』 1931. 5. 6.
115) 전영택, 「19세기 기독교사회운동」 8(9 - 연구자), 『신보』 1931. 5. 13.
116) 전영택, 앞글, 1931. 5. 6.

전영택[117]이 살펴본 러들로 자영공장운영도 영세한 수공업자를 중심으로 전개된 것이었다. 그것은 제국주의의 수탈로 궁지에 빠진 식민지 조선의 수공업자 내지 숙련공들을 구제하려는 노력의 일환이었다고 생각된다. 즉 한국 기독교인들은 지식인 중심의 **도덕적** 기독교사회주의운동보다 전통적 수공업자들을 위한 **차영공장** 운영에 관심을 가지고 있었으며 러들로의 자영공장운동은 일제의 수탈로 몰락한 전통 수공업자들을 근대적 자본가로 전환시키기 위한 방법으로 상세히 소개하였다고 할 것이다.

---

117) 田榮澤(1894~1968), 평남 평양 출생, 일본 靑山學院 신학부를 졸업하고 서울 감리교신학교 교수로 재직하다가 미국에 유학하여 퍼시픽신학교를 수료하였다. 1919년에 『創造』의 동인으로 신문학을 개척하였으며, 「화수분」으로 유명해졌다. 교회목사, 기독교 신문의 주간, 성경학교 교사 등을 역임하였다. 해방 후 조만식과 함께 '조선민주당'을 창당하고 문교부장을 지내다가 월남하여 문교부 편수관, 국립맹아학교장, 중앙신학교 교수, 감리교신학교 교수, 기독교서회 편집국장, 한국문인협회 초대 이사장과 기독교계명협회 회장 등을 역임하였다. 해방 이후 기독교적 인도주의 경향의 작품을 계속 발표하였고, 1959년 서울시 문화상, 63년 대한민국문화포상 대통령장을 수상하였다.

제5장 | 노동문제에 관한 인식

1920년대 일제의 식민지 공업화는 노동자의 숫자를 증가시켜 1930년도에 이르러서는 노동자가 130여 만 명으로 증가되었다.[1] 그러나 이들의 생활환경은 별로 나아진 것이 없었다. 오히려 식민지 수탈이 노동조건을 악화시켰으며 민족적 차별 대우가 노동자들의 자각을 촉구하여 노동운동을 발전시켰다.[2]

1920년대 초반의 노동운동은 주로 선각적 지식인을 중심으로 민족운동의 일환으로 전개되었다. 따라서 노동운동이 노동자들의 생활 여건 향상을 위하여 투쟁하였으나 노동조합의 고유한 임무와 특성은 크게 부각되지 않았다.

그러나 중 후반 공산주의자들의 영향력이 노골화되면서 노동자와 자본가의 대립이 중시되고 노동운동의 발전을 통한 공산주의 실현이 운동목표로 설정되었다. 노동조합은 투쟁목표를 생활 향상에서 공산주의 혁명으로 전환하고 이를 위한 경제적 정치적 투쟁에 돌입하였다. 공산주의가 심층적으로 이해된 것은 아니지만, 식민지 경제 현실을 제국주의의 수탈에 희생된 것으로 이해하게 되었다. 이에 노동조직은 농민조직과 분리하여 조직적인 분화와 발전을 도모하였고 공산주의혁명

---

1) 김경일, 『일제하노동운동사』, 창작과비평사, 1992, 52~58면.
2) 김경일, 윗글, 58~80면.

을 위한 노동조합의 고유한 임무도 부각되었다.[3] 1920년대 말에 이르러 노동운동은 제국주의를 몰락시키는 주요 운동으로 인식하게 되었고 사회주의자들의 운동 역량도 이곳에 집중되었다.

한편 노동운동의 발전은 식민지 토착자본에게는 극복해야만 할 대상이었다. 영세한 자본과 후진 기술 그리고 식민지 수탈 때문에 노동운동은 기업의 사활(死活)과 직결되었다. 자본가들은 기업의 존립을 위협하는 노동운동에 부정적이었고, 특별히 과격한 노동운동에 대해서는 적대시하였다.

노동운동에 대한 양 세력의 입장을 염두에 두고 기독교 자본가들의 노동운동에 관한 인식을 살펴보고자 한다. 기독교인들의 자본가적 입장이 어떤 것이며 노동운동과 어떤 갈등을 일으켰는가를 살피고, 이에 관한 대응책은 무엇이었는가를 확인하려는 것이다. 바꾸어 말하면 식민지 토착자본가로서의 특성이 노동자와의 관계에 어떻게 반영되었으며 노동운동에 어떤 영향을 끼쳤는가를 이해하려고 한다.

제1절 노동문제에 관한 인식

1. 노동존중과 노동생산성의 향상

한국 기독교인들은 산업발전을 위하여 노동력을 늘리고 노동의 질(質)을 향상시키고자 노력하였다. 조선은 노동운동을 일으킬 만한 산업이 없다고 여기고 산업발전을 위한 노동력 증진과 생산성 향상을

---

3) 김경일, 윗글, 81~88면. 이은진, 「일제하 노동운동은 민족독립운동인가?」, 『한국의 노동문제와 노동운동』, 문학과지성사, 1991.

요구하였다. 뿐만 아니라 자본주의화에 요구되는 근대적 노동력을 양성하기 위해서 노동학교를 설립하고 보통학교 시설도 노동자 교육장소로 이용할 것을 주장하였다.[4]

기독교인들의 노동을 존중하는 사상은 여러 가지로 나타났다. 먼저 성경 해석에서는 천지를 창조하신 하나님은 오늘도 일하고 있으며 그리스도도 가업에 종사하였음을 상기시켰다. 그리고 천국 건설을 위임받은 12사도는 어부를 비롯하여 모두 노동자였으며, 이스라엘을 구한 다윗 왕은 목동, 선지자 엘리사나 아모스는 농부였음을 지적하였다.[5] 기독교인들은 하나님이 선택한 사람들은 거의 노동자였음을 강조하면서 신앙적인 노동자가 될 것을 요구하였다.

톨스토이의 노동에 대한 이해와 주장도 소개하였다.[6] 톨스토이의 명성을 통해서 노동의 중요성을 강조한 것이다.

기독교인들은 노동을 경제적 의미에서만 강조한 것이 아니라, 종교적으로도 강조하였다. 이학봉은 평양노회 개회식에서 노회장으로서 "일하기 실커던 먹지도 말라"는 바울의 말을 인용하여 노동의 가치를 역설하였을 뿐만 아니라 성경에 나타난 기독교인들의 노동을 소개하여[7] 기독교는 노동 중심이라고 설교하였다.[8] 또 포도원 주인이 노동 시간에 관계없이 동일한 임금을 지불한 것은 임금이나 보수를 바라는 노동보다 노동을 천직으로 알아 열심히 노동하는 것을 높게 평가한 것이라고 하였다.[9] 노동은 보수를 위해 수행되는 것이 아니라 신체가 요

---

4) 寄書, 隱嚴生, 「朝鮮社會의 急務」 7, 『신보』 1920. 6. 9.
5) 講臺, 李學鳳 「天國 勞動者精神」, 『신보』 1926. 7. 21, 講臺, 「勞動에 對한 基督敎의 精神」, 『신보』 1931. 2. 25.
6) 航海, 「勞動力作의 先導」, 『신보』 1926. 9. 15.
7) 赤城學人, 「最古의 勞動運動」 1~2, 『신보』 1927. 9. 21~1927. 9. 28.
8) 이학봉, 앞글, 1926. 7. 21.

구하는 것을 얻기 위하여 하나님께서 명령하신 임무라 하였다. 따라서 노동은 단순히 밥을 먹기 위한 것이 아니라 하나님에 대한 봉공(奉供)이요 의무와 본분이라는 것이다.[10] 결국 노동은 하나님을 섬기는 천직으로 어떤 조건에서도 수행되어야 하는 인간의 본분으로 규정하였다.

노동을 인간의 본분으로 여기는 경향은 더욱 강화되어 생명으로 규정하기도 하였다.

> "나는 勞作이란 말을 生命이란 말과 異形同質의 것이라고 생각합니다. 勞作을 生命의 表顯이라고도 볼 수 잇슬 것이요 勞作을 生命保存의 方法이라고도 볼 수 잇겟거니와 나는 勞作을 生命 그것이라고 보는 바입니다."[11]

노동을 생명과 동일시하고 이러한 논리를 강화하기 위하여 노동이 불가능하면 자살하는 마래족(馬來族: 말레이족 – 연구자)의 풍습, 스토아 철학자들의 노동 중시, 그리고 피터 대제의 노동을 예로 들기도 하였다.[12] 노동하는 것이 인간의 본분이라는 것을 종교적으로만 강조한 것이 아니라 세계 각처에서 일어나는 풍습을 예로 들어 인간의 보편적인 현상으로 설명한 것이다.

식민지 조선의 기독교인들은 자본주의의 발전을 위하여 노동을 중시하고 종교적인 가치로 또는 인류의 보편적인 가치로 승화시키려 하였다. 즉 인간이면 삶의 표현으로, 생명의 활동으로 노동할 것을 주장하고, 노동시간과 보수 그리고 노동환경의 개선을 위한 운동이 정도를

---

9) 이학봉, 앞글, 1931. 2. 25.
10) "우리의 로동은 하ᄂ님끠 奉供을 힘씀이오 또는 이세상에 對ᄒ 義務 本分을 다ᄒᄂ 道理이다." 「勞動은 神聖」, 『신보』 1927. 4. 27.
11) 채필근, 「勞作의 價値」, 『新生』 1930년 5월호, 4면.
12) 채필근, 윗글, 4~5면.

넘어 파업에 이르거나 경제를 파멸시킬 정도에 이르면 인간적인 본분에도 어긋나는 것이며 종교적 신앙에도 어긋나는 것으로 평가하였다. 인간은 노동력의 증대를 위하여 노력해야 하며 노동력을 감소시키는 어떤 태도도 비종교적이라고 보았다.

2. 비인간화된 노동에 관한 인식

식민지 조선의 기독교인들은 산업화에 필요한 노동을 인간의 본분으로 신(神)의 명령으로 인식하고 어떤 조건에서도 노동할 것을 요구하였다. 노동력의 확보를 위하여 기독교인들은 노동을 신(神)이 인간에게 부여한 본분으로 규정하였다. 그러나 현실적으로 일제의 수탈은 노동자와 농민의 생존을 위협하였으므로 노동운동은 민중의 생존을 보장하려는 인간 해방과 제국주의의 수탈에서 벗어나려는 민족운동의 성격을 띠고 사회 전반으로 전파되었다. 식민지 사회의 모순을 해결하는 가장 직접적인 방법으로 당위성과 실천성을 가지고 전개되었다. 기독교인들은 노동운동의 당위성을 거부할 수 없었다. 그만큼 식민지 수탈은 가혹한 것이었고 인간의 삶을 위한 최소한의 여건도 허락하지 않았던 것이다.

그런데 기독교인들은 노동운동에 찬성할 수도 없었다. 영세한 토착자본가로 열악한 기업환경을 극복하는 것은 노동자들과 마찬가지로 어려웠기 때문이었다. 식민지 토착자본가들은 노동운동을 비켜 갈 이론과 방법이 필요하였고, 이를 위해 노력하였다.

기독교인들은 제국주의의 침입과 자본 진출로 나타난 공장제 공업과 그에 부수된 집단적 분업적 노동을 주목하였다. 공장제 분업노동에 대한 기독교인들의 인식은 1920년대 초반부터 나타났다. 윤근(尹槿)은

공장에서 일어나는 집단적 분업노동을 자연경제시대의 노동과 비교하
였다.[13] 전통적인 가내수공업이 가진 독립성과 자의성을 경영의 자유
로 또는 인간성의 실현으로 이해하였다. 반면 기계공업으로 자본가와
노동자가 분리되고 가내공업의 경영자들이 노동자로 전락하는 것은
경영의 자유가 상실된 것으로 이해하였다. 전통적인 수공업자가 노동
자로 전락하면서 창의적이고 자유로운 노동은 소멸되고 노동의 대가
도 자본가에게 탈취당하는 것으로 여겼다. 또 고용도 불안정하여 노동
자들은 항상 생활의 위협을 받는다고 보았다. 결국 공장제 기계공업에
부속된 노동은 즐거움과 삶의 안정을 박탈당한 것이고 자유성과 창의
성마저도 상실한 것으로 비판하였다.

이러한 인식은 이대위에게서도 나타나 공장공업에 편입된 노동은
창조성이 없고 기계화된 것이라고 하였다.[14] 산업화에 따르는 규격화

---

13) "勞動하는 方法으로 말하야도 自由로 研究하야 죠흔 方法을 取한다 할
   지라도 無妨하엿고 又自己로써 資本은 出資하야 自己 또 身으로 營業을
   經營한다고 하는 自由人民이엇지마는 一次工場에셔 大規模機械로셔 勞
   動하게 組織된 後로부터는 利益은 自己에게 歸치아니하고 資本家에게
   歸하게 되엇다." "(一) 自由의 主人이 된 人民이 못되고 被傭者 勞動者
   된 것이며 (二) 自家에셔 勞動치 안코 工場에 가셔 勞動하게된 것이며
   (三) 勞動하야 得한 結果는 自己의 所得이 아니고 資本家의 것이 되는
   것이며 (四) 家庭的 快樂은 업셔지고 形式的 機械的으로 取扱하게 된
   것이며 (五) 勞動하는 時間은 前에는 自由이엇스나 지금은 自由로 된
   것이 없으며 (六) 勞動의 方法도 自由로부터 不自由로 變한 것이며 (七)
   前에는 放逐되든지 奪職되는 일이 업셧스나 지금은 會社의 形便에 의하
   야 하시든지 休하게되는 것들일다." 윤근, 「勞動問題發生史」, 『청년』
   1922년 9월호, 32~33면.
14) "於是乎勞動者는 自己의 意志와 自己의 主見을 用치아니ᄒ고 삭wus그것
   에만 滿足이되여 人生互助의 精神과 服務의 眞理를 忘却ᄒ기 때문에 個
   人의 人格을 失去ᄒ는 時에 國民의 資格도 消失ᄒ야 工錢制度下에서 自
   發的이 되지못ᄒ는 機械化와 他人의 奴隷生活의 멍에를 버서나지 못흠
   이 今日의 狀態로다." 이대위, 「基督敎가 現代資本主義制度에 對ᄒ야 取

와 획일화를 자율성과 창의성을 상실한 비능률적이고 비인간적인 노
동으로 비판하였다.

　기독교인들은 산업화에 편입된 노동을 비인간적인 것으로 인식하는
데에 그치지 않고 비종교적인 것으로도 생각하였다.

> "最初의 勞動은 愛를 爲하야 난 것이다. 戀人은 千里의 外에서 足을
> 運하고 母親은 徹夜하야 病兒를 안고잇다. 最初의 勞動은 愛의 報酬
> 外에난 아모것도 要求하지아니햇다 그럼으로 母親의 愛와 戀人의 犧
> 牲에 對하여난 支拂할 것이 黃金이 아니라 또난 商品이 아니라 이난
> 生命의 藝術이다. 즉 報酬보다 超越한 것이다 勞動을 要求하지아니하
> 난 愛난 업스며 또 愛난 永遠히 創作으로 表現할 것이다 愛난 永遠한
> 勞作이다."15)

　인용된 글은 노동을 본원적 생명활동과 사랑의 표현으로 정의하였
다. 그러나 자본주의화되면서 인간의 노동은 자연경제에서 유리되어
공장의 분업생산에 편입되었고, 사랑을 상실하고 이익만 추구한다고
보았다.16) 노동은 상품생산의 중요한 수단이 되어 생명과 사랑을 잃
어버리고 경제적 이익을 얻기 위한 도구로, 자본이식을 위한 수단으로
전락하였다고 인식하였다. 근대 자본주의 사회가 노동을 이윤의 원천

홀 態度」, 6, 『신보』 1924. 2. 6.

15) 賀川豊彦, 「愛와 勞動」, 『청년』 1925년 3월호, 6면.

16) "自然的 惠與의 資本이 盡하고 資本의 內容이 漸次로 人間的이 되며 內
部的이 되난 同時에 所謂 資本이란 것이 人間의 技能 인간의 合衆的 勞
作뿐이라고 생각하게되야 近代의 勞動은 社會의 唯一한 大基礎가 되엿
다." "自然의 恩惠가 生理的 社會를 支配하든 時代와 異하야 今日은 資
本이 生存의 모든 保證이된 今日인 故로 勞動은 愛를 위함이 아니요 다
만 資本을 위하야 利殖를 增加할 原動力으로 생각게 되얏다." 賀川豊彦,
윗글, 6면.

과 상품의 가치 척도로 만들었으나 노동의 본원적 특성은 타락시켰다고 보았다.

노동의 성격이 변질되면서 노동자도 생명활동에서 맛보던 노동의 창의성과 기쁨을 상실하였다고 하였다. 나아가 임금 증대를 위하여 상품 제조를 반복함으로써 창조적 노동은 단순 반복적인 기계적 노동으로 타락하였다고 보았다.[17] 근대 자본주의 사회에 이르러 노동은 이윤의 원동력으로, 상품의 가치 척도로 중시되었지만, 노동의 가치가 향상된 것이 아니라 단순하고 반복적인 기계적 노동으로 타락했다고 보았다. 자본주의 상품생산이 사랑과 생명의 활동인 노동을 이익 추구의 수단으로 타락시켰다는 것이다.

이러한 노동의 타락에 관한 인식은 노동운동에도 반영되었다. 사랑의 희열로 수행되는 노동이 사라지면서 노동은 획일화의 비애를 겪고 지옥의 형벌과 같은 고역으로 변하여 노동조건의 향상만을 요구하는 노동운동이 나타나게 되었다. 즉 노동자들이 노동의 희열을 상실하고 노동시간과 임금의 다과(多寡)만을 중시하므로 이러한 조건을 충족시키지 못하면 곧바로 불평과 파업이 일어나게 된다는 것이다.[18] 반면 사용자들은 과격한 노동운동 때문에 인간 노동을 기피하고 기계를 설

---

17) "勞動運動이 擧頭하게 된 것은 전혀 社會生活이 變化된 原因이다. 그럼으로 經濟問題가 主觀이 되얏스며 商品의 價値까지도 勞動價値만을 基礎로 생각하게되얏다. 그러나 勞動 그것은 古代와 갓치 趣味와 喜悅이 업서지게되얏다. 인간으로 愛의 勞作이 다만 單純한 商品製造에 一生을 虛費하게 되난 機械化의 悲哀로 되야 勞動을 忌避하게 되얏다." 賀川豊彦, 윗글, 6면.
18) "勞動이 機械的으로 되난 同時에 勞動時間의 問題와 賃銀制度의 問題가 複雜하게되얏다. 愛를 위하야 하난 勞動갓흐면 一日에 二十四時間이라고 勞動할 것을 商品을 爲하야하난 故로 할수 잇난대로난 忌避하랴고한다." 賀川豊彦, 윗글, 6면.

치하므로, 노동자는 작업장에서 구축되어 실업자가 되고 생활은 더욱 어려워질 것으로 생각하였다.[19]

가가와도요히꼬(賀川豊彦)는 자연경제시대의 노동을 자신의 능력을 목적의식적으로 실현하여 가치를 창조하는 생명의 활동으로 평가하고, 자본주의 시대의 노동은 생명활동의 의미를 상실한 것으로 비판하였다. 창조활동으로서의 노동이 공장노동의 분업체계 속에서 창조적 의미를 잃고 획일화·규격화된 것을 비판한 것이다. 공장제공업이 가져온 상품생산에서 인간성이 배제되는 과정을 노동의 비인간화로 보거나 생명과 창조활동의 상실로 인식한 것이다. 노동의 상품적 의미가 확대되는 것을 노동의 타락으로 이해하고 효율적인 기계노동이 극도로 발전하면 인간성을 구축하고 압박하는 병적인 사회가 온다고 보았다. 기독교인들은 현대 사회의 모순을 해결하기 위하여 노동을 사랑의 활동으로 회복하고[20] 기독교적 사랑으로 진정한 노동정신을 회복하면 노동문제도 해결되리라고 생각하였다.

기독교인들은 가가와의 이론을 통하여 노동의 상품적 의미가 확대된 것을 타락으로 이해하였으며 노동의 상품적 가치를 확대하려는 노동운동도 타락으로 비판하였다. 결국 사랑을 위한 창조적 노동은 하나님이 인간에게 명령한 고유한 의무와 생명의 활동으로 어떤 조건에서도 열심히 노동하는 것이 인간의 본분이라고 하였다.

그러나 "노동 존중"이 "노동자 존중"으로 발전한 것은 아니었다.

---

19) "人間勞動은 此에 機械動力의 價値를 與치 못한다. 原動力은 破損하드래도 不平을 말하지 아니 하나 人間은 不平을 말한다. 그럼으로 資本家난 人間動力을 驅逐하고 各種의 原動力를 置하기를 希望한다." 賀川豊彦, 윗글, 7면.

20) "社會主義의 運動은 勞動을 爲하야 愛를 返取하난 運動이요, 또 愛를 위하야 勞動을 返取하난 운동이다." 賀川豊彦, 윗글, 7면.

오히려 노동자들의 나태와 무성의를 비난하는 자본가들의 노동자 비판의 도구가 되었고[21] 노동자의 능력을 무시하는 데 이용되었다.[22] 현실에서 경제적으로 어려움을 겪고 있는 노동자에게 노동할 때는 남의 것을 함부로 먹거나 쓰지 말고[23] 임금의 다소(多少)와 보수의 유무(有無)에 관계없이 환희와 성의로 직무에 임할 것을 강조하였다.[24] 이것은 노동을 인간의 의무와 권리로 규정하여 어떤 조건 속에서도 노동의 질(質)과 생산성을 유지하고 향상시키려는 자본가의 입장을 반영한 노동존중이라 할 것이다. 자본가의 입장은 보수의 기준에도 반영되어 임금은 노동의 질(質)과 생산성에 따라 지불되어야 한다고[25] 하였다. 이것은 당시 노동자들이 형편없는 저임금으로 당하는 곤란을 해결하기 위하여 노동운동을 일으키는 것과는 접근 방법에서부터 다른 것이었다.

결국 기독교인들이 주장하는 노동존중은 일제의 수탈을 임금의 착취로 보충하고 있는 식민지 토착자본가의 입장을 반영한 것이다. 바꾸어 말하면 노동생산성의 향상을 통하여 이윤을 확대하려는 자본가의 인식이었다 할 것이다.

---

21) 李學鳳, 「天國勞動者 精神」, 『신보』 1926. 7. 21, 박형룡, 「宗敎撲滅은 웨」, 『신학지남』 1928년 7월호, 19면, 이대위, 「基督敎와 現代資本主義制度에 對ᄒ여 取홀 態度」 6, 『신보』 1924. 2. 6.
22) 이대위, 「世界 覺悟 중 朝鮮의 勞工問題」, 『청년』 1926년 8월호, 5면.
23) "노동 자체에 在하여서는 남의 것을 함부로 먹고 쓰는 것이 原則이 아닌 것을 알아 스스로 勞力할 것이다." 이대위, 윗글, 4면.
24) 이학봉, 앞글. 1926. 7. 21
25) 이학봉, 윗글

제2절 노동가치설에 관한 인식

노동가치설은 아담 스미스로부터 제기되어 리카도에 의해 일반화되었으며, 마르크스에 이르러서는 잉여가치설의 기반이 되었다. 사회주의는 노동에 의하여 생산된 잉여가치의 일부는 임금으로 주어지지만 나머지 대부분은 자본가가 착취하여 가치의 창조자인 노동자는 잉여가치에서 소외당하였다고 보았다. 그러므로 노동자들은 자신이 창출한 잉여가치를 획득하기 위하여 계급혁명으로 사회구조를 변화시켜 공산주의 사회를 만들자고 하였다. 결국 마르크스의 노동가치설은 사회주의 혁명의 정당성을 확보해 주는 기반으로, 노동가치설에 대한 기독교인들의 인식은 공산주의에 관한 기독교인들의 인식을 그대로 보여주는 지표가 될 것이다. 그러므로 기독교인들의 노동가치설에 관한 인식을 살펴봄으로써 공산주의에 관한 기독교인들의 입장이 노동문제와 어떤 연관을 가졌는가를 살펴보고자 한다.

1. 1920년대 초반

안국선(安國善)은 레닌은 노동만이 '재산'을 성립시킨다고 하면서 노동하지 않는 자는 먹지도 말라고 전제하였다.[26] 안국선은 노동만이 가치를 창조한다는 노동가치설에서 '가치' 대신에 '재산'을 대입하여 사유재산제도를 레닌도 긍정한 것처럼 호도하였다. 기독교인들은 레닌의 주장을 잘못 사용하여 사유재산제도의 정당성을 주장하고, 레닌이 폐기하기를 주장하는 사유재산제도를 오히려 옹호하는 논리로 발전시켰

---

26) 안국선, 「레닌主義는 合理혼가」, 『靑年』 1921년 7・8월호, 5면.

다. 그러나 이러한 사상적 오류는 사회주의에 관한 이해가 미진한 상황에서는 가능하였지만 사회주의에 관한 이해가 진전되면서 사라졌다.

마르크스의 노동가치설에 관한 비판은 1920년대 초기에는 간접적으로 진행되었다. 신흥우는 생산요소로 자연물인 토지와 제반 원료, 생산된 물화(物貨)를 소비하지 않고 생산에 사용하는 기구, 금전, 가옥 등의 자본, 자연에다 자본을 사용하여 물화를 생산하는 노력(노동-연구자) 등으로 생산의 세 가지 요소를 소개하고, 기업 정신을 덧붙여서 생산의 4대 요소를 주장하였다.[27] 나아가 생산의 세 가지 요소는 기업가의 활동이 없으면 그 기능을 발휘할 수 없다는 면에서 기업가 정신을 가장 높이 평가하였다. 생산된 이윤도 지주, 자본가, 노동자, 기업가에게 나누어야 공평해진다고 주장하였다.[28] 이것은 기업가의 경영을 중시하여 경영자에게 이익을 분배하는 것이 착취가 아니라 정당하다고 보는 것이다. 마르크스의 노동가치설에 대응하여 경영자에게도 이윤을 분배하려는 것이며, 노동으로 형성한 사유재산과 그 재산의 운용에 따른 이윤의 분배는 정당한 것으로 평가하였다. 특히 생산요소를 종합하여 가치를 창조하는 기업가의 역할을 높이 평가하고 생산요소와 기업가에게 참여한 만큼 분배하는 것을 분배의 원칙으로 삼으려 하였다.

신흥우는 생산비설을 적용하여 마르크스의 노동가치설을 간접적으

---

27) 一記者 抄(申興雨연설-연구자), 「近代思想과 靑年의 危機」, 『靑年』 1921년 12월호, 13면.

28) "그런대 엇더한 學者는 第四要素를 말하나니 -중략- 비록 資本과 自然과 勞力의 三要素가 잇슬지라도 그들이 各各 分離이 散在할진대 生産이 될수업는 故로 반다시 第四要素 企業家가 잇셔셔 以上 三者를 合하야 人의 求하는 바를 觀察하야 時期에 適合하게 生産케할 者이 업지 못할 터인고로 生産을 分配할 時는 地主와 資本家와 勞動者와 企業家의게 四分으로 公平히 하여야하겟다 하는도다." 일기자 초, 윗글, 13면.

로 반박하고, 기업 정신을 높이 평가하는 생산요소설을 소개하였다. 이러한 이론을 어디서 빌려온 것인지는 분명치 않으나 토지와 자본 그리고 노동만이 경제를 발전시키는 것이 아니라 기업을 운영하려는 정신과 열성을 경제건설의 중요한 요소로 보는 것이다. 이것은 일제에 국권을 빼앗기고 자본축적과 원료의 사용에서 소외당한 식민지 조선의 토착자본가들의 처지를 반영한 것으로, 투철한 기업 정신을 가진 토착자본가를 적극적으로 지원하려는 경제사상이라 할 것이다. 즉 한국의 기독교 토착자본가들은 자본과 원료 조달에서 소외당하였으나 기업을 경영하려는 노력에서는 일제에 뒤지지 않았으며, 기업가 정신이 식민지 조선의 토착자본가들에게 주어진 자본주의 경제에 참여할 수 있는 유일한 길이었다고 하겠다. 신흥우는 바로 한국 기독교인들의 기업가 정신을 한국 자본주의 발전의 가장 중요한 요소로 평가하고 이것을 적극적으로 지원하여 자본주의를 발전시키려 하였으며, 자본주의 비판의 기반인 노동가치설에 대응하였다고 할 것이다.

이렇게 볼 때 1920년대 초반에 기독교인들은 자본주의 발전을 희구하여 노동가치설을 사유재산의 축적을 정당화하는 데에 오용하였으나 곧 폐기하였다. 이후 식민지의 영세한 토착자본가들의 역할을 높이 평가하는 생산요소설을 주장하여 노동가치설을 비판하는 토대를 형성하였다고 할 것이다.

2. 1920년대 중 후반

1920년대 중 후반 일제의 경제정책은 식민지 조선의 자본주의화를 유도하였다. 그러나 조선 토착자본가들의 자본주의화는 크게 진전되지 못하였고 동시에 자본주의 모순은 더욱 노골화되어 빈곤이 사회의 전면에 부각되었다. 노동자와 농민의 생활 곤란은 농민운동과 노동운동을 고조시켜 일제가 축소 조작한 통계로도 1925년부터 1928년까지 349건의 노동쟁의가 일어났고, 약 3만 명의 노동자가 투쟁에 참여하였다. 공산주의 사상의 전파를 통해 운동 규모와 단결력 그리고 운동의 투쟁성도 크게 강화되었고,[29] 제국주의의 수탈에 저항하는 민족적 성격이 첨가되어 민족적 정당성도 획득하게 되었다. 한국의 기독교인들은 민족운동과 연계하여 반기독교운동과 반자본주의운동을 전개하는 공산주의운동을 저지하고 기독교를 보호하기 위하여 빈곤문제에 적극적으로 매달리게 되었다. 구제방법의 모색을 위하여 빈민선교로 이름 높은 가가와의 이론을 주목하였다.

일제의 수탈로 조장된 자본주의 모순에 저항하는 노동운동에 대하여 기독교인들은 가가와의 이론으로 대응하였다. 번역문에 따르면 근대적 자본축적을 "자연적 혜여(惠與)"가 없어지고 자연이 "인간적", "내부적"이 되는 것으로 정의하였으며, 노동은 "기능 인간의 합중적 노작(合衆的 勞作)"이 되었다고 하였다.[30] 바꾸어 말하면 근대적 자본축적이란 사회가 공유하던 자연을 자본으로 특화하고 특정한 사람이 독점하면서 나타난 현상으로 이해하였다. 그런데 자본을 독점하는 과정에서 노동은 상품의 가치척도가 되고 나아가 경제의 중심이 되었다고 이해하였다. 한편 노동은 상품제조 과정에서 유희로서의 성격과 희열을 잃어버리고 단순 반복적인 기계노동으로 타락하여 기피대상으로 전락하였다고 보기도 하였다.[31] 가가와는 노동이 상품의 가치기준으로 승격된 것을 바람직한 현상으로 보지 않고, 인간성을 왜곡시키는

---

29) 역사문제연구소 민족해방운동사 연구반 지음, 『민족해방운동사 - 쟁점과 과제』, 역사비평사, 1993, 357면.
30) 賀川豊彦 著, 일기자 譯, 「愛와 勞動」, 『청년』 1925년 3월호, 6면.
31) 賀川豊彦, 윗글, 6면.

원인으로 이해하였다. 더욱이 근대 이전 노동은 자연의 은혜 속에서는 불평 없이 지냈으나 가치창조의 원동력이 되면서 인간성은 오히려 상실되었다고 보았다.

인간의 노동이 근대화되면서 나타난 폐해는 인간성의 상실만이 아니라 싫증나는 노동으로부터 벗어나려는 노동 기피현상도 가져왔고, 더하여 노동시간과 임금만을 중시하는 노동의 타락현상도 초래하였다[32]고 보았다. 노동운동을 노동자들의 생존운동으로 보지 않고 노동조건만 중시하는 타락현상으로 본 것이다. 결과적으로 노동은 자본주의의 이윤 추구 과정에서 가치창조의 원동력으로 역할이 증대되었으나, 사랑의 행위로 이루어지던 노동은 소멸되고 이기적인 노동운동이 일어나는 원인으로 작용하였다고 보았다. 즉 노동가치설은 노동을 중시하는 이론이지만 현실적으로는 노동의 타락을 가져왔으며, 이기적인 노동운동의 원인으로 이해하였다.

가가와는 공산주의자들이 주장하는 노동가치설의 이론에 대해서는 비판하지 않았으나 그 결과는 비판하였다. 이윤 추구가 가져온 자본가들의 착취와 착취에서 벗어나려는 노동운동을 모두 이기적인 것으로 비판하였고, 노동가치설은 인간을 타락시키는 학설로 보았다. 자본가의 착취와 그에 대응하는 노동자들의 노동운동 모두를 사랑이 없는 비인간적인 것으로 비판하였다. 자본의 독점적 운영과 수탈 그리고 그에 대응하는 폭력적인 노동운동을 모두 비판하였다. 바로 이 면에서 기독교인들의 노동가치설에 관한 인식은 제국주의의 침략적 자본가의 입장도 아니며 그에 수탈당하는 노동자의 입장도 아닌 몰락한 식민지 토착자본의 입장을 반영하는 노동가치설의 인식이었다고 할 것이다.

노동가치설에 대한 기독교인들의 비판은 계속되었다. 먼저 마르크

---

32) 賀川豊彦, 윗글, 6~7면.

스가 주장한 상품가치의 척도는 생산에 투입한 단순한 개별 노동시간의 양이 아니라 상품을 생산하기 위하여 사용된 "사회적 노동의 분량"이라 하였다. "사회적 노동의 분량"은 노동자가 직접 사용한 노동과 간접노동(경영 – 연구자) 그리고 기계노동(자본 – 연구자)까지 포함한 것이다. 단지 사용된 노동의 시간적 장단(長短)을 측정한 것이 아니라 사회적으로 필요한 평균된 노동의 분량으로 규정하였다. 교환가치도 생산에 투입된 사회적 노동의 분량에 따라서 결정되므로 생산에 사용된 노동이 없으면 교환가치도 없다고 하였다.[33] 강명석은 마르크스의 노동가치설을 내용대로 설명하였다.

덧붙여서, 게으른 노동자가 오랜 시간 노동하여 만든 물건의 교환가치를 노동시간만으로 결정할 수가 없다고 하였다.[34] 마르크스의 노동가치설은 개별 노동을 가치의 표준으로 삼는 것이 아니라 사회적 평균 노동의 정도를 가치결정의 수단으로 삼는다고[35] 설명하여 경영활동과 자본투자활동도 노동의 개념 속에 포함시키려 하였다. 이것은 당시 노동자의 작업시간을 가치의 척도로 이해하는 공산주의적 이해를 불식하고 자본가와 경영자의 역할도 노동으로 산정하려는 작업이었다고 할 것이다.

---

33) 강명석, 「칼 맑쓰의 경제사상」 2, 『청년』 1928년 7 · 8월호, 42면.

34) "萬一 엇더한 物品이던지 그 物品을 生産하기 위하야 使用된 勞動力이 업는 것이면 그것을 다른 物件과 交換할때에 標準을 定할 수가 업다. 왜 그러냐하면 物品을 交換할때에 測定하는 價値의 標準은 즉 勞動인 까닭이다." "즉 엇던 게으른 勞動者나 技術이 能치못한 勞動者는 엇던 物品을 生産하기위하야 아모리 長時間을 使用한다고 하드래도 그것은 物品의 價値를 定할수잇는 標準은 아니된다는 말이다." 강명석, 윗글, 43면.

35) "엇더한 物品이던지 그것의 生産하기위하야 使用한 勞動力을 보아서 그 價値를 定하기는 定하되 社會的으로 平均한 程度와 平均한 生産條件아래서 그 價値를 定하는 까닭에 도저히 그러케는 되지안는다는 것이다." 강명석, 윗글, 43면.

　다음으로 인간의 노동을 생활에 필요한 필요노동과 필요 이상을 생산하는 잉여노동으로 구분하고 이를 중심으로 한 계급투쟁을 상세하게 설명하였다. 원시시대에는 기술과 도구의 발달이 미약하여 필요노동이 노동의 전부였으나, 기술과 도구가 발달하면서 잉여노동이 가능해졌다. 하루 8시간 노동으로 생활을 충족시킬 뿐만 아니라 잉여가치도 생산한다.[36] 그리고 잉여가치는 물품을 생산하기 위하여 사용된 가치와 생산된 물품의 가치와의 차액이며 상품생산에서만 발생하는 것으로 규정하였다. 이렇게 생산된 잉여가치는 일부만 임금으로 노동자에게 돌아가고 나머지는 자본가가 소유한다.[37] 결국 자본주의 경제조직은 표면적으로는 노동자들에게 잉여가치를 임금으로 지불하지만, 사실은 자본가가 잉여가치의 대부분을 착취한다는 것이다. 강명석이 소개한 잉여가치설은 마르크스의 주장을 가감 없이 소개하였다.

　그러나 소개의 마지막 부분에서 노동자들의 폭력적인 계급혁명을 반대하고 사회진화에 따른 자본주의의 붕괴론을 주장하였다.[38] 노동자들의 인간다운 생활은 "일회적이고 가치 없는" 폭력적 혁명으로 획득되는 것이 아니라, 국가 권력의 합법적 장악으로 경제를 개혁함으로써 획득되는 것으로 보았다. 그리고 자본주의가 발달하면 자체적 모순에 의하여 자본주의가 붕괴하여 사회주의로 전환한다고 하였다.[39] 잉

---

36) "原始時代에 잇서서는 小數者의 勞動으로 多數가 生活하여 갈수가 업섯다. 故로 當時에 잇서서는 階級의 區別도 업섯다. 그러나 그후에 점차로 機械가 發達이 되고 技術이 發達되는데 딸아서 生活上 必要한 以上의 勞動도 할 수가 잇게되여 한사람이 하는 勞動으로 열사람이나 스무 사람이나 生活하여갈 수가 잇섯다." 강명석, 「칼 ○스의 經濟思想」 1, 『청년』 1928년 6월호, 31면.
37) 강명석, 앞글, 1928년 7·8월호, 44~45면.
38) 강명석, 윗글, 46면.
39) 강명석, 윗글, 46면.

여가치는 인정하였으나 잉여가치의 탈환을 위한 노동자들의 계급혁명이 가져올 파괴적인 영향은 부정하였다. 또한 마르크스의 노동가치설이 강조한 "죽은 노동(투여되기 이전에 이미 가치 창출이 완료되어 상품의 가치에 단순히 이전된 불변자본)"과 "산 노동(생산에 투여되어 가치를 창조하는 노동 즉 가변자본)"에 대한 소개를 생략하여 잉여가치의 착취를 이론적으로 약화시켰다. 오히려 간접노동과 기계노동을 설정하여 경영자와 자본가의 역할을 노동으로 강화하였다.

강명석은 마르크스의 노동가치설은 개별 노동을 가치척도로 삼는 것이 아니라 사회적 평균 노동을 가치 척도로 삼는 것이라 하여 당시 사회의 노동가치설에 관한 이해를 오류로 보았다. 바꾸어 말하면 생산과정에 참여한 모든 요소를 노동으로 환산하고 자본투자와 경영도 노동으로 환산하여 자본가적 입장을 반영한 노동가치설을 주장하였고, 공산주의자들의 과격한 노동가치설을 대체하려 하였다.

자본가적 입장을 반영하는 강명석의 인식은 리카도에 대한 인식에서 확연하게 드러난다. 강명석은 리카도는 차액지대론을 주장하여 지대를 인정하고, 지대를 제외한 나머지를 자본가의 이윤과 노동자의 삯전으로 구분하였다고 하였다. 그런데 이윤의 분배과정에서[40] 생산자

---

40) "로동쟈의 보슈인 삭젼을 주기위ᄒ야 資本家의 所得인 리즈를 희생ᄒ는 일은 절대로 불가ᄒ다고 쥬창하는 동시에 資本家의 리익을 위ᄒ야 로동쟈의 삭젼을 희싱하지 안흐면 안된다고 쥬창흔 때문입니다. 리칼드가 이러케 쥬창한 리유로 말하면 이러ᄒ니다. 資本家가 만흔 資本을던져셔 싱산긔관을 設置하는것은 리익을 엇기위ᄒ여셔다 고로 만일 리익을 엇지 못ᄒ는 形便에는 그ᄉ업을 그만두게 된다 즉 로동은 資本家의 資本 增加에 딸아셔 슈용ᄒ게되는 反面으로 그資本이 增加되지 못ᄒ야 ᄉ업을 그만두는동시에는 로동은 아모 所用이 업시되는고로 로동쟈들이 資本家의 리즈를 위ᄒ야 삭젼을 희싱ᄒ는것이 결국은 로동쟈들의 리익이된다는것이 리칼드의 쥬창입니다." 강명석, 「經濟思想의 變遷과 今日의 朝鮮 敎會」 10, 『신보』 1927. 9. 14.

의 이익을 보호해 주어야만 노동자도 일할 수 있으므로 임금을 희생하는 것이 오히려 노동자의 이익이라고 주장하였다는 것이다. 마르크스의 노동가치설과 리카도의 노동가치설을 혼합하여 계급혁명설을 비판하고, 자본가와 기업가의 이익을 보장하려 하였다. 이렇게 볼 때 식민지 조선의 기독교인들은 영세한 토착자본가들을 중심으로 구성되었으며 자신들의 이익을 확보하려는 사상적 노력을 그치지 않고 노동가치설에도 투여하고 있었다.

식민지 조선 사회가 사회주의를 점차 수용하게 되면서 채필근도 잉여가치설이 성립하는 토대는 노동력을 상품으로 보는 데서 시작한다고 하여 노동가치설이 자본주의 사회의 산물임을 인정하였다. 또 자본가의 착취가 필요노동시간보다 많은 잉여노동을 시키는 데에서 일어난다고 하여 잉여가치설도 그대로 인정하였다.[41] 이렇게 기독교인들은 사회주의 학설의 중심 부분을 그대로 인정하였다. 자본주의화 과정에서 일제가 수행한 제국주의적 수탈을 부정할 수 없었던 것이 잉여가치의 착취를 인정하게 만들었다고 생각된다. 그러나 이러한 학설들이 자신의 경제적 기반을 파괴하는 방향으로 진전되는 것은 방지하려 하였다. 즉 노동가치설의 이해에서 자본가와 기업가의 활동을 노동으로 설정하여 이윤을 배당하려 하였으며, 계급혁명을 부정하고 자본주의 붕괴설을 주장하여 폭력적 혁명을 막으려 하였다.

---

41) "勞動者는 自己의 生活을 營爲하기 爲하야 그 所有한 商品인 勞動力을 賣出하는 것이오. 資本家는 自己의 營業을 爲하야 自己의 所有한 金錢을 가지고 그 商品을 買入하는 것이다. 그러한데 資本家는 그 營業을 爲하야 使用하는 機械와 原料와 消費品과 勞動力을 購入한 모든 費用과 自己의 衣食住에 關한 生活費를 制限外에도 만은 利益을 엇는 것이 現在 狀態인데 이것은 資本家가 勞動者에게서 無理하게 奪取한 것이다." 채필근, 「예수와 社會思想問題」 3, 『신보』 1929. 12. 4.

한국의 기독교인들은 공산주의 세력이 사회운동을 주도하려 하자 가가와의 노동가치설 해석을 이용하여 노동운동을 이기적인 것으로 평가하였으나 노동운동을 전면적으로 부정하지 못하고 인정하였다. 그렇지만 기독교인들의 노동가치설 인식은 자본가적 성향을 감추지 못하고 리카도의 학설을 이용하여 노동자들의 생존을 산업발전을 위하여 유보하였으며, 노동가치설도 기업가 중심으로 재해석하였다. 이렇게 볼 때 한국의 기독교인들은 일제의 침략 밑에서 토착자본가를 육성하려는 노력을 기울였으나 제국주의 침략에 시달리는 노동자들의 어려움도 부정하지 못하는 이중적 인식을 보여주었다.

3. 1920년대 후반~1930년대 초반

세계공황의 여파가 밀어닥쳐 경제적 어려움이 가중되면서 식민지 토착자본가들의 경영조건은 더욱 나빠졌다. 그러나 식민지 토착자본가들은 구조적 합리화를 수행할 여력이 없었으므로 노동자를 수탈하여 공황의 타격을 모면하려 하였으며, 이로 인하여 노동운동은 더욱 거세어졌다. 노동운동의 격화는 경제적인 요인 이외에 공산주의운동의 정책 변화에 의해서도 조장되었다. 코민테른 산하 프로핀테른과 범태평양노동조합은 아시아의 반제운동을 민족혁명단계에서 사회주의혁명단계로 조정하고 노동운동을 공산주의혁명의 주요 동력으로 발전시키려 하였다.[42] 따라서 노동운동은 양적으로 질적으로 성장하여 수적으로나 규모에서 크게 증대되었다. 1929년에 일어난 원산파업은 국민적 지지를 받았으며, 광주학생사건으로 대중운동이 고조되면서 노동운동은

---

42) 김준, 「일제하 노동운동의 방향전환에 관한, 연구」『일제하 사회운동』, 문학과지성사, 1987, 46~57면.

크게 성장하였다.[43] 지역적으로 공장이 많은 북부 조선을 중심으로 거의 전 업종에서 파업이 일어났고, 운동을 통한 노동계급의 연대성이나 단결력, 그리고 폭력성과 운동의 지구력도 크게 강화되었다.[44] 이런 현상은 일제의 수탈이 강화되면서 노동자들의 생활이 더욱 열악해졌고 그에 따라 민족적 계급적 각성이 크게 고조되었기 때문이었을 것이다.

노동운동이 발전하면서 기독교인들의 잉여가치설에 대한 인식이 상당히 진전되어 일부에서는 동조하기도 하였다.[45] 지주들의 착취가 소작인들을 고농(雇農)이나 도시빈민으로 내몰았다고 보았으며, 이들을 받아들일 식민지 조선의 산업발전은 미약하여[46] 실업자를 양산하였고, 이를 바탕으로 노동자에게 필요 이상의 잉여노동을 강요하고 잉여가치를 착취한다고 비판하였다.[47]

소요산인(이영섭)의 잉여가치의 착취에 관한 인식은 두 가지로 나타난다. 먼저 잉여가치의 착취를 마르크스의 논리에 따라 추가노동의 착취로 해석한 부분이다. 자본가는 노동을 상품으로 매입하여 생산공정에 투입하여 마음대로 사용하고자 한다. 한편 노동자들은 필요노동을 6시간 정도로 보고 취업하였으나 자본가의 요구를 거절하지 못하고 필요노동시간(6시간)보다 훨씬 많은 시간을 추가로 노동하고 거기

---

43) 김광운, 「원산총파업을 통해본 노동자조직의 건설문제」, 『역사와 현실』 2, 한울, 1989, 김영근, 「세계공황기 노동력의 성격과 파업투쟁」, 『역사와 현실』 11, 1994.
44) 김경일, 「1930년대 전반기 서울의 반제운동과 노동운동」, 『한국의 민족문제와 일본의 제국주의』, 한국사회사논문집 제34집, 문학과지성사, 1992, 김영근, 앞글.
45) 逍遙山人, 「떡으로 사는 이들」, 『眞生』 1930년 8·9월호, 24~27면.
46) 李暎燮, 「搾取論」, 『진생』 1930년 10월호, 27~28면.
47) 李暎燮, 윗글, 29~32면.

서 생산된 가치를 자본가가 착취한다고 하였다.[48] 부연하면 자본가는 계약보다 과도한 잉여노동을 요구하고 여기서 생산된 잉여가치를 자본가가 착취한다는 것이다. 이영섭은 자본가의 착취를 잉여가치설대로 이해하였다.

그런데 이영섭의 잉여가치설 이해에서 강조된 것은 잉여가치의 착취가 아니라 착취를 가능하게 하는 산업구조였다. 식민지 조선의 산업발전이 미진하여 실업자가 많고, 실업자가 많으므로 자본가는 노동자에게 추가노동을 강요하게 된다는 것이다. 따라서 자본가의 착취를 막으려면 추가노동을 금지할 수 있는 실업을 막아야 하며 이를 위하여 산업발전을 도모해야 한다는 것이다. 즉 자본가와 노동자의 관계를 개선하는 것이 아니라 산업시설을 늘려 실업자를 구제하고 그 결과 추가노동을 불가능하게 만들자는 것이다. 식민지 조선의 기독교인들은 산업발전으로 민중의 어려움을 해결하려 하였다. 이것은 1920년대 초반부터 한국 기독교인들이 일관되게 주장하는 의견으로, 근대적 산업화에 대한 기독교인들의 의지가 잉여가치설에 투사된 결과라 할 것이다.

이렇게 볼 때 기독교인들의 잉여가치설의 인식은 산업발전을 중시하는 자본가를 위한 것이어서 노동자 중심의 잉여가치설에 관한 인식은 더 이상의 진전을 보지 못하였다. 그 결과 재화의 본원적 가치를 강조하는 자본가 중심의 가치이론이 소개되었다.

자본가를 중심으로 한 가치학설의 인식은 김광훈(金光薰)의 작업으로 심화되었다. 김광훈은 사용가치는 재화의 효용성으로 인간의 욕망을 만족시키는 사물의 성질에서 비롯한 것이고, 교환가치는 교환 때에만 나타나며 사회적 필요노동을 기준으로 결정된다고 하였다.[49] 그러

---

48) 李暎燮, 앞글, 1930. 10, 29~32면.
49) 김광훈, 「맑쓰의 經濟論과 그 批判」, 『新生』 1930년 11월호, 9면.

나 재화의 교환가치는 노동가치로 성립되지만 공기와 물은 교환가치
는 극히 적으나 사용가치는 큰 것이다. 그러므로 노동가치와 교환가치
가 없다고 사용가치마저 없는 것이 아니므로 노동가치로만 사물의 가
치를 평가하는 것은 잘못이라고 비판하였다.[50] 다음은 노동가치와 지
가(地價)의 관계를 논하였다. 지가의 급등은 투여된 노동은 없지만 토
지에 대한 인간 욕구 증대와 한정된 토지 때문에 나타나는 현상으로
마르크스의 노동가치설로는 설명할 수 없는 현상이라 하였다.[51]

뿐만 아니라 노동가치설의 적용이 가장 확실한 상품생산에서도 노
동가치설의 적용이 수월치 않음을 지적하였다. 구두 생산에서 숙련자
와 비숙련자의 노동은 시간적으로는 비숙련자의 노동시간이 숙련자의
노동시간보다 많으나 상품의 질은 오히려 숙련자의 노동이 나으므로,
상품의 가치는 노동의 양으로 결정되는 것이 아니고 오히려 노동의
질에 의해 결정된다고 하였다.[52] 노동의 양으로 결정되는 노동가치는
상품생산에서도 절대적인 가치기준이 되지 못함을 지적하였다. 노동가
치만이 가치를 결정한다는 공산주의자들의 가치개념의 모순을 지적하
여 가치결정에 참여하는 요소의 다양성을 제기하였다.[53] 그리고 다양

---

50) "要컨데 맑스는 勞力을 基本으로 삼고 經濟價値를 定하려한 使用價値는
必然的으로 勞力에 依하지않고 交換價値가 勞力을 要求한다는 것을 말
하려고 하엿는데 使用價値까지도 必然力에 基因한다는 것은 전혀 事實
을 無視하는 것입이다. 有用한 物品이 價値를 가지고 잇는 것은 그것이
勞力을 具現하엿다는 理由가 이니오 有用하다는 까닭입니다." 김광훈,
윗글, 9면.
51) 김광훈, 윗글, 10면.
52) 김광훈, 윗글, 10면.
53) "요컨대 맑스는 勞動運動의 辨證家로 勞力을 價値의 唯一한 根元으로
본 獨逸流의 근원은 결코 일원적이 아닙니다. 需求關係, 勞力의 質과 量,
욕망의 强度, 社會關係物自體의 效用性들 各種 要素에 의하여 교환가치
는 決定되는 故로 이를 一言으로 論하면 勞力本位로 定義를 나리는이

한 가치결정 요소 중에서도 사물의 본원적 효용을 중시하는 사용가치와 그의 소유를 중시하는 본원적 효용설로 노동가치설을 대체하려 하였다. 사물의 본원적 효용과 그의 소유를 중시하는 자본가적 기준을 가치결정 기준으로 설정하려는 것이었다. 식민지 조선의 기독교인들은 공산주의자들의 노동가치설을 부정하고 효용과 소유를 강조하는 가치설을 주장하게 되었다.[54]

이러한 경향은 공산주의자들이 급진화되는 시기에 이르러 더욱 강화되었다. 1931년에 나타난 기독교인들의 노동가치설에 대한 언급은 이러한 경향을 단적으로 보여주었다. 공장에서 생산된 상품은 전적으로 공장주(工場主)의 것이며 생산에 참여한 노동자는 노동한 만큼 임금을 받는 것으로 상품의 주인이 될 수 없다고 하였다.[55] 이것은 공산주의자들이 주장하는 노동가치설을 전적으로 부정하고 자본가의 입장에서 소유를 강조한 것이다.

세계공황을 겪으면서 식민지 조선의 경제적 어려움은 심화되었고 사회운동은 과격화·급진화되었다. 식민지 조선의 기독교인들은 과격화하는 노동운동을 극복하기 위하여 이론적으로 노동가치설을 부정하고 산업시설의 확장을 주장하였으며, 그를 위해 사물의 본원적 효용과

보다 차라리 事物의 社會的性質인 交換可能性이 交換價値의 基本이라는 것과같은 無意味한 定義를 나리는 것이 돌이어 正當한 것입니다." 김광훈, 윗글, 10면.

54) "價値를 決定하는 것은 勞力만이 아니오 러스킨의 말과 같이 그 本質的인 效用性 즉 人間生活의 發展 向上에 奉仕라고 할 만한 效用性이 第一이오 人間의 慾望과 그 物品의 分量은 勞力과 同樣의 價値를 決定하는 判斷의 要素입니다." 김광훈, 윗글, 10면.

55) "紡績工場에 職工이 모든 잇는 材料를 가지고 짜노앗다고 그것이 職工의 所有가 되겟느냐. 그러치안타 그 主人의 所有일 것이요 좀 너그럽게 생각한다면 그물건의 協同所有主가 될것뿐이다." 講臺, 「信者의 責任感」, 『신보』 1931. 7. 15.

그의 소유를 강조하는 자본가 중심의 가치설을 주장하게 되었다.

제3절 노동조건 개선에 관한 인식

노동생산성의 향상을 중시하였던 한국의 기독교인들은 일제의 수탈로 인한 노동생산성의 저하를 염려하였다. 이에 노동생산성을 유지하기 위한 빈곤구제에 관심을 기울이고 서구 교회의 사회선교를 고찰하였다. 특히 산업혁명 이후 나타난 사회문제에 교회가 어떤 방법으로 대처하였는가를 살펴보고 가능한 방법을 찾으려 하였다. 여기서는 영국과 미국 그리고 일본의 사회선교에 관한 한국 기독교인들의 고찰이 어디에 이르렀는지를 살펴보고자 한다.

1. 영국 교회의 사회선교에 관한 인식

영국은 세계에서 산업혁명이 가장 먼저 일어나 자본주의 발전을 주도한 나라로 자본주의의 모순도 전형적으로 나타났다. 따라서 자본주의의 모순을 해결하기 위하여 사회 각 부분에서 많은 노력이 일어나게 되었는데, 그중에서도 교회를 중심으로 여러 가지 사회선교와 이념이 나타나게 되었다. 또한 기독교사회주의를 중심으로 불공평한 사회구조의 개혁을 모색하기도 하였다.

공산주의가 수용되면서 자본주의의 주구(走狗)로 비판받던 한국의 기독교인들은 사회의 변화에 따른 전도 방법의 모색에 노력하게 되었다. 이것은 교회의 존폐문제와 연결된 절실한 문제였으므로 산업혁명

을 극복하려던 영국 교회의 사회선교에 많은 관심을 보였다.[56]

(1) 영국 교회의 사회구제선교에 관한 인식

한국 기독교인들의 영국 교회의 사회운동에 관한 관심은 1922년에 어도만(魚塗萬)[57]이 P. W. Willson(런던 매일신문의 기자)의 글을 번역하면서 시작되었다. 월슨은 성경에는 산업상의 문제가 모두 언급되었으며 이를 참고한 기독교인들은 지난 150여 년간 감옥을 개량하고, 죄인을 재생시키고, 부상병을 구조하고, 노예제 폐지를 주장하며, 유년노동을 반대하였다고 소개하였다. 이러한 번역문들은 영국의 기독교인들의 사회구제 노력이 개별적이지만 종교적으로 뿌리 깊은 것임을 보여주었다.[58]

---

56) "米國 『뉴욕』市 뎌 下級階級人民이 살던 한 村에는 十九年間에 八十七 敎會가 업서젓다하는대 그 理由는 上中流階級의 移出, 敎會近隣에 各國 移民 流入, 캐도릭 信者와 猶太人 等의 侵入으로 舊來形式의 敎會로는 그 異種混雜의 人民 중에서 維持할 수 업는 까닭이라한다." "京城안에 잇는 朝鮮人敎會가 約 三十個所인대 이 各敎會의 敎人數를 살펴보면 近年에 니르러 매우 減少(新設敎會와 그外 몃 敎會의 增加된 敎會도 잇기는 하지만)되엿다." 赤城學人, 「都市傳道에 對하야」1, 『신보』 1928. 11. 7, "야! 都市敎會組織이 이와갓치 目標를 自然히 中流階級以上에 두게된데다가 집업고 職業 업는 無産者 곳 下流階級人民은 激增하야 土窟이 날로 느러나가고 그나마도 업서서 거리에 彷徨하는 同胞가 날로 생기는데 우리 敎會는 뎌들의게 對한 傳道施設이나 무슨 對策 硏究가 업고 오직 有閑階級만 주로하고 이것으로 滿足하는 것갓흐니 뎌들 大衆스이에 反敎會主義와 심하게는 反그리스도敎聲이 놉하가며 敎會를 멀니하야 唯物主義와 暴力的 行動에 傾向되는 것이 무엇 그대지 異常할 것이 업다." 赤城學人, 「勞動者街의 傳道術(都市 傳道에 對하여의 續)」, 『신보』 1928. 11. 21.

57) Erdman Walter, 1879~1948, 북장로교 선교사로 대구와 평양선교부에서 성서학 교수로 활동하였다. 그의 형은 프린스턴 신학교의 실천신학 교수인 Charles Erdman으로 1920년대 미국장로교회논쟁의 유명한 논객이었다.

58) P. W. Willson 著, 魚塗萬 譯, 「近日 事業上 문뎨와 聖經의 關係」, 『神學

영국 교인들의 사회구제 노력은 구제선교에 대한 관심으로 진전되었다. 영국 교회는 산업혁명으로 어려워진 노동자와 병약자와 아이들을 구제하기 위하여 주일학교운동, 구세군운동, 적십자운동, 고아원설립, 병자들의 수용소 운영 등에 노력하였다. 한국 기독교인들은 영국인들의 사회적 구제운동에 관심을 기울였으며 특히 주일학교운동은 선교사업의 차원에서 매우 중시하였다.[59]

한국의 기독교인들은 영국 교회의 선교 방법 변화에도 관심을 기울였다. 구세군과 비슷한 '교회군'이 1882년에 영국의 런던에서 설립되어 100여 개의 노동자관을 만들고 구제사업에 많은 노력을 기울였으며, 또 1872년에는 R. W. 맛콜 목사가 파리의 노동자 거주지역("레푸푸리크")에서 전도하여 사회개조에 다대한 성공을 거두었음도 소개하였다.[60] 영국의 기독교인들은 자본주의가 발달하면서 주일 설교나 기도회, 노방전도(路方傳道) 등의 전통적 전도 방법으로는 노동자에 대한 전도가 불가능하리라고 인식하고 노동자를 위한 새로운 전도 방법을 모색하였다.[61] 한국 기독교인들은 영국의 사회선교를 살피는 과정에서 사회변화에 맞는 새로운 전도 방법의 모색이 필요함을 느끼게 되

指南』1922년 1월호, 305면.

59) 金洙喆, 「基督教 社會事業의 一考察」, 『眞生』1929년 10월호, 36면.

60) 赤城學人, 「勞動者 街의 傳道術(都市傳道에 對하여의 續)」, 『신보』1928. 11. 21.

61) "朝鮮에서는 아직까지 이러한 곳에 傳道하는 特別한 무삼 機關이 업고 方針을 硏究하지도 안는 것 갓다. −중략− 近年에도 繼續하는지 모르거니와 年前 한해 겨울에 無料宿泊所를 設置한 때도 있고 크리쓰마쓰에는 며 貧民들에게 飮食을 供饋하기도 하였다. 그러나 이갓흔 微溫的이오 消極的인 傳道術로는 큰 效果를 나타내기 어려울 것이오 오늘날 方式의 敎會에서 行하는 主日 說敎나 한번 祈禱會나 路方傳道會등만으로는 며 들 勞動者의게 무삼 그리스도의 感化를 닙게하지못할 것갓다." 적성학인, 윗글.

었다.

　이러한 사회구제선교에 대한 한국인들의 관심은 1931년경에는 아주 강화되었다. 기독교의 사회에 관한 정책을 묻는 신문의 특집기사에서 이대위(李大偉)는 모리스의 노동자 교육, 킹슬리의 위생 개혁 운동, 힐의 빈곤자 주택 개량운동, 오볼린 등이 무산자 구제에 전력을 바친 것을 예로 들고 조선의 기독교인들도 무산자 구제에 노력할 것을 적극적으로 권면하였다.[62] 자본주의의 모순과 제국주의의 수탈이 중첩되면서 한국의 기독교인들은 영국 교회가 사용한 사회문제 해결책에 관심을 기울이고 새로운 방법을 획득하려고 노력하였다.

(2) 웨슬리의 감리교 선교에 관한 인식

　한국 기독교인들은 영국 교회가 실시한 사회구제선교에 관심을 가지면서 웨슬리의 전도방법도 주목하였다. 특히 한국의 감리교인들은 1920년대 남감리회와 북감리회가 통합을 준비하는 과정에서[63] 거교적(擧敎的)인 사업으로 웨슬리(John Wesley)의 생애를 소개하였다. 이 과정에서 감리교인들은 신앙심을 돈독히 하였으며 웨슬리의 선교가 가지는 시대적 의의를 이해하여 식민지 조선의 사회문제와 연계하게 되었다.

　영국 교회는 웨슬리의 선교사업이 일어나기 전에는 노동자들의 생활에 무관심하였으므로 민중들에게 외면당하였다. 웨슬리는 이러한 교회를 위하여 기도와 봉사 그리고 복음의 정열로 소금의 직분을 감당하여 18세기 종교계를 자극하였고 그를 따르는 자급전도자(自給傳道者)들이 사회개혁의 기반을 형성하였다. 자급전도자들은 공장, 농촌,

---

62) 李大偉, 「朝鮮 基督敎의 社會的 進出」, 『신보』 1931. 1. 1.
63) 한국기독교사연구회, 『한국기독교의 역사』 Ⅱ, 기독교문사, 1990, 177~186면.

빈민굴에 들어가 빈민을 구제하고, 노동조합이나 농민조합을 결성하여 산업혁명 이후 사회 구조를 변경시키는 계급운동에 적극적으로 참여하였다. 즉 웨슬리는 개인의 인격과 영혼을 구원하려는 운동을 전개하여 산업혁명으로 피폐된 사회에 종교적 활력을 불어넣었으며, 그를 따르는 자급전도자들은 사회개량에 적극적으로 참여하여 피폐된 사회에서 종교적 구원의 기반을 만들었다.[64] 한국의 감리교인들은 웨슬리의 사회선교는 산업혁명으로 피폐된 사회를 구원하려는 종교운동이었다고 평가하고 그의 문제의식을 받아들이려 하였다. 이러한 경향은 남·북감리교의 통합운동 속에서 강화되었으며, 웨슬리의 선교 방법이 조선의 사회문제를 해결하는 열쇠가 되리라고 기대하게 되었다.

민중의 구원을 중시하는 종교운동가로 평가되던 웨슬리는 이후 사회적, 정치적 설교가로도 이해되었다. 웨슬리는 노예제도 폐지운동과 금주운동을 통하여 사회제도의 개혁을 주장하였고, 일반 민중의 선거의식을 일깨우는 운동을 전개하였으므로 정치개혁의 주동자 또는 중요한 후원자라고 하였다.[65] 즉 웨슬리의 종교운동을 인간주의를 실행하는 실업혁명과 정치적 개혁을 주도한 정치혁명으로 평가하였다.

웨슬리의 종교운동을 경제적 정치적 운동으로 보는 경향은 더욱 진전되어 웨슬리를 사회개량가로 평가하기에 이르렀다. 웨슬리가 일으킨 종교운동은 인격을 구원하는 데 그치는 것이 아니라, 사람이 처한 물질적 방면에 대한 구원도 동시에 추진한다고 하였다. 주장의 근거로 웨슬리가 실시한 킹스우드의 노동학교, 뉴우캐슬에 설립한 고아원, 다운드리교회에서 실시한 물자 수집과 구호품의 분배, 교회를 공장으로

---

64) 柳瀅基, 「英國의 最大宗敎家 - 죤 웨슬레」, 『新生』 1930년 6월호, 24면.
65) 쿠퍼, 「사회적 정치적 설교가인 요한 웨슬레」, 『신학세계』 1930년 9월호, 75면.

사용한 일 등을 소개하였으며, 그 밖에도 의료사업, 금주운동, 빈민은
행의 설립, 죄인의 방문 등을 열거하였다.[66] 특히 빈곤자에 대한 자선
사업을 강조하여 매일 150여 명에 대한 식사제공, 노숙자들에 대한 숙
소 제공, 걸인들에 대한 일자리 제공, 병자에 대한 치료 등을 상세하
게 소개하였다. 이러한 빈민을 위한 자선사업은 이후 적십자사, 자비
원, 기독교서회 등의 선구가 되었으며 종교를 통한 인간혁명으로 사회
를 개량하였다고 평가하였다.[67]

남북감리교의 통합과정에서 촉구된 웨슬리에 대한 인식은 식민지
조선의 사회문제와 연관되어 새로운 국면으로 전개되었다. 유형기는
개인구원을 위한 종교운동을 사회구원을 위한 종교적 기반으로 해석
하였으며, 쿠퍼는 웨슬리가 전개한 사회사업을 사회적, 정치적, 경제적
활동으로 평가하였다. 그 과정에서 개인구원은 사회구원으로 이어져야
한다는 신학적 발전도 일어났다. 웨슬리를 개인구원을 강조하는 정신
적 종교운동가로만 평가한 것이 아니라 피폐한 사회를 적극적으로 개
량한 사회개량가로 이해한 것이다.

그러나 선진 영국에서 일어난 사회개혁 프로그램을 식민지 조선의
교회가 시행하기는 어려웠을 것이다. 그리고 한국의 감리교회는 총독
부의 조선 지배를 인정하는 감독제도에 의해서 운영되었기에 식민지
현실을 종교문제로 인식하게 된 종교가들의 성장을 용인할 수가 없었
을 것이다. 더구나 사회의 후진성이 선진적 개혁 프로그램을 시행하기
어렵게 만들었으므로 사회선교가 구체적으로 전개된 흔적은 보이지
않는다. 그러나 후진 제국주의의 수탈에 신음하는 동포의 어려움을 해
결하려는 사상적 노력마저 없었던 것은 아니며, 이러한 전통이 계승되

---

66) 집필자 미상, 「사회개량가 요한 웨슬레」, 『신보』 1930. 11. 19.
67) 집필자 미상, 「사회개량가 요한 웨슬레」, 『신보』 1930. 11. 19.

어 감리교 신학이 융통성을 가지게 되었다고 생각한다.

2. 미국 교회의 노동문제 해결책과 사회복음주의에 관한 인식

미국 교회에 대한 한국 기독교인들의 관심은 교회의 조직적 기반과 관련하여 여러 가지 면에서 나타났다. 교회의 운영에서만이 아니라 청년회, 주일학교, 미션계 학교의 운영 등에서 미국 교회를 모범으로 하였으며 금주운동의 전개에서도 미국 교회를 모범으로 삼았다. 이러한 경향은 종교에만 국한된 것이 아니어서 조선 사회 발전의 모범으로 미국을 생각할 정도였다.[68]

미국에서도 산업혁명으로 인한 사회적 갈등은 상당한 정도로 나타났으나 구주대륙의 노동운동과는 여러 가지 면에서 달랐다. 미국은 서부 개척지라는 자유지가 노동자의 불만을 해소시키는 안전판(safety valve)의 역할을 수행하였다. 노동자들은 사유재산제도에 반대하기보다 기회균등을 요구하면서 미래의 자본가를 꿈꾸고 있었다. 따라서 미국의 노동운동은 사회주의 대신에 개인주의 이념에 충실하였으며 중산계급의 생산 이념에 입각한 노동운동을 전개하였다. 게다가 독립이후 보통선거권도 국민 모두에게 주어졌기에 계급을 중심으로 한 정치적 투쟁경험이 부족하고 계급의식의 형성도 미비하였다. 또 각 주의 상이한 법률과 행정 그리고 보수적인 사법제도로 인하여 미국의 노동운동은 노동자의 정치적 권리를 획득하는 운동보다 경제적 이익을 추구하는 경향이 강하게 나타났다. 또한 이민으로 이질적 인종들로 노동

---

68) 당시 일반 사회에서는 미국을 米國으로 표기하고 있었는데 기독교계에서 발행하는 신문이나 잡지에서는 1920년대 중반부터 美國으로 표기하고 있다.

계급이 구성되었으므로 민족적 편견이 노자(勞資)의 대립을 약화시키고 오히려 유색 인종 노동자를 축출하는 일에 적극적이었다.

결국 미국 사회의 유동성이 미국 노동조합의 계급 의식적 성장을 방해하고 고용주로부터 독립하려는 임금 의식적 노동계급을 형성하게 하였다. 곰퍼스(S. Gompers)를 중심으로 한 '미국노동연맹'도 숙련자를 중심으로 한 노동귀족의 이익을 보장하려는 보수적 노동조합주의를 이념화하고 있었다.[69]

이러한 노동운동에 대하여 당시 위스콘신대학의 경제학 교수였던 엘리(Richard T. Ely)는 미국의 노동조합이 충분히 발전하지 못하였음을 지적하고 노동조합의 필요성과 노동자의 단결을 역설하였다. 그리고 노동조합 이외에 노동자의 지위를 개선하는 수단으로 교회, 학교, 국가를 들었으며 그중에서도 교회의 역할을 강조하였다. 이것은 개인구원을 강조하던 미국 교회의 노동자에 대한 무관심과 유한계급과의 밀착을 비판한 것이었다.[70] 이러한 비판은 교회 내에서도 진척되어 산업발전 속에서 신음하는 노동자들의 어려움을 적극적으로 해결하려는 사회복음주의가 나타났다. 라우셴부시(W. Rauschenbusch)가 주장한 사회복음주의는 교회가 거듭나려면 기독교 정신에 입각하여 사회복지에 대한 교회의 책임을 확대할 것을 이야기하고 적극적으로 실현하려 하였다. 이러한 경향을 가진 미국 교회에 대한 한국 기독교인들의 관심을 살펴 노동문제를 어떻게 개선하려 하였는가를 이해하고자 한다.

---

69) 兪京濬, 「미국 노동운동의 성격」, 『미국사연구서설』, 일조각, 1984, 208~212면.
70) 兪京濬, 윗글, 208~212면.

(1) 미국 교회의 노동문제 해결책에 관한 인식

노동문제에 대한 미국 교회의 대응책이 소개된 것은 "틘슬레"[71]가 소개한 「미국 그리스도교연합회에 택한 ㅅ회뎍 직무문답」[72]이 처음이었다. 이후 맥도날드[73] 선교사는 '미국각교파연합회의'에서 결의한 사회주의에 대한 미국 교회의 태도를 소개하였다.[74] 이것은 다시 『기독신보』[75]에 게재되었다가 '조선야소교서회'에서 『기독교사회사상』이라는 책자로 출판되어 널리 권장되었다. 그 내용은 한마디로, 노동조건을 개선하여 노동자들의 생활을 보장하려는 것으로 식민지 조선의 상황에는 적용하기에는 선진적인 것이었다. 그럼에도 기독교인들은 이 책을 적극적으로 권장하였다.[76]

---

71) Tinsley Horsten(1883-1940), 앤드루대학, 스칼릿성경신학원 에모리대학 졸업. 남감리교 선교사로 내한하여 개성과 철원에서 선교하였으며, 1920년부터 서울 감리교 협성신학교에서 교수를 역임하였다. 1934년 질병으로 귀국하여 1935년 은퇴하였다. 김승태 · 박혜진, 앞글, 495면.

72) 틘슬레, 「미국 그리스도교연합회에 택한 ㅅ회뎍 직무문답」, 『신학세계』 1923년 3월호, 68~70면.

73) McDonald D. A.(1883~1938), 캐나다 장로교 선교사로 한국명 梅道撚이다. 토론토대학과 녹스대학을 졸업하고 온타리오에서 목회하다가 한국 선교사로 파견(1912년)된 후 바커(朴傑)의 뒤를 이어 함북 회령지방 선교 책임자가 되었다. 1921년에 원산으로 이동하고 1936년에는 함흥으로 선교지 옮김. 신조보다는 사회윤리를 강조하는 신학적 경향을 가지고 선교에 임했으며, 가난한 자들에 대한 선교활동을 하다가 1938년에 함흥에서 별세하였다. 김승태 · 박혜진, 앞글, 55면.

74) 맥도날드 牧師, 「사회문제에 대한 기독교의 태도; 미국에 잇는 예수교각파연합회의에서는 사회주의에 대한 기독교의 태도를 이하 십육조로 결정하엿음」, 『신학세계』 1925년 8월호, 35면.

75) 「社會問題에 對한 美國敎會의 態度」, 『신보』 1925. 9. 9, 기독신보 1925년 9월 9일에 실린 기사를 한 항목씩 해설하는 기사가 梅道撚, 「社會問題에 對한 基督敎의 態度를 再考함」 1~16, 『신보』 1925. 12. 9~1926. 6. 9로 다시 게재되었다.

미국 교회의 사회문제 해결책을 받아들이려는 노력은 1928년경에 이르러서는 노동자 전도 방법으로 소개되었다. 적성학인(赤城學人)이 소개한 「도시전도에 대하여(都市傳道에 對하여)」와 「노동자가의 전도술(勞動者街의 傳道術)」이 그것이다. 적성학인은 첫째로 회관식 교회를 소개하였다. 이것은 교회에 재봉공장, 저금부, 직업소개소, 유원지, 체육관, 야학, 치료부 등의 노동자의 복지시설을 설치하여 노동자들의 편의를 도모하는 것이다.[77] 둘째로 복지시설 운영을 넘어서 복지를 향상시키는 전도회 운영을 소개하였다. 침례교회동맹, 만국민교회, 복음전도관, 교회군, 맛콜전도회 등의 선교회 운영 등을 소개하였다.[78] 셋째로 노동자의 복지 향상뿐 아니라 그들의 환경 속에 퍼져있는 사회악을 제거하기 위한 "총공격적 전도"라는 전도 방법을 소개하였다.[79] 노동자들의 어려움을 해결함에 있어서 미국 기독교인들은 일시적인 구제만이 아니라 전도의 과제로 삼았으며 한국의 기독교인들도 이를 놓치지 않고 살피고 있었다.

미국 교회의 사회문제에 대한 대응을 살펴보던 한국 기독교인들은 미국 교회의 형식적 변화에도 관심을 두었다. 각파를 연합하려는 Inter Church운동, 교역자를 제외한 평신도들의 전도운동, 극단적인 자유주의를 주장하는 Community Church, 노동자를 중심으로 하는 Labor Church 등이 있음을 열거하고 이러한 흐름을 사회적 종교, 사회적 기독교, 사회적 복음, 진보적 기독교라는 용어로 부르고 있음도 전하였다.[80]

---

76) 「卓上圖書 – 基督敎社會思想」, 『신보』 1930. 9. 9.
77) 赤城學人, 「都市 傳道에 對하여」, 『신보』 1928. 11. 14.
78) 적성학인, 「勞動者街의 傳道術」, 『신보』 1928. 11. 21.
79) 적성학인, 「노동자가의 전도술 – 승전」, 『신보』 1928. 11. 28.
80) "近年에 니러나는 宗敎運動에서 몃가지만 列擧한다할지라고 各派聯合을

다음은 '예수교연합협의회'의 사회사업을 상세하게 소개하였다. '예수교연합협의회'는 미국의 성서공회, 교회교육부협의회, 국제종교교육협의회, 라틴아메리카협동위원회, 학생외국전도회, 부인외국전도연합회, 부인국내전도협의회, 기독청년회국제부, 북미주외국전도단참고협의회, 여자기독청년회국제부 등이 연합하여 구성한 협의회이다. 이 협의회에 참가한 각 단체들은 직접적으로 전도사업을 전개하는 단체도 있으나 공동으로 전도 서적을 출판하고, 신년기도회를 비롯하여 연중행사를 공동으로 개최하고, 지방순회 강연과 강습회 등을 공동으로 개최하였다. 특히 사회사업부는 협의회를 중심으로 노동축일(9월 1일)의 기념, 매년 노동주일독본의 발간, 조사부와 협동하여 산업 방면에서 일어난 1년간의 주요 사건의 조사·보고와 평론을 곁들인 『산업조사년보』라는 정기간행물을 발간하여 학자들의 연구 자료로 또는 목회자들의 설교 자료로 제공하였다.

나아가 사회사업부가 직접적으로 노동문제를 해결하려는 노력도 전개하였다. 사회사업부는 노동조합이나 노동동맹과 같은 단체들과 연락하여 노동에 대한 사회적 정의를 주장하며, 노동자의 사회적 지위와 대우 개선, 가정생활의 개선, 미숙련공의 실업, 경제공황에 의한 실업문제 등을 해결하는 데 노력하며, 노동문제가 발생하면 중재자 역할도 적극적 담당한다고 하였다.[81]

目的하는 인터 철취運動이 잇고 敎役者를 除外하고 傳道事業을 하려는 俗人傳道運動이 잇스며 極端의 自由主義를 標榜하는 콤뮤니티 철취가 잇고 勞動者를 本位로한 레버 템플이 잇다고 한다. 이런것들은 事業運動에 關한 것이지마는 敎義解析에 關하여서도 新方面을 開拓하랴고 여러 가지 努力이 잇다고하는데 아직 그 體系를 整頓한 것은 안히지마는 社會的宗敎니 社會的基督敎니 社會的 福音이니 進步的基督敎니 하는 標語가 만히 도라단닌다고한다." 蔡弼根, 「美國敎會의 變遷槪況」 1, 『신보』 1929. 10. 2.

한국 기독교인들은 미국 교회의 사회사업을 고찰하면서 교회가 사회문제에 얼마나 관심을 가지고 노력하고 있는지를 이해하게 되었다. 그리고 교회는 사회가 변화하는 것에 적응하여 알맞은 선교 방법을 고안하며, 적극적인 사회선교를 벌여야 한다는 것을 의식하게 되었다.

(2) 미국의 사회복음주의에 관한 인식

미국 교회의 사회정책에 대한 한국 기독교인들의 고찰은 노동문제에 대한 미국 교회의 대응책에 그치지 않고 기독교의 복음이 사회문제에 직면하여 어떻게 해석되는가에 대한 고찰로 연결되었다. 산업혁명 이후 사회문제를 해결하려는 미국 사회는 학문적으로는 위스콘신 학파의 노동경제학을 성립시켰으며, 신학적으로는 사회복음주의를 태동시켰다. 사회복음주의는 미국 사회의 경제적 사회적 모순에 교회가 적극적으로 개입할 것을 요구하는 복음의 새로운 해석으로 현상에 만족하고 침잠했던 미국 교회를 자극하였다. 미국 교회는 사회복음주의가 요구하는 것과 같이 노동문제에 적극적으로 참여하지는 않았지만 노동자들의 문제에 전과 같이 무관심할 수는 없었다.

라우셴부시(Walter Rauschenbusch)의 사회복음주의는 그리스도교의 근본 목표는 모든 인간관계가 하나님의 뜻에 부합되도록 조성하고 재생시킴으로써 인간 사회를 하나님의 나라로 변화시키는 것이라고 주장하였다. 더구나 사회문제가 보편화한 시대에 이르러 그리스도교회는 교회의 근본 목표를 되살려 사회를 구원하는 것이 복음의 진정한 의미라고 복음의 사회적인 측면을 강조하였다. 그리고 '하나님의 나라'는 인간의 전 생활을 포함하는 것으로 교인은 하나님 나라의 창조를

---

81) 채필근, 「기독교회의 금일과 명일」 3, 『신보』 1930. 11. 5.

분담해야 한다고 주장하였다. 이리하여 산업혁명 이후 변화된 사회문제에 관한 교회의 입장을 정립한 사회복음주의는 20세기 초반부터 성장하여 미국 교회 내에서 커다란 반향을 일으키고 있었다.[82]

라우셴부시에 관한 한국 기독교인들의 고찰은 기도문을 통하여 나타났다.[83] 이 기도문에는 라우셴부시 박사의 사회복음사상이 별로 나타나지 않아서 한국 교회의 사회복음주의에 관한 관심 여부는 가늠할 수 없지만 한국의 기독교인들이 그를 미국 교회의 중요한 인물로 인식하였다는 것은 보여주는 것이다. 이후 채필근은 라우셴부시의 『기독교와 그 사회적 위기(Christianity and the Social Crisis) ; 1907』에 나타난 사상을 소개하여 사회복음주의가 식민지 조선 사회에 구체적으로 알려졌다.

> "그런것(사회의 죄악 - 연구자)을 잘알면서도 다만 自進하야 社會의 모든 害惡을 芟除하고 新建設을 하려고하지 안엇다는 것이다. 그들은 主의 再臨을 苦待하면서 예수로 말매암아 世上이 自然 革新되기를 希望하엿다. 이 希望을 抱懷한 者들은 慰安을 엇을 수 잇섯거니와 社會 그것은 조곰도 改善되지 안흘뿐더러 날마다 해마다 점점 더 頹廢되고 말엇다. 各個人이 참으로 主로서 生活하겟다는 覺悟가 업시는 神의 王國은 언제던지 顯現하지안흘 것이다."[84]

인용된 글은 기존 교회가 사회악 개선에 노력하지 않는다고 비난하고 복음의 사회적 적용을 강력하게 요구하는 내용이다. 즉 예수의 재

---

82) 『現代神學者 20人』, 대한 기독교서회, 1977, 23~28면, Bradley J. Longfield 著, 이은선 譯, 『미국장로교회논쟁 - The Presbyterian Controvercy』, 아가페문화사, 1992, 152~159면.
83) 미국의 로센뿌쉬 박사, 「祈禱文」, 『신보』 1921. 6. 29.
84) 채필근, 「敎役者와 社會問題」 中, 『신보』 1928. 12. 12.

림을 기다리는 사람은 근면하고 검소하며, 교회는 사회문제에 대해 적극적으로 개입할 것을 촉구하였다.

그의 사상을 구체적으로 이해하려는 번역작업은 1921년경부터 시작되었으나[85] 정작 그의 저술이 번역되어 책으로 나타난 것은 1930년이었다. 『The Social Principle of Jesus; 1916』를 고영환(高永煥)이 번역하여 『야소의 사회훈(耶蘇의 社會訓)』으로 출간하였다. 조선야소교서회는 이 책을 발간하는 이유로 사회의 모든 단체와 운동은 자기의 이익을 도모하는 이기적인 것이어서 현대 사회에서는 천국운동이 요망되는데 천국운동을 전개하기 위하여 예수의 사회교훈이 필요하며 그를 위하여 라우쎈부시의 책을 번역하고 발간한다고 하였다.[86] 이 책에 대한 광고가 여러 번 발견되는 것으로 보아 기독교인들이 적극적으로 권장한 도서이었을 것으로 추측된다.

라우쎈부시의 사회복음주의는 1931년 김지환(金智煥)[87]에 의해서

---

85) 「韓錫源牧師의 辭免」, 『신보』 1921. 11. 19.

86) 「卓上圖書 - 예수의 사회훈」, 『신보』 1930. 10. 1.

87) 김지환(1892~1972), 평북 정주 출생으로 1911년에 오산학교를 졸업하였다. 1916년에 일본 神戶의 간사이학원 신학부를 졸업한 후 개성 남부교회의 전도사로 활동하다가, 3·1운동 때 정춘수와 이승훈으로부터 독립선언서를 받아 파리강화회의와 윌슨 미국대통령에게 전달하는 업무를 담당하였다. 동창 鄭晃朝의 도움으로 안동현의 金炳農 목사에게 전달하였고, 의주교회 장로 金承萬에게 유명근이 가지고 있던 1,000원을 전달하여 안동현에 임시정부 연락소인 쌀가게를 열게 하였다. 이후 독립선언서의 민족대표 48인으로 지목되어 3년간 복역하고 출옥하였다. 출옥 후 영등포교회와 연동교회에서 전도사로 봉직하였으며 정신학교와 경신학교의 교사로도 봉직하였다. 기독교창문사가 발간하는 『신생명』의 주간을 담당하였으며 1924년부터 배화여고 교사로 취임하여 14년간 봉직하다가 校誌사건으로 해임을 당하였다. 해방 후 국민대회준비회의 지방부장을 담당하였고, 5·10선거 때에는 중앙선거위원을 담당하였고, 1963년 건국훈장국민장을 받았다.

간단하게 정리되었다. 김지환은 그리스도와 바울의 선교는 개인적 복음에서 사회적 복음으로 나아갔다고 전제하였다. 하나님의 구원은 개인의 구원에서 시작하여 사회구원으로 나아가며, 개인구원은 하나님의 방법이지만 개인구원에 편향되어 사회봉사를 무시하고 신비적 경험만을 중시하는 신앙은 잘못된 신앙으로 비판하였다. 개인구원에 편향된 신앙은 교만하고 자기중심적이므로 하나님의 구원을 실천하려면 이기적 신앙을 버리고 사회복음주의에 입각하여 협력하고 봉사해야 한다고 하였다.[88] 또한 사회복음주의는 초대교회의 신앙을 회복하고 옛날 선지자들의 억제할 수 없었던 영적 감격을 되살리는 것이라 하였다. 즉 선지자들의 열렬한 신앙을 사회에 응용하여 전제적이고 약탈적 산업생활을 개선하여 공평과 친절과 동포애를 실현하려고 노력하는 것이라고 정의하였다.[89]

김지환은 사회복음주의를 선지자들의 신앙을 본받은 것으로 규정하였다. 그리고 복음의 이상을 민족적 현실에 적용하여 약탈적 전제적 산업생활을 개혁하고 평등과 동포애를 실현해 줄 이념으로 해석하였다. 그러나 이후 사회복음주의에 대한 기사는 별로 보이지 않는데 무엇 때문인지는 분명치 않다. 연구자의 추측으로는 미국 교회의 선진성과 사회복음주의의 급진성을 한국 기독교인들이 수용하기 어려웠기 때문이었을 것이다.

일제하 한국의 기독교인들은 미국 교회가 개발한 구제선교, 노동선교를 열심히 고찰하였고 사회복음주의라는 성경 해석에도 상당한 관심을 기울였다. 방법적으로만 접근한 것이 아니라 원리적으로 접근하여 동포의 어려움을 종교적으로 도와주려 하였다. 이것은 제국주의의

---

88) 金智煥, 「개인적 복음주의와 사회적 복음주의」 1, 『신보』 1931. 1. 1.
89) 김지환, 윗글.

수탈이 노동자와 농민에게만 해당된 것이 아니라 기업에 대해서도 가혹하였으므로 영세한 토착자본가인 기독교인들은 민족의 어려움을 종교문제로 인식하게 되었다는 것을 보여주는 증거이다.

열악한 경영환경에서 기독교 토착자본가들은 생산 유지를 위한 노동조건 개선이 필요하였으며 이를 위하여 기독교 선교를 이용하였다. 기독교인들의 자본활동이 매우 열악하여 산업의 합리화를 도모할 수 없었으므로 노동조건의 개선은 생각할 수도 없었다. 이에 교회는 기독교 자본가를 보호하기 위하여 기독교의 선교로 노동조건의 악화를 보완하려 하였다. 경제적 후진성을 종교적으로 해결하려는 노력이었다고 하겠다. 결국 기독교의 영세한 토착자본가들은 노동문제의 극복을 기독교에 의지하려 하였으며, 선진 교회의 문제의식을 소개하여 노동문제를 종교문제화하고 종교적 방법까지 동원하려 하였다고 하겠다.

3. 가가와도요히꼬(賀川豊彦)의 빈민구제선교에 관한 인식

일제의 토지조사사업 이후 농촌 인구의 대부분은 빈곤에 시달렸으며, 1920년대에 이르러서는 연간 15만 명 정도가 농촌을 떠날 수밖에 없었다. 그러나 농촌을 떠난 이들은 도시에 정착하기도 어려웠다. 산업발달이 부진하여 공장 노동자도 되지 못하고 화전민이 되어 원시적 생활로 연명하던가, 날품팔이꾼으로 전국의 공사장을 전전하던가, 도시 변두리의 토막민이 되던가, 아니면 만주나 시베리아의 유랑민이 되었다.[90]

한국의 기독교인들은 산업화를 통하여 실업자를 없애려 하였으며,

---

90) 1931년 서울 시내의 실업률

노동선교를 통하여 노동자들의 빈곤을 구제하려고도 하였다. 그러나 이러한 일은 매우 어려운 일이었으며 짧은 시일 내에 해결할 수 있는 문제도 아니었다. 한국의 기독교인들은 다급한 대로 빈민구제에 노력을 기울였다. 더구나 기독교는 빈궁한 자에게 복음을 전하는 것을 선교의 사명으로 생각하였으므로[91] 빈민구제를 선교의 요체로 받아들이게 되었다.[92]

기독교인들은 먼저 기근 구제에 노력하였다. 1924년부터 매년 식민지 조선의 농업은 수해와 한해 그리고 병충해로 인하여 막대한 피해를 당하였다. 사회에서는 '조선기근대책강구회'를 발기하였으며 '조선기근구제회'의 명의로 7가지 구제대책을 발표하였다.[93] 기독교인들도

구　　분	조 사 자 수	실 업 자 수	실 업 률
급료생활자	18,508명	4,234명	23.4%
일용노동자	19,323명	4,432명	23.0%
기타노동자	16,870명	4,474명	26.5%
조사자계	54,701명	13,229명	24.2%

姜萬吉, 『日帝時代 貧民生活史硏究』, 창작사, 1987, 10~14면, 339면.

91) "그(예수-연구자)는 빈궁흔자의게 福音을 전ᄒ시며 상심흔자를 치료ᄒ시며" 社說, 「基督의 聖誕과 그 使命」, 『신보』 1924. 12. 17, "예수는 富者와 義人을 위ᄒ야 오신이가 아니라 貧者와 罪人을 위하야 오셧습니다. 아- 우리 福音을 전번하는 말이 얼마나 農村과 工場과 貧民窟에 들어갓슴니가." 逸名, 「今日 朝鮮敎會의 要求-교회쇠퇴의 원인과 희망」, 『신보』 1927. 1. 5, "예수의 自覺은 有産階級으로셔 貧民을 救濟홈에 대ᄒ야 흔 奴隷者로써 救助홈이 아니오 우리들의 兄弟로써 救濟홀것이라고 하셧다." 金鍾弼, 「社會問題에 대흔 예수의 見解」, 『神學世界』 1927년 2월호, 61면.

92) 神戶關西學院神學部 金鍾弼, 「社會問題에 對흔 예수의 見解」, 『神學世界』 1927년 2월호, 61면, 社說, 「基督敎와 社會事業」 上·下, 『신보』 1930. 7. 9~1930. 7. 16, 崔承萬, 「朝鮮基督敎의 社會的 進出」 4, 『신보』 1931. 1. 21, 채필근, 「朝鮮民衆과 크리스마쓰」, 『新生』 12, 6면.

93) 「饑饉對策講究會」, 『신보』 1924. 9. 10, 社說, 「饑饉과 救濟」, 「朝鮮饑饉救濟會의 決議文」, 『신보』 1924. 10. 22.

유례없는 피해에 '기독교연합구제회'를 조직하고 난민 구제에 노력하였으며 그러한 노력을 집결하기 위해서 신속하게 움직였다.[94] 기독교인들은 어려운 동포를 돌보는 것은 인간의 도리이며 기독교 정신을 실현하는 선교사업으로 인식하였다.

기독교인들은 빈민구제선교를 위하여 방법론을 모색하였고, 그 과정에서 '빈민굴의 성도'로 불리던 가가와[95]와 구세군 대좌 山室軍平[96] 빈민선교의 모범으로 생각하였다.[97] 특히 가가와에 대한 한국 기독교인들의 관심은 각별한 것이어서 그의 이론적 기반인 '기독교사회주의론'을[98] 비롯하여 부인의 희생적 선교,[99] 비폭력적 사회운동, 소년 교화사업[100] 등도 소개하였다. 가가와는 맛콜전도회가 운영한 노동관과 유사한 성마태관(청년 대상)·성마리아관(직업부인 대상)도

---

94) 社說, 「홍수를 당ᄒ고셔」, 『신보』 1925. 7. 29, 「京城耶蘇教聯合水害救濟會決算報告」, 『신보』 1925. 9. 30, 「경성정동교회수해구제후문」, 『신보』 1925. 10 28, 社說, 「굴머죽는 동포들의 신음소리를 듯는가」, 전영택, 「교회의 대문제들」, 『신보』 1929. 6. 5, 「總會建議案－平壤老會의 二大計劃」, 『신보』 1928. 8. 14, 조선예수교장노회총회장 廉鳳南, 「各教會에 急告하나이다」, 「長老會總會水旱災救濟金收入」 5, 『신보』 1928. 12. 19, 채필근, 「1929년 教會總評」 5, 『신보』 1930. 1. 22.

95) 蔡聖錫, 「貧民窟의 聖徒」, 『神學世界』 1922년 5월호, 71~72면.

96) 「山室軍平氏의 公娼廢止演說」, 『신보』 1924. 3. 5.

97) 講臺, 「信仰과 生死－山室軍平氏의 『救世叢書』 제6권중에서」, 『신보』 1923. 7. 11, "基督教 信者中에서 山室軍平과 賀川豊焉 兩氏를 中心으로 하여 예수그리스도의 精神과 主義로 無産者保護運動선상에서 奮鬪勞力하여 實際運動을 하는 줄은 우리 朝鮮教會에서는 公認하는 바이다." 金洙喆, 「基督教 社會事業의 一考察」, 『眞生』 1929년 10월호, 36면.

98) 賀川豊彦 著, 赤城學人 譯, 「基督教社會主義論」 1~종, 『신보』 1927. 3. 9~1927. 5. 25.

99) 채성석, 앞글, 1922. 5월호, 71~72면.

100) 일기자, 「日本 基督教社會主義者 賀川豊彦의 半生」, 『神學世界』 1932년 5월호, 71~76면.

설립하여 노동자에게 선교하였는데 이것도 빠뜨리지 않고 소개하였다.[101] 가가와는 유료기숙사인 노동관을 지어 노동자들의 주거문제를 해결하였다. 그리고 이것을 전도관이나 주일학교 집회장소로 사용하고, 노동자들을 위한 야학시설이나 도서관을 회의 장소로도 제공하였다. 뿐만 아니라 노동관에 거주하는 노동자를 대상으로 종교적 훈련을 실시하였고, 여러 노동관을 연합하여 노동 활동을 강화하였다.[102]

가가와에 관한 한국 기독교인들의 관심은 여기서 그치지 않고 희생적인 신앙, 신앙적 일상생활, 신앙의 사상적 기반 등을 주목하였다. 이러한 사업은 조선야소교서회를 중심으로 전개되었다. 조신일(趙信一)의 번역으로 『기독교와 진리(1929년)』, 『신생의 종교(1930년)』를 출간하였고, 이태규의 번역으로 『해방의 종교(1932년)』를 출간하였다.[103] 이 중에서 『신생의 종교』는 가가와의 신국화운동(神國化運動)을 보여주는 것으로 50,000부나 발매되었다.[104] 가가와에 대한 한국 기독교인들의 관심은 빈민구제사업의 정신적 기반인 사상과 그가 벌이는 실제 운동 그리고 그러한 사상을 뒷받침하는 신앙생활 등 다방면에 걸친 것이었다.

결과적으로 가가와의 사상과 빈민구제선교에 대한 한국 기독교인들의 관심은 열악한 경영 여건 속에서 노동자들의 요구를 수용할 수 없었던 토착자본가들을 대신하여 노동자들의 빈곤을 구제하는 데에 이용되었다고 하겠다. 바꾸어 말하면 기독교의 이웃사랑의 정신을 빈민구제와 노동문제에 적극적으로 적용하여 토착자본가의 경영 여건을 개선하려 하였다. 더구나 가가와의 헌신적인 종교생활은 신앙의 모범

---

101) 적성학인, 앞글, 1928. 11. 28.
102) 적성학인, 앞글, 1928. 11. 28.
103) 이장식, 『대한기독교서회 100년사』, 대한기독교서회, 323~327면.
104) 광고, 『신보』 1930. 3. 12.

으로 추앙받을 만한 것이어서 무리 없이 대중의 호응도 받을 수 있었고 신앙의 생활화도 요구할 수 있었다. 한국 기독교는 가가와의 빈민구제선교를 이용하여 노동문제를 해결하려 하였으며 신앙심도 강화하려 하였다.

한국 기독교인들은 식민 지배의 수탈을 극복하기 위하여 미국과 영국 교회의 변화를 주목하고 수용하려고 노력하였지만 진보적인 복음의 해석이나 선진적인 개혁 방법은 수용할 수 없었다. 진보적 사상을 수용하려는 노력이 전혀 없었던 것은 아니지만 사회의 후진성이 이것을 허락하지 않았던 것이다. 더구나 일제의 수탈정책이 최소한의 환경마저 허락하지 않았으므로 식민지 조선의 기독교 토착자본가들은 가가와도요히꼬의 빈민구제선교를 받아들이는 정도에서 나아가지 못하였다.

식민지 초과이윤을 노리는 일본인 자본의 진출에 고통받던 기독교 토착자본가들은 공산주의로 무장한 노동운동에 직면하여 철저하게 자본가적 입장을 견지하였다. 1920년대 초반에는 가치의 생산비설을 이용하여 자본가의 이윤을 보장하려 하였으며, 중 후반에는 가가와의 빈민선교와 리카르도의 노동가치설을 이용하여 마르크스의 노동가치설을 부정하였다. 1920년대 후반부터 1930년대 초반까지는 마르크스의 노동가치설을 이론적으로 비판하여 적극적으로 자본가의 이윤을 보장하려 하였다.

이렇게 볼 때 식민지 조선의 기독교인들은 토착자본가를 보호 육성하려는 의지를 강하게 가지고 노동가치설을 기업가 중심으로 해석하였으나 식민지 노동자의 어려움을 외면할 수는 없었다. 소극적이나마 노동자의 생존을 보장하기 위하여 외국 교회의 노동문제 해결책을 수용하려 하였으나 여의치 못하였으며, 일본의 빈민구제선교를 받아들이는데 그쳤다. 결국 식민지 조선의 기독교 자본가들은 식민지 지배하에서 노동자들의 요구를 경제적으로 해결할 능력이 없었으므로 빈민구제선교라는 기독교적 선교 방법으로 노동운동의 격화를 방지하려 하였다고 추측된다.

제6장 | 분배문제에 관한 인식

분배는 생산된 부(富)를 생산에 참여한 경제 주체에게 나누어주는 것이다. 분배과정이 공정해야만 사회정의가 실현되므로 국가는 이를 위하여 다각적인 노력을 기울여야 한다. 그러나 분배제도의 공정성을 확보하는 것은 쉬운 일은 아니다. 더욱이 식민지 조선의 경제는 일본인 자본가들에게 초과이윤을 보장해야 하므로 경제의 운용만이 아니라 분배에서도 평등할 수가 없었다. 식민지 조선의 농민과 노동자는 생존을 위하여 분배제도의 개선을 요구하였으며 그 실현을 위한 노력도 그치지 않았다. 노동자와 농민들은 공산주의의 영향을 받아 극단적으로 균등분배를 주장하는 그룹도 있었다. 이렇게 대중이 급진화하는 가운데 기독교를 중심으로 한 토착자본가들은 균등분배나 계급문제에 촉각을 곤두세우게 되었다. 여기서는 분배문제에 대해 기독교인들이 어떤 입장을 가지고 있었으며 노동자나 농민들의 요구에 어떻게 대응하였는가를 살펴보고자 한다.

제1절 계급착취에 관한 인식

1. 1920년대 초반

1920년대 초반에 『긔독신보(基督申報)』에 나타난 계급착취에 관한 기사는 주로 홍병선(洪秉琁)이 작성한 것으로 그가 사용한 계급이라는 용어 예를 찾아보면 다음과 같다.

"긔독교는 貧富貴賤 有無識 人種의 區別이 업시 똑갓치 平等을 쥬창흔다 예수의 눈에는 빅인종이나 黑人種이나 黃人種이나 똑갓다. 그러나 오늘날 教會는 階級덕이요 學文 잇는쟈니 無識혼쟈를 사름아니로 본다."[1]

"셰셰가 모다 不安ㅎ다 階級을 업시라 서로 平等이 살쟈 먹을 것을 혼쟈만 먹지말고 잇는쟈는 업는쟈를 주어라 엇지ㅎ면 우리의 不安흠을 업실가 오늘에 教會는 너무나 無能ㅎ다."[2]

홍병선은 계급이라는 용어를 빈부귀천과 인종적 차이, 유·무식의 차이를 나타내는 용어로 사용하였다. 이러한 구분은 전통사회에도 존재하던 차이와 그것에 기반을 둔 사회적 상하관계를 계급으로 표현한 것으로, 홍병선이 사용한 계급개념은 근대 사회주의적 개념은 아니었다. 그런데 이러한 전근대적 개념은 아무 거리낌 없이 다음 인용문에서는 계급적 착취개념으로 사용되고 있다. 즉 사회 내에 계급이 존재하고, 부(富)가 독점되어 불공평한 사회가 되었으므로 개선해야 하는

---

1) 홍병선, 「今代雜感」 3 - 긔독교와 평등쥬의, 『신보』 1919. 8. 6.
2) 홍병선, 윗글.

데 교회가 그러한 일을 담당하기에는 너무나 무능하다는 것이다. 홍병선은 계급의 존재가 빈부의 차이를 가져왔고 빈부의 차이는 개선을 요구하지만 빈부의 원인인 계급차별에 관한 인식은 전혀 사회주의적이 아니었다. 그에게서 계급차별의 원인으로 중시되는 것은 빈부의 차이와 인종 그리고 지식의 차이였다. 있는 자(유산자)와 없는 자(무산자)의 차이는 단지 재산의 많고 적음을 가리키는 용어로 사용되었으며, 생산수단을 소유한 자본가가 생산수단을 박탈당한 노동자가 생산한 잉여가치를 착취한다는 불평등한 사회구조를 설명하는 용어로 이해된 것은 아니었다.

또 빈곤한 삶을 해결하는 방법으로 계급철폐를 주장하였다. 그런데 계급철폐는 착취하는 사회구조를 변화시켜서 이루어지는 것이 아니라, 있는 자가 없는 자에게 나누어줌으로써 해결된다고 보았다. 이렇게 볼 때 사회주의가 전파되는 과정에서 유산자와 무산자라는 용어가 도입되어 사용되고 있었으나 내용적으로 생산관계에 기초한 계급착취를 포함한 개념으로 이해된 것은 아니었다. 유산자와 무산자는 경제력의 有無를 나타내는 단순한 개념으로 사용되었으며 생산수단의 소유와 연관된 사회주의적 인식은 아니었다.

비사회주의적 경향은 빈곤을 해결하려는 방법에서도 나타났다. 빈부격차를 생산수단의 조정이나 사회의 경제적 기반을 재편하여 해결하는 것이 아니라, 부자들이 생활하고 오락하고 남은 것으로 가난한 사람들을 도와주는 것이었다. 그러나 부자들의 자선은 강제할 수 없으며, 자신의 고통은 자신들이 해결해야 하므로 공연히 놀면서 부자를 욕하는 것은 잘못이라고 비판하였다.[3] 홍병선은 빈곤은 자신이 부지

---

3) "부쟈는 반다시 ᄌᆞ긔가 먹고 쓰고 모고 오락흔 남어지 즁에셔 얼마든지
   내여 샤회를 위ᄒᆞ야 쓸것일다 써야 마땅흘 것일다. 빈쟈는 ᄌᆞ긔의 머리와

런히 노력하면 해결할 수 있는 것으로 여기고, 착취구조를 고치려는 계급투쟁을 공연히 부자를 욕하는 것으로 해석하였다. 이것은 자본주의 사회구조를 착취구조로 이해하지 않고 빈부(貧富)는 개인의 노력으로 극복할 수 있는 문제로 여기는 전통적인 빈부개념을 그대로 가지고 있었음을 보여주는 것이다. 단지 주목할 것은 공산주의자들이 주장하는 빈곤문제를 부정하지 않았다는 것이다. 기독교인들도 빈부의 격차를 반드시 고쳐야 할 사회문제로 보는 것에서는 공산주의와 동일하였다.

공산주의의 영향력이 증가되면서 계급착취에 관한 기독교인들의 인식도 전통적 개념을 벗어나게 되었다. 홍병선은 종교개혁 이후 19세기까지 시민혁명들을 열거하고 프랑스혁명에서 직접적인 사회주의 발생 이유를 찾았다. 인간의 자유를 추구한 프랑스혁명은 자유를 실현하지 못하고 경제적 불평등만 초래하였다는 것이다. 그리고 근대 과학의 발달로 "적은 공업은 다 끼여지고 대공업이 되었기" 때문에 경제적 불평등이 발생하였다고 하였다.4) 그런데 이러한 경제적 불평등은 사회적 경제적 변화에도 원인이 있지만, 자본주의가 조장한 이기심이 경제적 불평등을 강화시켰다고 보았다.5) 기독교인들은 프랑스혁명이 초래한 사회변화, 근대 과학의 발달로 인한 대공업중심의 공업구조, 그리고 인간의 이기심을 조장하는 자본주의의 출현 등을 계급발생 원인으로 보았다. 특히 계급발생은 대공업 위주로 편성된 근대 자본주의가

손과 발이 달고 피곤하기 끼지 일흘것일다. 공연히 손을 미고 놀면서 부쟈를 욕흐는 것을 잘못일다." 홍병선, 「時代와 觀察」 7, 『신보』 1922. 3. 8.

4) 洪秉璇, 「교회와 소죠」 5 - 유산쟈와 무산쟈, 『신보』 1923. 8. 15.

5) "금젼을 취흐고져흐는 사름의 본능은 극단끼지 발달흐야 기인이 서로 다토고 민족이 서로 다토고 국가가 서로 다토게되엿다." 홍병선, 「교회와 소죠」 6, 『신보』 1923. 8. 22.

모든 활동을 이윤 추구로 집중시켜 물질적이고 이기적인 사회를 형성했기 때문이라고 보았다. 유산자가 무산자를 착취하는 것도 산업사회의 물질적 성격이 인간의 이윤 추구를 부추겨서 일어난다고 보았다.

홍병선은 산업사회의 초기발달과정에서 나타나는 전통사회 수공업자들의 몰락과 산업사회의 물질 중시 경향을 주목하였다. 이것은 기계혁명이 가져온 생산관계의 변화를 경제구조의 변화로 주목하면서도 인간의 물질적 욕심이 조장되어 나타난 것으로 보는 면이 강조된 해석이라 하겠다. 계급착취를 인간성 중심으로 이해하려는 것이다. 산업혁명이 낳은 경제적 변화보다 대량 생산이 낳은 물질주의를 착취의 원인으로 강조하였다.

이것은 자본주의 경제구조를 제대로 경험하지 못하고 탐욕적인 제국주의 수탈을 경험한 사회가 가질 수밖에 없는 인식이라 할 것이다. 자본주의화 과정에서 일제의 가혹한 수탈을 경험하였으므로 제국주의의 착취를 자본주의 사회가 가지는 근본적인 모순으로 보지 않고 인간의 탐욕과 침략의 결과로 본 것이다. 이것은 한국 기독교인들이 자본주의와 공산주의를 제대로 이해하지 못한 결과이기도 하지만, 그것은 인식 능력의 부족 때문이 아니라 제국주의의 침탈 속에서 발전을 저지당하고 수탈당하는 현실이 이들의 인식을 제한하였기 때문이라고 할 것이다.

자본가의 착취를 인간의 도덕적인 문제로 이해한 기독교인들은 인간성의 고양으로 착취를 근절하려 하였다. 자본주의의 모순을 욕심 많은 자본가의 비도덕성에서 또는 일제의 침략적 수탈에서 비롯된다고 인식하고 자본주의의 폐해를 인간성의 고양으로 해결하려는 것이다. 이것은 이대위의 사유재산제도의 모순이 소유자의 비도덕성에 기인한다는 인식과 동일한 것이다.[6] 즉 자본주의의 모순을 경제구조의 문제로 보지 않고 비도덕적인 자본가에게서 비롯되는 윤리적인 문제로 인식하였다. 그리고 종교를 통한 인격의 고양을 해결 방법으로 제시하였다. 기독교인들에게 계급착취는 경제적 문제가 아니라 식민지 지배자의 도덕문제였고 종교를 통한 윤리적 고양을 그 해결방법으로 삼으려 하였다. 이런 면에서 기독교인들은 경제문제를 직접적으로 해결하려는 노력이 부족하였다.

한편 빈곤문제에서는 공산주의자들의 노동운동에 어느 정도 동의하였다.

> "貧富를 고로게ᄒ고 부쟈 곳 ᄌ본가가 더 만히 먹ᄂ 것을 못먹게ᄒ고 로동쟈 곳 무산쟈의 리익과 權利를 쥬쟝ᄒᄂ것일다."
> "샤회쥬의의 리샹은 올치마ᄂ 그 리샹대로 이 샤회가 되기ᄂ 아직 어려운고로 세계각쳐에 빈부로ᄌ의 싸홈이 잇ᄂ 것이다."
> "그리스도의 정신을 실현ᄒᆯ진ᄃᆡ 거만ᄒ고 무정ᄒ ᄌ본가나 불샹ᄒ고 공연히 날뛰ᄂ 貧民들을 다 구ᄒ도록 ᄒ여야ᄒᆯ 것일다."[7]

인용한 글들은 사회주의는 자본가의 부당한 착취를 막고 노동자의 권익을 확보하려는 정당한 사상이라고 보았다. 그러나 사회주의 이상은 실현하기 어려우므로 식민지 조선의 기독교인들이 취할 태도는 사람이 행복하게 살기를 원하는 기독의 이상과 교훈을 본받아 "무정한 자본가"의 영혼도 구제하고 불쌍하나 "날뛰는 노동자"들도 구제해야 한다고 하였다. 노동운동의 정당성은 인정하였으나 현실성은 전혀 부정하였다. 결과적으로 사회주의의 실현은 생각할 수 없는 것이었다.

---

6) 이대위, 「基督敎가 現代 資本主義制度에 對ᄒ여 取ᄒᆯ 態度」 3, 『신보』 1924. 1. 16.
7) 홍병선, 「교회와 ᄉ죠」 7, 『신보』 1923. 9. 5.

홍병선은 사회주의를 노동자의 권익 보호 사상으로 이해하였으나 자본가와 노동자의 수탈관계에 대한 경제적 이해에는 도달하지 못하고 자본가(편하게 놀면서 부유한 싱활하는쟈)와 노동자(구차흔쟈)의 존재만 지적함으로써 현상적인 설명에 그치고 말았다. 계급착취에 대한 이해도 없는 것은 아니지만 사회현상을 이해하는 데에 적용되지 못하였다.[8] 소공업의 몰락이 가져온 사회변화와 불평등한 분배도 경제적으로 이해하지 못하였다. 사회주의운동이 가난한 사람들을 위한 운동이라는 것에는 동의하였으나 그것이 가지는 근대 산업사회에서의 경제적 의미를 정확히 인식하지 못하고 전통적인 부자와 가난한 자로 이해하는 데 그쳤고, 이러한 이론적 인식의 한계는 계급투쟁의 과격성을 비난하는 데 이용되고 말았다.[9]

그러면 기독교인들이 계급착취를 충분하게 이해하지 못한 이유는 무엇일까? 첫째는 식민지 조선 사회가 자본주의를 충분히 경험하지 못하였기에 전통적 빈부개념으로 유산자와 무산자를 이해한 데에서 비롯되었다고 하겠다. 둘째는 자본주의의 모순을 침략자의 강탈로 이해하였기 때문이라 하겠다. 바꾸어 말하면 후진 자본주의의 경쟁력 확보를 위한 원료와 노동력 수탈을 자본주의 모순으로 보았기 때문이었

---

8) "(八)흔편으로는 편흐게 놀면서 잘 싱활하는 쟈가 잇는듸 또 한편에는 구차흔 쟈들이 잇다 이 부쟈와 구차한 쟈의 구별은 녜젼부터 오늘까지 느려온 것일다." 홍병선, 앞글, 1923. 8. 15.

9) "(二) 물론 이ᄀᆞᆺ흔 샤회운동은 그일홈은 다를지언졍 여러 가지모양으로 녜젼브터 잇셧던 것일다. 샤회쥬의의 리샹은 올치마는 그 리샹대로 이 샤회가 되기는 아직 어려운고로 셰계 각쳐에 빈부로즈(勞資)의 싸홈이 잇는 것이다. 웨그런고흐면 어제ᄭᅡ지의 셰계가 즈본쥬의의 셰계인 ᄭᅡ닭으로 거긔듸하야 조곰일지라도 반듸흐면 안됨으로 이 샤회쥬의를 죄악으로 보고 엇던 나라셔던지 대단히 취쳬를 흔다.(로셔아를 ᄲᅵ고셔는)", 홍병선, 「교회와 수죠」 7 - 샤회쥬의와 교회, 『신보』 1923. 9. 5.

을 것이다. 셋째는 기독교인들도 자본주의 발전을 지향했기에 자본가의 착취를 비판할 수 없어서일 것이다. 오히려 열심히 일하면 빈곤은 해결할 수 있는 문제로 보았다. 이러한 저변의 이유로 한국의 기독교인들은 무산자와 유산자를 생산수단의 소유와 연결하여 이해하지 못했고, 생산관계와 계급착취를 연결하여 이해하지도 못했다. 그 결과 사회구조를 변화시키려는 계급혁명을 없는 자가 있는 자의 경제력을 폭력적으로 탈취하는 현상으로, 비도덕적인 투쟁으로 인식하는 데 그쳤다.

이렇게 볼 때 홍병선의 계급착취 인식에 나타난 경제적 입장은 "무정한 자본가"도 아니며 "날뛰는 노동자"도 아니었다. 일제의 침략에 수탈당하는 영세한 토착자본가이지만 자본주의를 지향하는 입장에서 유산자와 무산자 그리고 계급착취를 이해하였다. 따라서 계급착취는 자본주의에서 비롯되는 모순이 아니라 탐욕적인 일제의 수탈에서 비롯된 것이므로 일제의 수탈에는 반대하고 비판하지만 공산주의의 계급착취 개념에는 동의하지 않았다.

2. 1920년대 중 후반

일제의 수탈로 소작농과 노동자들의 생활이 어려워지고 공산주의가 사회 세력으로 성장하면서 계급착취에 관한 기독교인들의 인식도 심화되었다. 계급착취에 관한 기독교인들의 서술을 살펴보면 다음과 같다.

"勞銀이 도져히 져 小數 資本家의 勞動하지안코 엇는 暴利에 比할 수 업는 까닭에 富益富하며 貧益貧하여 終日勞動에 子女敎養을 尙矣물론이오 自身의 充腹이 問題가 되는 때에 富者는 任意로 放縱ᄒ야 一切

의 것을 專斷홈으로써 眞正 勞動者들은 有口無言이오 立錐의 地가 업
게되는 것이다."10)

"땀을 흘려 勞動ㅎ되 饑餓에 브르짓게되고 繡方席에 안져서 게으르되
富者가 되어 不義ㅎ고 不公平흔 現象을 演出ㅎ게ㅎ는"11)

"今日의 形便에 接ㅎ건데 彼等은 勞動者가 資本家의 도움을 받기는
고사ㅎ고 도로혀 勞動者의 膏血을 搾取ㅎ지 안으면 多幸이오"12)

앞에서 인용한 글들은 대체로 자본가들은 일도 하지 않으면서 노동
자가 생산한 이익을 가로챈다고 하였다. 그리고 노동자와 농민은 열심
히 일하여도 가족의 부양은 물론 자신의 허기도 채우기 어렵다고 보
았다. 기독교인들은 1920년대 중반에 이르러서야 자본가가 부당하게
노동자와 농민의 몫을 착취한다고 인정하고, 민중의 빈곤은 게으름 때
문이 아니라고 생각하게 되었다.

기독교인들은 자본가의 착취가 가능해지는 원인을 공가제도(工價制
度: 임금제도 – 연구자)로 보았다. 공가제도 때문에 노동자는 자본가와
관리자의 지배에 구속당하여13) 생산 대가를 착취당한다고 보았다.14)
착취당한 결과 인간의 의무인 신성한 노동은 임금만 바라는 것으로

---

10) 이대위, 「基督敎가 現代 資本主義制度에 對하야 취흘태도」 3, 『신보』
　　1924. 1. 16.
11) 社說, 「基督敎의 本質」 1, 『신보』 1924. 2. 6.
12) 이대위, 「基督敎가 現代 資本主義制度에 對하여 取흘 態度」 6, 『신보』
　　1924. 2. 6.
13) 이대위, 「基督敎가 現代 資本主義制度에 對ㅎ야 取흘 態度」 4, 『신보』
　　1924. 1. 23; 이대위, 윗글.
14) 이대위, 「基督敎가 現代 資本主義制度에 對ㅎ야 取흘 態度」 5, 『신보』
　　1924. 1. 30.

전락되고 인간다운 삶도 포기하게 되었다.[15] 한마디로 자본가는 임금
제도를 통하여 노동자를 착취하고 노동자들의 인간적인 삶까지 박탈
한다고 보았다.[16] 식민지 조선의 기독교인들은 임금제도를 통하여, 전
통적 빈부개념과 도덕적 개념으로 이해하던 노동자와 자본가의 관계
를 경제적 착취관계로 이해하게 되었다.

이러한 인식은 더욱 심화되어 계급착취를 식민지 조선의 사회문제
에도 적용하게 되었다.

"彼等은 每日 日出이면 事하고 日入이면 食하는 것이 彼等의 每日科
程이라 一年十二朔 -중략- 日日一時間이라도 쉬일시간이 업시 애를
쓰고 用力하되 마즈막에는 남는 것이 다만 남의 빗하나밧게 남는 것
이 업다. 그 原因으로 말하면 本來 小作人과 地主 사이에 分配가 不
公平함이며 分配가 不公平하기 때문에 地主는 점차 富하여가고 小作
人은 점차 貧하여가는 까닭이며"[17]

위의 글은 식민지 조선의 노동자나 농민은 전력을 다하여 일하지만

---

15) 이대위, 윗글.
16) "換言하면 勞動者가 엇는바 工價는 기껏 엇고 만히 밧는다고ㅎ여도 管
理人이 엇고 놉은 찍걱이와 부스럭이에셔 지나지못홈이다. 이로 말믜암
아 엇는바 效果는 결국 富豪者는 一指도 勞치 안코 動치 안이ㅎ되 一攫
千金ㅎ야 一便으로 性惡無雙의 罪惡을 行ㅎ기를 不憚ㅎ고 一便으로 자
기의 子孫으로 ㅎ여곰 一種의 浮浪者와 無賴漢을 養ㅎ야 社會進化와 人
類生活向上에 大障碍物을 지으며 勞動者로는 運命이라ㅎ면 무슴 運命이
그리 切迫하며 身勢라ㅎ면 무슴 身勢가 그리 못되엿기에 새벽 아츰 달
고단 잠도 자지못ㅎ고 니러나셔 빅가 쪼르륵 쪼르륵ㅎ난 飢餓의 苦도
不拘하고 져녁까지 勞ㅎ기를 마지아니ㅎ며 役ㅎ기를 辭讓치아니ㅎ엿스
되 -중략- 今日의 形便에 接ㅎ건딕 彼等勞動者가 資本家의 도움을 밧
기는 姑捨하고 도로혀 勞動者의 膏血을 搾取ㅎ지나 아니ㅎ엿스면 다힝
이요." 이대위, 앞글, 1924. 2. 6.
17) 이대위, 「世界覺悟中 朝鮮의 勞工問題」, 『청년』 1926년 8월호, 3면.

자본가나 지주의 착취로 빈곤해지며 종국에는 빚에 시달린다고 하였다. 그런데도 분배제도의 불공평이 개선되지 않고 민중을 계속 착취하는 이유는 산업발달이 부진하여 직업을 얻기가 어렵기 때문이며, 법률적으로 노동자와 농민의 권리를 보장해 주지 않기 때문이며, 노동자와 농민의 이익을 대변할 단체가 없기 때문이라고 하였다.[18] 한국 기독교인들은 자본가의 착취가 노동자와 농민을 빈곤하게 만들었으며 이것을 개선할 어떤 사회제도나 법률적 준비가 없음을 인식하였다. 즉 일본 자본가와 지주의 착취가 한국 민중의 생존을 위협하였지만 일제는 일본인 자본의 진출을 지원하기 위하여 어떤 방지책도 만들지 않았음을 비판하게 되었다.

제국주의의 수탈을 통해 노동자에 대한 자본가의 착취를 이해하게 된 기독교인들은 마르크스의 계급착취론에도 무관심하지 않았다. 기독교인들은 먼저 마르크스의 역사 해석을 소개하였다. 마르크스는 인간의 역사는 원시적 공산제도가 파괴된 이후 탈취자와 피탈취자, 지배와 피지배의 투쟁으로 점철되었으며, 투쟁의 대상은 잉여노동이라 하였다. 원시 공산사회에서는 생존을 위한 필요노동만이 존재하여 계급구분이 없었으며 탈취와 피탈취도 없었다. 그러나 기술과 기계가 발달하여 원시 공산사회가 붕괴된 이후 필요 이상의 노동이 가능해지고 그 잉여를 빼앗는 자가 나타나 투쟁이 일어나게 되었다.[19] 이러한 투쟁은 각 시대마다 다른 양상으로 나타났는데 고대 그리스에서는 자유민과 노예, 로마시대에는 귀족과 평민, 중세에는 봉건 군주와 농노로 구

---

18) "一은 分配의 不均이오 二는 勞動者가 한 번 失業만 되면 다시는 生의 機會가 업는 것이오 三은 勞動者가 法律上에 設立·修正·執行의 權이 無하야 不公道의 待遇를 밧음이요 四는 勞動者는 무삼 會社와 團體를 組織하여 斷行할 權利와 機會가 업는 까닭이다." 이대위, 윗글, 3면.

19) 강명석, 「經濟思想의 變遷과 今日의 朝鮮敎會」 13, 『신보』 1927. 10. 5.

분되어 착취와 지배를 강화하였으며, 오늘날은 자본가와 프롤레타리아로 나뉘어서 계급투쟁을 계속한다고 하였다.

또한 인간의 노동을 필요노동과 잉여노동으로 구분하고 인간의 역사는 잉여노동의 소유를 위한 계급투쟁으로 점철되었다고 하였다. 그리고 잉여노동을 소유하려는 인간의 투쟁은 현대에는 생산력의 발달에 따라 자본가와 노동자로 구분되었고 노동자는 자본가의 착취로 빈궁해졌다고 하였다.[20]

식민지 조선의 기독교인들은 이즈음에 이르러 1920년대 초반에 노동자들의 게으름을 비판하던 인식에서 벗어나게 되었다.

자본가의 착취를 경제적 문제로 인식하게 된 기독교인들은 근대적 산업가는 생산수단을 독점하여 전통적 생산자를 압도하고 근대 사회의 생산을 전담하게 되었다. 그 결과 전통적 생산자들은 노동자로 전락하여 노동으로 생계를 이어가게 되었고, 이러한 사람들이 계속 증가하여 자본가들은 노동자들의 임금을 착취하게 되었다.[21] 잉여가치는 늘어나는 노동자를 고정 임금에 고용함으로써 가능해진다고 하였다.[22] 자본가의 착취가 생산관계에서 비롯된다는 인식에 비로소 도달하였고, 유산자와 무산자 그리고 자본주의 모순과 계급착취를 이해하

---

20) "그(원시시대 – 연구자)후에 漸次로 他人의 努力을 要求하게 되고 또 한 사람이 二人分의 食糧을 貯蓄하여보겠다는 慾望이 생긴 以後로 財産의 觀念이 생기고 勞動의 必要가 생기게 되엿다. 그래서 廣大한 森林을 征服하야 田畓을 만들기로 始作하는대 따라서 道具갓흔 것을 만들게되엿다. 그래서 이것이 漸次로 發達되여 機械로 變化하엿다. 이것이 오날날 와서는 問題의 問題인 貧窮問題를 니러켜노앗다." 강명석, 윗글, 44면; 강명석, 「칼 ○쓰의 경제사상」 1, 『청년』 1928년 6월호, 31면.

21) 강명석, 「빈궁과 기생충」, 1928. 4, 44~46면..

22) 강명석, 「칼 맑쓰(Karl Marx)의 經濟思想」 2, 『청년』 1928년 7·8월호, 44~45면.

게 된 것이다.

그런데 조선 노동자들의 생활 곤란은 일제의 수탈 때문으로 이해하였다. 강명석은 이러한 현상을 기생충에 빙자하였으며 기생충의 퇴치라는 방법으로 민중의 생활을 보전하려 하였다.[23] 즉 일제의 침략으로 잘못된 경제구조를 개혁하는 방법으로 경제적 빈곤을 해결하려 한 것이다. 이것은 민족국가를 형성하여 제국주의 수탈자를 축출하는 것이 자본주의적 발전을 도모하는 길이라고 생각한 것을 보여주는 것이다. 이면에서 기독교인들은 철저하게 자본주의적이었고, 자본주의의 발전을 위한 민족국가 성립은 필수적인 과제로 인식하였다고 할 것이다.

이러한 인식은 1920년대 전반에도 이대위를 통하여 제시되었다. 이대위는 자본주의적 산업발전이 전부 노동자를 착취하는 것으로는 보지는 않았다. '홉하우스'의 이론을 빌려 "권력적 산업"과 "이용적 산업"을 구분하고 수탈적인 "권력적 산업"을 비판하고 "'이용적 산업"을 권장하였다.

"前者("이용적 산업"-연구자)에 對ᄒ여ᄂ 吾人이 何等의 不滿義가 업슬 터이나 後者("권력적 산업"-연구자)에 對ᄒ야ᄂ 疑問이 나지 안을 수 업다. 今日의 形勢를 보라 假令 흔사름이 아모 産業으로써 地上의 權力을 삼아 다시 그 權力을 가지고 人類를 압제ᄒᄂ 것은 事實이다. 이를 보건듸 사름이 産業의 支配를 밧ᄂ 것이오 사름이 産業을 利用ᄒ줄은 아지못ᄒᄂ 것이다 그런즉 이것은 産業의 多寡問題가 아니오 든 平均으로 잇지못흔 ᄭᅳ닭이다."[24]

---

23) 강명석, 앞글, 1928. 4.

24) 이대위, 「基督敎가 現在資本主義制度에 對ᄒ야 取ᄒ 態度」 3, 『신보』 1924. 1. 16.

위의 글은 권력을 가지고 이윤을 착취하는 "권력적 산업"을 서술한 것으로 실제로는 일제의 식민지 수탈을 비판한 것이라 하겠다. 특히 평균적으로 갖지 못한 데에서 "권력적 산업"의 폐해가 비롯된다고 본 것은 한국인 산업의 열악함과 일본자본에 대한 총독부의 우선적 지원을 비판한 것이라 할 것이다. 반면 토착자본이 산업화에 참여하여 민족경제를 일으키는 것은 "이용적 산업"으로 규정하고 식민지 민중의 경제를 안정시킬 수 있으리라고 기대하였다. 이대위는 식민지 토착자본의 산업을 "이용적 산업"으로 이해하고 이를 통한 민족경제의 발전을 도모하려 하였고, "이용적 산업"의 발전에서는 자본가의 수탈을 문제 삼지 않았다. 이대위는 제국주의의 침략적 자본 진출을 비판하였지만 토착자본의 발전은 촉구하고 지원하려 하였다 할 것이다.

식민지 권력과 외래자본에 대한 비판은 이후에도 계속되었다. 강명석은 노동자와 농민의 생존을 위협하는 빈곤은 분배제도가 잘못되어 일어나는 것이 아니라 생산조직의 모순에서 비롯되었다고 하였다.[25] 노동자의 임금을 착취하는 기생충은 생산조직에 있으며, 이것을 외부적 기생충과 내부적 기생충으로 구분하고 외부적 기생충은 걸인, 절도, 강도, 노인, 고아, 실업 등으로 거론하였다. 경제발전에 심각한 해독을 끼치는 내부적 기생충은 근래에 성장한 특이한 것으로 보았는데 내부적 기생충을 설명하는 내용의 다섯 행이 없어(이유는 알 수 없

---

25) "엇던 經濟學者는 오날날 社會의 經濟組織의 缺點은 分配에 잇다고한다. 機械가 만흔 物品을 生産하지마는 그 分配方法이 잘못된 까닭에 오날날 貧民이 만히 생기게 된다고한다. 그러나 經濟組織의 缺點을 實狀으로 드러말하자면 그것은 分配잇는 것이 안이고 이우에 쓴바와갓치 生産에 잇다 이러케 生産의 組織이 根本的으로 틀닌 까닭에 오늘날 狀態와갓치 만흔 貧民을 産出케된다. 즉 特別히도 오늘날와서 貧窮한 生活을 하는 이가 激甚하게 된 原因은 이 生産組織에 잇다는 말이다." 강명석, 앞글, 1928. 4, 47면.

음) 정확한 내용을 이해할 수 없었다. 하지만 이어서 나타난 내부적 기생충의 해독은 자신들의 사치스러운 생활을 위하여 노동자들의 임금을 착취하며, 사회진보도 방해한다고 비판하였다.[26] 강명석이 비판하는 내부적 기생충이 무엇인가를 정확하게 파악할 수는 없으나 제국주의 침략이라고 보는 것이 문맥상 맞을 것이다. 총독부는 식민지 조선을 강점하고 일본 자본가들에게 정책적 지원과 각종 혜택을 주어 식민지 경제를 주도하게 하며, 각종 자원을 독점적으로 수탈하게 만들었다. 그 과정에서 한인 토착자본가들은 몰락하였고 살아남은 경우에도 경영은 매우 어려웠다. 한국 기독교인들은 일본자본의 진출로 몰락하는 토착자본의 어려움과 민중의 빈곤을 식민지 경제문제로 인식하였다고 할 것이며, 이를 해결하는 유일한 방법은 민족해방임을 뼈저리게 느꼈을 것이다.

1920년대 중 후반의 이대위와 강명석의 계급착취에 관한 인식은 1920년대 초반에 나타난 전근대적이고 종교적인 인식에서 벗어나 자본주의 모순이 가져온 경제적 사회적 문제로 인식하게 되었다. 그 결과 사회주의에 대해서도 어느 정도 객관적 인식에 도달하였다. 그러나 기독교인들은 자본주의 발전을 지향하고 있었기에 공산주의의 제국주의 침략에 관한 비판에는 동조하였지만 자본주의에 관한 비판에는 동의할 수 없었다. 계급착취를 자본가의 착취로 보지 않고 제국주의의 "권력적 산업"이라든가 "내부적 기생충"의 착취로 이해하고 비판하는 데에 그쳐 계급문제는 간과하였다. 반면 민족국가의 형성에 대한 욕구는 강화되었을 것으로 생각된다.

---

26) "內部的 寄生蟲은 우리의게 害毒을 놀날만치 준다……外部的 寄生蟲인 竊盜나 乞人 갓흔 것은 예전부터 傳來하여오는 寄生蟲이지마는 이 內部的 寄生蟲은 近來에 와서 成長한 特異한 寄生蟲이다. (以下 五行略)" 강명석, 앞글, 1928. 4. 48면.

3. 1920년대 후반~1930년대 초반

세계공황의 파괴적인 영향이 일본을 강타하고 농업공황을 유발하는 가운데 식민지 민중도 기근에 시달렸다. 기독교인들의 구제활동은 비교적 신속하게 전개되었다. 1928년 대구에서 열린 장로교 총회에서는 경북지방의 수재와 경안노회 지경의 한재를 구제하기 위하여 10월 7일에 주일연보를 구제금으로 사용할 것을 결의하였고, 총회 회계부는 구제연보의 송부(送付)를 각 교회에 촉구하였다.[27] 1928년의 흉년은 경상도 지방에 국한된 것이 아니라 전국적인 것으로[28] 잇따른 재해로 인하여 조선의 농민들은 기아에 헤매고 있었다. 더욱이 일본의 농업공황은 쌀값을 하락시켜 조선 지주들은 손해를 보았고, 지주들은 그 손해를 농민들에게 전가하였다. 식민지 조선의 농민들은 재해로 인한 어려움만이 아니라 지주들의 착취에 직면하여 생존을 위한 필사적인 노력을 경주해야만 했다.

이러한 상황에서 소요산인(逍遙山人: 李暎變)은 지주들의 농민착취

---

27) 長老會總會 會計 李春變, 「水旱災救濟捐補에 關한 通告」, 『신보』 1928. 10. 17.

28) "뼈가 부서지도록 애를 써도 먹을 것을 못엇고 닙을 것이 업서서 서속밥을 차저 만주로 가고 홀태바지 입자고 하와이를 가는 이때에 關北에는 洪水로 말미암아 이루말할 수 업는 慘狀을 當하게 된 것은 임의 조선이나 동아 갓흔 日刊新聞의 부지런하고 誠意잇는 긔자들의 報告를 넑어서 알엇거니와 정반대의 方向으로 삼남디방의 旱災야말로 이루 말노할 수가 잇스랴 이것 역시 日刊新聞의 報道가 임의 잇섯고 죠선이나 동아갓흔 일간은 지난 二十四일 샤설에 셩의잇는 報告와 그에 對한 與論을 니르킨줄안다. 다시 그 罹災同胞의 統計나 그內容을 말하자면 昨年의 罹災同胞數爻가 약 五十萬이나 된다한다 그런데 慶北一帶만하여도 十六萬이라는 커다란 수자를 볼수가 잇다." 社說, 「굴머죽는 同胞들의 신음소리를 듯는가」, 『신보』 1929. 6. 5.

에 관심을 보였다. 지주들을 봉건관리 출신과 "상놈" 출신으로 구분하고, 이들의 토지 축적이 농민을 토지에서 유리시켰다고 보았다. 그러나 산업발달이 부진하여 일자리가 없으므로 농민들은 생존을 위해 소작조건의 악화를 감수하고 농촌에 남게 되었다.[29] 그 결과 농민은 힘써 경작해도 착취를 벗어나지 못하여 일본, 만주, 시베리아로 유리걸식하게 되므로[30] 농민들이 농촌에서 쫓겨나 만주나 시베리아로 유랑하는 이유는 농민들이 게을러서가 아니라 지주들의 착취 때문이라고 보게 되었다. 농업에서 지주들의 착취를 현실적으로 인정하게 되었다.

이어서 사회적 상품생산에서 일어나는 자본가의 노동자 착취도 살펴보았다.[31] 상품생산에서 자본가는 노동력과 원료를 구매하여 생산에 투입하게 된다. 이 과정에서 원료는 사회적 필요노동시간이 이미 포함되어 있는 형태로 투입되므로 기계나 원료의 가치는 별다른 변화 없이 생산물에 이전된다. 따라서 투입된 가치와 생산된 가치의 차이는 노동자가 창출한 가치이다. 즉 상품의 가치는 노동자만이 생산하며 이러한 잉여가치를 자본가가 착취한다는 것이다. 기독교인들은 리카도의 노동가치설에서 벗어나 마르크스가 주장한 가변자본과 불변자본을 이해하고, 자본가의 잉여가치 착취를 이해하게 되었다.[32]

계급착취설은 1920년대 중 후반부터 강명석에 의하여 소개된 적이 있다. 이때에는 필요노동과 잉여노동을 구분하고 자본가가 잉여가치를

---

29) 이영섭, 「떡으로 사는 이들」, 『眞生』 1930년 8·9월호, 25~27면.

30) 이영섭, 「搾取論」, 『진생』 1930년 10월호, 27~28면.

31) "商品이라고 하는 것은 直接生産者라거나 그의 關係者가 自己의 使用을 目的하지않고 他의 生産物과 交換하기 위하여 製作된 物品이다. 딸아서 生産物을 商品으로 되기 위하야는 自然的 性質이 아니라 社會的 性質인 것이다." 이영섭, 윗글, 28면.

32) 이영섭, 윗글, 30~32면.

착취한다고 설명하였다. 강명석은 자본가의 활동을 간접경영이나 기계경영으로 설정하여 잉여가치의 문제를 명확하게 정리하지 못하였다. 그 결과 식민지의 경제적 어려움은 근대적 산업을 독점하고 있는 일본의 침략과 식민지 산업의 부진에서 찾는 데 그치고 말았다.

그런데 1920년대 후반에 경제사정의 악화로 민족 전체가 어려움에 처하자 한국의 기독교인들은 제국주의의 수탈을 잉여가치의 착취로 이해하게 되었다. 경제문제가 심각해지면서 사회주의 이론에 관한 객관적 접근이 이루어졌고, 특히 가변자본과 불변자본을 인식하게 되어 강명석이 제기한 간접자본과 기계자본에 대한 처리가 분명해졌다. 그러나 이영섭도 잉여가치의 착취를 끝까지 밀고 나가지 못하였다. 민중의 빈곤 원인을 계급착취로 보지 않고 산업발전의 부진으로 인식하는 데에서 벗어나지 못하였다. 즉 민중 빈곤의 근본적인 원인을 산업부진으로 보고 그 해결 방법으로 산업화를 제시하였다. 마르크스의 계급착취설에 관한 이해를 적극적으로 사회현실에 적용하지 못했다. 이것은 식민지 토착자본가의 경제적 요구가 계급착취설의 현실에의 적용을 방해하였다고 할 것이다.

제2절 계급혁명에 관한 인식

기독교는 자본주의 발달과정에서 성장해 왔기 때문에 자본주의를 추구하였고 자본주의 발전을 추구하는 집단에 의해 적극적으로 수용되었다. 이러한 과정은 조선에서도 마찬가지였다. 조선의 기독교인들도 유물사관을 부정하였으며 공산주의도 반대하였다. 계급혁명을 통하여 소유를 균등하게 분배하는 것은 더욱 반대하였다. 특히 조선에서는 영세한 상업자본가 집단에 의해 기독교가 수용되었으므로 공산주의에 대한 부정적 인식은 그들의 경제적 기반과 밀접하게 연결되어 있었다.

그러나 일제의 식민 통치가 토착자본의 발전을 억제하고, 농민과 노동자를 수탈하였으므로 기독교인들도 일제의 수탈에서 벗어나려는 노력을 기울이게 되었고, 이 부분에서 공산주의자들과 동일한 목표를 가지게 되었다. 그러나 지향하는 이상이 달랐으므로 일제의 수탈을 벗어나는 방법에서 차이가 있었다. 여기서는 식민지 조선의 기독교인들이 계급혁명을 어떻게 인식했는가를 살피고, 일제의 수탈이 기독교인들의 계급혁명 인식에 어떤 영향을 미쳤는가를 살피려 한다.

1. 1920년대 초반

한국의 기독교인들은 선교의 대상으로서 인간의 평등은 인정하였지만 능력 면에서 인간의 평등을 인정한 것은 아니었다. 이러한 현상은 기독교인들에게 공통적으로 나타나는 것이었다. 신흥우(申興雨)는 인간의 능력은 동일하지 않다고 보았고 그것을 이유로 균등분배를 반대하였다.[33] 그리고 균등분배를 실시하려는 계급혁명을 부정하고, "감정적" 전쟁 또는 "서로 망하는" 전쟁이라고 혹평하였다.[34] 나아가 소련

---

[33] 一記者 抄(신흥우 강연), 「近代思想과 靑年의 危機」, 『청년』 1921년 12월호, 14면.

[34] "近日 新思想이라하야 露國과 갓흔 狀態를 민들고져는 것은 좀덜生覺한 줄 압니다. 우리의 生活은 年年히 負債를 지면서 生活하는 것임니다 매년輸入超過가 二千萬圓 以上이니 二千萬圓은 土地와 家屋을 파라 갑지 안습니가? 그져 感情的으로 階級끼리 戰爭하야 셔로 害하고 서로 亡하면 結局 시원할 것이 무엇심니가." 신흥우, 「今後의 活動」, 『靑年』 1922년 4월호, 8면.

이나 유럽 여러 나라와는 형편이 다른 조선에서 계급혁명을 일으키는 것은 사정을 모르고 모방하는 것이니 중지하라고 하였다.[35] 식민지 조선에 합당한 것은 정의와 인도에 따라 무슨 사업이든지 열심히 경영하는 것이지 계급혁명을 일으켜 산업을 파괴하는 것은 아니라는 것이다.[36] 계급혁명이 현실을 개혁하는 것이 아니라 사업을 열심히 하는 것이 현실을 개혁하는 방법이라고 본 것이다.

그러나 기독교인들의 산업화의 욕구와는 달리 사회개혁의 욕구는 거세게 일어났고 공산주의 세력도 눈에 띄게 성장하였다. 기독교인들은 공산주의 세력의 성장에 대응하기 위해서도 사회개혁에 참여해야만 했다. 기독교인들은 종교적 특성을 내세워 정신적이고 근본적인 개혁을 주장하였다. 기독교인들은 풍속이나 습관 그리고 제도나 형식의 개혁에 그치지 말고 인간의 정신을 개혁해야 한다고 주장하였다.[37]

그리고 공산주의와 기독교의 사회개혁 방법을 비교하였다. 공산주의는 국가나 단체를 주체로 재산을 관리하지만 기독교는 교회를 중심으로 양심을 계발하고 도덕을 개량하는 데에 주력한다. 개혁 방향도 기독교는 개인 개조에서 사회 개조로 나아가지만 공산주의는 사회 개조에서 개인 개조에 나아간다고 하였다. 또한 기독교는 인격적 감화를 중시하지만, 공산주의는 환경의 변화를 중시한다고 하였다. 결국 기독교는 평화적, 감정적, 만성적, 진화적 개혁을 추진하나 공산주의는 격렬하며 급진적이고, 학리적인 혁명을 수행한다고 하였다.[38] 그러나 현실적으로는 기독교와 공산주의가 협동하여 개혁할 것을 요구하였다. 민족문제가 심

---

35) 신흥우, 윗글, 8~9면.
36) 신흥우, 윗글, 9면.
37) 働人, 「基督敎와 社會改良」, 『신보』 1922. 6. 28.
38) 이대위, 「社會主義와 基督敎의 歸着點이 엇더혼가?」 2, 『靑年』 1923년 10월호, 11면.

각한 상황에서 공산주의자들이 협동하지 않으면 "상접(相接)하는 우리는 편달(鞭撻)을 이용(利用)"해서라도 협동해야 한다고[39] 민족적 단합을 주장하였다.

기독교인들은 공산주의자들과 기독교인들의 협동을 강력하게 주장하였지만 공산주의의 물질적 개혁을 비판하고 신앙적, 인격적, 정신적 개혁을 중시하는 기독교적 개혁 방법을 포기하지 않았다.[40] 기독교의 진리를 완전하게 인식하여[41] 혁명과 전쟁은 피하는[42] 평화적인 개혁을 주장하였다. 이대위는 형식적이고 물질적인 개혁을 극복하고 인간 정신과 인격개조에 힘을 기울이는[43] 평화적인 개혁을 주장하였다. 이러한 경향은 송창근(宋昌根)에게서도 나타났다. 그는 공산주의는 노동자들의 어려운 생활을 경제적으로 개선하려는 운동으로[44] 사회제도의 개선과 공평한 분배를 실행한다고 보았다. 그리고 이러한 개혁은 기독교인들도 추진하자고 하였다.[45] 그러나 방법에서는 공산주의자들과 다르다고 하였다.[46]

1920년대 초반에 기독교인들은 사회개혁에 동의하였으나 개혁의 목

---

39) 이대위, 윗글, 10~11면.
40) 이대위, 「나의 考察한 바 社會改造運動의 程序」, 『청년』 1923년 12월호, 7~9면. 이대위, 「人類社會를 改造하는 根本的 方針」, 『청년』 1924년 1월호, 21~25면.
41) 이대위, 「基督敎가 現代資本主義制度에 對ㅎ야 맛당히 取흘 態度」 1, 『신보』 1924. 1. 2.
42) 이대위, 「基督敎가 現代資本主義制度에 對ㅎ야 맛당히 取흘 態度」 2, 『신보』 1923. 1. 9.
43) 이대위, 「나의 考察한바 社會改造運動의 程序」, 『靑年』 1923년 12월호, 6~8면.
44) 송창근, 「돈만 잇스면 살것인가」, 『신보』 1923. 11. 21.
45) 송창근, 「돈만 잇스면 살것인가」, 『신보』 1923. 11. 28.
46) 송창근, 「돈만 잇스면 살것인가」, 『신보』 1923. 12. 5.

표와 방법에서는 공산주의자들과 달랐다. 기독교인들은 종교를 앞세워 정신적이고 평화적인 개혁을 요구하였고, 풍습이나 제도 등 외적인 개혁보다 인격을 개조하는 내적 개혁을 주장하였다. 특히 이대위는 기독교와 사회주의의 유사성을 거론하고 강력하게 공산주의와의 협동을 주장하였다. 이대위의 논의는 물산장려운동이 고조된 시기이기도 하지만 공산주의자들의 물산장려운동에 대한 비판도 고조된 시기였다.[47] 이렇게 볼 때 이대위가 주장한 기독교와 사회주의의 협동론은 물산장려운동을 통한 경제적 개혁이 민족의 생존을 지키는 길이라고 보고 양 세력이 협동할 것을 강력하게 주장한 것이라고 할 것이다. 이대위도 신흥우와 같이 조선의 산업화가 민족의 생활난을 해결할 수 있는 방법으로 본 것이다. 기독교인들은 식민지 조선의 사회개혁을 자본주의 산업화에 두고 교회가 적극적으로 주선해 줄 것을 촉구하였다고 생각된다.

2. 1920년대 중 후반

공산주의자들이 식민지 조선의 사회 세력으로 성장하면서 공산주의 조직활동과 사상 선전 활동은 반기독교운동을 매개로 활발하게 전개되었다. 특히 공산주의자들의 조직활동은 공산주의 이론을 이해할 수 있는 근대적 세력을 대상으로 하였기 때문에 근대적 세력의 다수를 포괄하고 있었던 기독교인들은 공산주의자들의 주요한 포섭 대상이었다. 공산주의자들은 다각적으로 기독교인들을 공략하였고 기독교인들은 공산주의자들에 대응하여 다양한 대응방법을 모색해야만 했다.

---

47) 윤해동, 앞글, 314면.

기독교인들은 먼저 사회문제에 적극적으로 대응하여 기독교회의 유지와 발전을 위하여 심혈을 기울였다. 먼저 기독교의 역사적 전통 속에서 사회주의적 요소를 발굴하여 적극적으로 적용하려 하였다. 나아가 사회주의와 공산주의를 구별하거나 공산주의와 볼세비즘을 비교하여 비판하는 노력도 기울였다. 한편 공산주의자들이 주도하는 '신간회'에 참여하여 민족운동에서도 보조를 맞추었다. 이러한 대내외적인 상황에 접하여 기독교인들은 적극적으로 사회주의를 이해하려고 하였다. 따라서 이 시기 기독교인들의 계급혁명에 관한 인식은 기독교인들의 공산주의에 대한 정책을 이해하는 지표가 될 것으로 기대된다.

기독교인들은 공산주의의 공략에 대응하여 기독교적 사회개혁 방법과 원칙을 수립하려 하였다. 사회문제에 적극적으로 하나님의 사랑을 적용하여 자본주의의 모순인 계급착취를 근절하고자[48] 하였다. 이에 대하여 왕영덕[49]은 하나님의 원리를 사회, 경제, 정치, 외교적 방면에 확실히 적용할 것을 요구하였고[50] 이대위도 예수의 선교를 빈부의 격차, 계급적 독단주의를 개혁하려는 사회개혁운동이라고 규정하였다.[51]

이러한 시기에 경성 승동교회의 목사이던 김영구(金永耉)는 공산주의는 인간 평등을 주장하고 무산자 사회의 실현을 목적으로 삼았으나 무산자 사회는 평등한 사회가 아니라 무산자가 중산층을 지배하는 불

---

48) 社說, 「社會에 對한 그리스도敎의 本質」, 『신보』 1924. 2. 6.
49) 王永德(Wasson Alfred Washington, 1880~1964), 아칸소, 밴더빌트대학을 졸업하고 시카고대학에서 박사학위를 취득하였다. 남감리교 선교사로 파송되어 송도고보의 교장을 지내다가, 협성신학교 교장을 담당하였다. 1926년 귀국하여 퍼킨스 신학교 교수가 되었고, 1934년부터 1940년까지 미국 남감리회 해외선교부 총무를 지냈다. 김승태·박혜진, 앞글, 515~516면.
50) 왕영덕, 「地上에 天國이 臨ᄒ게홈」, 『신학세계』 1926년 2월호, 30면.
51) 이대위, 「사회혁명의 예수」, 『청년』 1928년 6월호, 18~19면.

평등한 사회라고 해석하였다. 또 공산주의는 사회의 "인위적인 차별"
과 "공상적 부정 특권"을 배척하고 인간성은 공통의 기초가 있다는
관념으로, 여러 가지 장애와 분쟁을 제거하려는 사상으로 정의하였
다.52) 반면 공산주의는 인간의 평등을 사회의 중요한 문제로 부각시
키는 데에는 성공하였으나, 신(神)을 부정하는 평등이기에 실지로 불
가능하며, 무신론적 평등사상에 의한 공산주의를 실시하면 인간의 개
성을 무시한 불평등이 나타날 것이라고 예견하였다.53) 왜냐하면 인간
의 능력은 평등하지 않으므로 정신적 평등만이 실질적으로 가능하다
는 것이다.54) 따라서 공산주의가 주장하는 평등은 논리적으로는 가능
하나 실질적으로는 불가능하며55) 오히려 노동자가 중산계급을 지배하

---

52) "平等觀念은 社會主義의 重要한 要素의 一노 人類의 思想과 行動方面에
　　 甚大한 感化를 與하엿다. 基主되는 目的은 諸人爲的 差別을 攻擊하고 諸
　　 空想的 不正特權을 排斥하고 人間性은 同等의 基礎를 有한다는 觀念으
　　 로써 諸障碍와 紛擾를 除去코자한다." 김영구, 「어이껜박사의 사회주의
　　 비판」, 『진생』 1926. 8, 13면.
53) "어이껜은 此와 如한 例를 引用하엿스니 「高等數學을 一般人의게 敎할
　　 수는 無하니 時間이 無한 까닭이 안이오 才能不同한 까닭이다. 그래서
　　 社會生活를 高階級과 低階級으로 分함이 全體를 위하여 寧히 便利할 것
　　 이다」 云云." 김영구, 윗글 14면.
54) "眞正한 平等은 하나님을 認함을 依하야 人類는 彼此精神的으로 平等이
　　 라고 意識하는데 在하다. 그러나 社會主義는 하나님을 否定하고 現實인
　　 社會經驗에 訴하야 人間의 平等을 主張한다. 그런데 經驗上 人間은 결코
　　 平等될수 업다. 若 極端으로 平等을 力說한다하면 論理的로 左傾的인 共
　　 産主義가 되지 안이할수업스며 共産主義의 世界가 되면 人類의 文化는
　　 엇더케 될것이 想像될 것이다." 김영구, 윗글, 14면.
55) "그러나 如斯非凡非平等한 人物一團이 有함으로 人生을 一段高處에 向
　　 上케하고 人類의 精神的 利益을 保護하고 新希望과 可能性을 打開하야
　　 靈魂의 內部로브터 本源的 生命을 連發케할 수가 잇는자－안일가? 어이
　　 껜은 如此한 個性差別까지 無視하고 다만 槪念的으로 人間平等을 高唱
　　 하는 곳에 社會主義의 危險이 橫在한다고 見한다." 김영구, 윗글, 14면.

는 불평등한 사회를 만든다고 하였다.[56] 김영구의 논의는 계급혁명은 이념적으로는 평등한 사회를 지향하지만 현실적으로는 무산자가 중산층을 지배하는 불평등한 사회를 형성한다고 보았다. 이념적 타당성은 부정하지 못하였으나 현실성은 강하게 부정하였다.

노동가치설이 인간의 노동을 비인간적인 것으로 타락시켰다는 가가와(賀川豊彦)의 입장을 받아들이는 식민지 조선의 기독교인들은 개혁 방법에서도 가가와의 견해를 참조하였다. 그는 자본주의를 타파하고 좋은 사회를 만들기 위하여 사회를 개혁하는 것이 사회주의라고 정의하였다.[57] 덧붙여 말하면 잉여가치를 착취하는 자본주의 사회로부터 4차원의 "목적 있는 노동조직"에 들어가는 것이 사회주의라고 하였다. 그런데 이러한 개혁은 1회적이고 전면적인 개혁으로 이루어지는 것이 아니라 순서적인 진화와 점진적인 방법으로 실현된다고 하였다.[58] 가가와는 자본주의의 물질주의가 노동을 타락시켰고 그 결과 현대 사회

---

56) "最初勞動者는 國內의 市民과 平等되기를 追求하얏다. 然이나 지금에 彼等은 여긔에 滿足할 수가 업고 一步를 進하야 中産階級을 支配코자하는 慾求를 가지고잇다. 이럿케하야 드대여 勞動階級執政이라는데까지 達치 안이하면 안이된다는 것이다. 이것은 社會主義 平等論의 可驚할 矛盾이 안일가." 김영구, 윗글, 14면.

57) "資本主義制度의 破壞난 資本家를 燒打하게하난 것만으로 成功햇다할수난 업고 다만 社會로브터 完全한 것을 組織함으로 資本의 保證을 업시하고 現社會보다 훨신 조흔 經濟組織을 得하여 야만되겟다. 이것이 社會組織의 關한 일인고로 社會主義라고 稱한다." 賀川豊彦, 앞글, 1925. 3, 7면.

58) "이것은(사회주의-필자) 資本主義와 갓치 非人格的 貨幣中心의 交換價値를 基礎로하난 一次方程式 社會組織이 아니고 立體的 四次元的 社會인고로 人格的 密着으로만 外에난 完全한 社會를 組織할 길이 업다. 그러나 一次元的 社會를 破壞하야 모든 社會를 廢滅한다고 世界가 自然히 現出할 理由난 업다 一次元으로 二次元에 二次元으로 三次元에 順序的으로 進化改造하야 비로소 社會主義가 完成되난 것이다." 賀川豊彦, 앞글, 1925. 3, 7면.

의 문제가 발생하였으므로, 현대 사회를 개혁할 수 있는 방법은 기독교의 사랑을 통한 점진적인 개혁으로 보았다. 가가와는 타락한 노동의 욕구를 충족시키는 개혁 방법을 계급혁명으로 보았으나, 폭력적이고 전면적인 계급혁명으로는 공산주의가 실현될 수 없다고 하였다. 한국 기독교인들은 가가와의 이론을 이용하여 물질적 탐욕에 광분하는 제국주의도 비판하고 기존의 자본주의 사회를 소멸시키려는 계급혁명의 파괴성도 비판하였다.

당시 조선 사회는 '신간회'가 활발하게 움직이면서 평양지회 설립 논의가 분분한 시기였다. 이즈음『신보』에 게재된[59] 기독교와 사회주의에 관한 고찰은 기독교인들의 '신간회' 가입에 관한 여론을 돌아보는 과정이었다. 이 과정에서 채필근은 예수도 사회를 개조하려 했지만 공산주의자들의 세계혁명과는 이상도 다르고 취하신 방법도 다르다고 하였다.[60] 공산주의의 개혁 방법은 프롤레타리아가 정권을 독점하여 중류 이상의 사람들(중산층-연구자)을 사형하고 추방하는 변형적인 개혁이라고 혁명의 파괴성을 크게 우려하였다.

또 공산주의는 생산과 분배의 절대적인 기회균등과 철저한 평등을 주장하지만 이 세계에서는 실행이 불가하다고 보았다. 만약 경제적 상태와 교육이 균등해진다 하더라도 개인의 능력과 품격은 동등하지 않으므로 철저한 평등은 이루기 어렵다고 하였다.[61] 또한 폭력으로 모든 사람의 재산을 평균적으로 분배하는 것은 유물적 원리에서 나온 잘못된 것이라고[62] 비판하면서 개혁 방법에 대하여 이의를 제기하였다.

---

59) 채필근, 「社會主義와 基督教에 對한 一考察」 1~4, 『신보』 1927. 10. 26.~1927. 11. 16.
60) 채필근, 「사회주의와 기독교에 대한 일고찰」, 2, 『신보』 1927. 11. 2.
61) 채필근, 「사회주의와 기독교에 대한 일고찰」, 1, 『신보』 1927. 10. 26.
62) 채필근, 앞글, 1927. 11. 2, 채필근, 「사회주의와 기독교에 대한 일고찰」

그리고 종교개혁기에 오스트리아, 영국, 프랑스 등지에서 일어난 과격한 개혁이 실패한 예를 제시하여[63] 과격한 혁명은 역사적으로도 불가하다는 것을 보여주었다. 채필근은 인간의 평등은 불가능한 것으로 보았고, 기독교 역사에서 나타났던 과격한 혁명의 실패를 역사적 증거로 제시하여 계급혁명은 종교적 전통에도 부합하지 않는다는 것을 논증하여 '신간회' 참여를 경계하였다. 반면에 예수의 정신을 기본으로 평민적이고 사해동포적(四海同胞的)인 사랑으로 개혁을 실현해야 한다고 기독교적 방법을 강조하였다.[64] 채필근은 '신간회' 평양지회 설립에 즈음하여 사회주의 개혁의 사회적, 경제적, 종교적 문제점을 열거하여 '신간회' 가입으로 야기될 기독교 내부의 혼란을 경계하였다. 따라서 기독교인들은 '신간회'에 가입하더라도 공산주의자들과 같은 사업과 행동을 착수할 것이 아니라 소극적으로 보조를 맞추고 결코 대적하지 말것을 요구하였다.[65]

이렇게 공산주의자들과의 관계가 구체화되면서 마르크스의 계급투쟁설을 자세하게 이해할 필요성이 증대하였다. 기독교인들은 마르크스의 계급투쟁설이 주목받게 된 것은 계급투쟁을 명확하게 전망하였기 때문이라고 하였다.[66] 계급투쟁은 자본가들의 잉여가치 착취를 막기 위한 것으로, 도덕적 연설이나 종교적 연설로는 막을 수 없는 필연적인 것이라 하였다. 그러나 그 방법은 1회적인 폭력혁명이 아니고 사회의 필연적인 변천에 따라 프롤레타리아의 자유와 평등을 얻는 것이라고 보았다. 구체적 방법으로 "가치 없는 폭동수단"이 아니라 의회를

4, 『신보』 1927. 11. 16.
63) 채필근, 앞글, 1927. 11. 2.
64) 채필근, 윗글.
65) 채필근, 앞글, 1927. 11. 16.
66) 강명석, 「경제사상의 변천과 금일의 조선교회」 13, 『신보』 1927. 10. 5.

통하여 국가 권력을 장악하고, 의회를 통하여 제도를 개혁하는 것이라
고 하였다.[67]

강명석은 계급투쟁의 정당성을 부정하지 못하였으나 당시 식민지
조선의 공산주의자들이 주장하는 폭력적이고 과격한 계급혁명은 부정
하였다. 혁명의 폭력성과 과격성이 계급혁명의 정당함을 무가치한 것
으로 만든다고 비난하였다. 역사발전의 필연성을 주장하는 마르크스의
논리(독일 카우츠키류의 사회주의 - 연구자)를 이용하여 폭력적이고
일회적인 계급혁명에 반대하는 이론을 전개하였다. 강명석은 폭력혁명
을 부정하는 부분에 중점을 두고 독일 마르크스주의가 주장하는 의회
진출에 의한 계급혁명을 강조하였다.[68] 강명석은 마르크스의 노동가
치설과 잉여가치설 그리고 계급혁명의 타당성 자체를 부정한 것은 아
니었다. 그러나 폭력적이고 일회적인 계급혁명이 초래할 사유재산제도
의 혼란에는 찬성하지 않았다. 결과적으로 이론적 이해에서 획득한 타
당성은 현실적 요구 앞에서 카우츠키의 논리 속으로 사라지고 의회를
통한 개혁을 주장하게 되었다.

공산주의자들과의 관계는 '신간회' 평양지회가 설립된 후에도 기독
교인들의 관심은 계속되었다. '신간회'에 대한 기독교인들의 태도를 정
립하기 위하여 함일돈(咸日頓)은 사회주의와 공산주의의 개혁 방법을

---

67) 강명석, 윗글. 강명석, 「칼 ○쓰의 경제사상」 1, 『청년』 1928년 6월호, 3
  0~32면.
68) "로동계급은 政治運動을 니르켜 다만 얼마쯤이라고 國家의 權力을 덤령
  하야 强制로 經濟組織의 改造를 實行할 슈단을 취할 것이다. 그런 까닭
  에 두 階級사이의 經濟上 리해의 衝突은 政治的 爭鬪로 變치 안을 수 업
  게 될 것이라는 것이 맑쓰가 말한 階級鬪爭說이다." 강명석, 「경제사상
  의 변천과 금일의 조선교회」 13, "結局 勞動階級이 政治運動을 이르키어
  國家의 權力을 다만 얼마쯤이라도 占領하야 現社會의 經濟組織을 改造
  하도록 强制手段을 取하게 될 것이라고하였다." 강명석, 윗글, 31~32면.

구분하였다. 사회주의는 국가의 법과 대다수의 인민이 가진 충순(忠順)의 생각을 점차적으로 발전시켜 파괴적인 혁명수단을 취하지 않고 개혁하려는 것이라고 하였다.[69] 반면 공산주의는 폭력수단을 직접 사용하여 국가를 전복하고 공산주의를 건설한다고 보았다. 뿐만 아니라 공산주의가 확립되기까지 소수의 훈련된 공산당에게 국가 통치를 맡기고 사유재산을 파괴한다고 하였다. 혁명과정에서는 국가를 지배하기 위하여 살육의 참사도 감행한다고 하였다. 그 결과 공산주의자들은 자신들의 정책을 실현하지 못해도 모든 것을 파괴하며, 실현해도 파괴한다고 계급혁명의 파괴성을 강조하였다.[70] 함일돈은 사회주의 개혁 방법과 공산주의 개혁 방법을 구분하고 사회주의는 도덕적이고 무리 없는 개혁 방법으로 정의하고 공산주의는 목적을 달성하기 위하여 살육도 주저하지 않는 비도덕적이고 폭력적인 방법이라고 비판하였다. 함일돈은 사회주의 개혁은 찬성하나 공산주의 혁명은 반대하였으며, 당시 조선에서 수용된 사회주의는 폭력적 직접 혁명을 주장하는 공산주의라고 규정하고 적대시하였다. 결국 한국의 기독교인들은 공산주의자들과의 협동전선을 찬성하지 않았다.

1920년대 중 후반 한국 기독교인들의 계급혁명에 관한 인식은 공산주의적 계급혁명의 폭력성과 과격성에 대해서 반대하였다. 계급혁명을 반대한 이유는 인간의 능력은 평등하지 않으며, 능력의 결정체인 사유재산을 탈취하는 것은 불가능하다는 데에서 출발하였다. 그리고 사회개혁의 방법으로는 점진적이고 비폭력적인 방법을 제시하였고 개혁의 점진성과 비폭력성을 종교적 사랑의 원리로 옹호하였다.

---

69) 함일돈, 「기독교와 공산주의」 『진생』 1928년 6월, 13면.
70) 함일돈, 윗글, 13~14면.

3. 1920년대 후반~ 1930년대 초반

세계공황의 영향이 경제 각 부분에 나타나면서 식민지 조선의 민중 생활은 더욱 피폐해졌으며 생존을 획득하려는 민중운동은 공산주의를 매개로 격렬해졌다. 더구나 공산주의자들은 민중의 혁명적 역량을 결집하여 계급혁명을 실현하려 했으므로 계급혁명의 대중적 기반을 확보하기 위한 농민과 노동자 조직의 형성에 심혈을 기울였다.

연희전문의 교수였던 한치진(韓稚振)은 공산주의자들은 사회제도와 법률만 교정하면 모든 생활 형식과 내용이 개조된다고 하는데 그것은 피상적 계획에 불과하며, 실제로 공산주의를 실현한 소련 사회는 전제시대와 다름없이 압박과 무시가 횡행하며 빈궁과 고통은 더욱 심해졌다고 하였다.[71] 한편 현재 요구되는 사회개혁은 과거의 철학자나 종교가들이 역설한 도덕적 사회개조만으로 불가능하며[72] 교육적 사회개혁도 어렵다고 하였다.[73] 새로운 개조방법으로 이해와 협동을 통한 약자의 갱생이 큰 역할을 담당할 수 있으리라고 하였다.[74] 한치진은 "경쟁(競爭)과 호조(互助)"라는 상호협조를 사회문제의 해결책으로 제시하였다. 공산주의적 방법도 비판하고 종교적 교육적 개혁 방법도 비판하였다.

경제적 고통이 심각해지자 기독교인들도 지금까지 주장하던 점진적이고 평화적인 개혁으로는 사회문제를 해결하기 어렵다고 여기게 되었고, 계급혁명도 소련을 예로 들어 부적절하다고 보았다. 기독교인들

---

71) 한치진, 「競爭과 互助」, 『新生』 1929년 4월호, 6면.
72) 한치진, 윗글, 6면.
73) 한치진, 윗글, 6~7면.
74) 한치진, 윗글, 7면.

은 기독교와 공산주의 양 세력의 개혁 방법을 모두 비판하고 새로운 개혁 방법으로 민족의 단결과 상호부조를 강조하였다. 무정부주의에 관한 본격적인 이해가 시도된 것은 아니지만 "상호부조"라는 용어가 기독교인들에게도 호소력을 가지게 된 것으로 보인다. 나아가 상호부조라는 구호를 통하여 이웃사랑의 종교적 덕목을 사회개혁의 방법으로 제시하였다고 하겠다.

김수철(金洙喆)은 영국 교회가 산업혁명 이후 전개한 주일학교와 구세군, 적십자 사업, 불구자나 노약자 병자를 위한 고아원과 수용소 설립을 고찰하였다.[75] 일본교회의 무산자 보호운동도 새롭게 조명하였다. 김수철은 그들의 공창폐지운동, 금주운동, 남녀직공 보호운동, 실업자 방지운동, 청소년에 대한 보호운동(금주, 노동시간 엄수, 노동연령 제한, 야간노동 폐지) 등도 주목하였다. 김수철은 새로운 사회개혁 방법을 모색하는 과정에서 외국 교회의 해결책을 살펴보았으나 식민지 조선의 상황에 필요한 구제책을 찾는 데에는 실패하였다. 그 결과 기독교가 실시해 왔던 공창폐지운동, 금주운동, 남녀직공 보호운동, 불구자 구제책 등을 주목하고 권장하는 데에 그쳤다.[76] 한치진이나 김수철의 논의에서 나타나듯이 기독교인들은 사회문제의 심각성과 그에 따르는 사회변화를 감지하고 사회변화에 대응하기 위한 새로운 개혁 방법을 모색하였으나[77] 현실적으로 새로운 방법을 모색하는 데에는 실패하였다.

반면 이론적으로는 자본주의 멸망은 자본주의의 발달로 나타나는 계급착취와 자본의 독점에서 비롯된다는 "자본주의 도괴설"을 소개하

---

75) 金洙喆, 「基督教社會事業의 一考察」, 『眞生』 1929년 10월호, 36면.

76) 김수철, 윗글, 37면.

77) 채필근, 「예수와 社會思想問題」 1~6, 『신보』 1929. 11. 20~1929. 12. 25.

였다. 이것은 "평균적"으로 회전해야 할 자본이 몇몇 자본가에게 집중되어 회전하지 못하면 사회적 생산력의 증대를 막아 자본주의가 몰락한다는 것이다. 자본주의 발달로 인한 계급착취와 그로 인한 자본독점이 생산력 발달의 장애를 가져와 자본주의가 멸망한다는 것이다.[78] 나아가 독점 자본주의는 계급혁명으로 멸망하는 것이 아니라 독점 자본주의가 발달한 결과 자체적으로 괴멸된다고 하였다. 따라서 사회를 개혁하려면 생산력 발달을 저해하는 자본의 독점도 막고, 폭력적인 무산자의 계급혁명도 배제해야 한다고 하였다.[79] 채필근이 주장한 자본주의 도괴설은 세계공황의 파괴력을 경험하면서 식민지 산업을 독점하고 수탈하는 일본 제국주의의 멸망을 기대하는 한국인들의 마음을 반영하였을 것이며, 과격한 공산주의 계급혁명도 막을 수 있는 방법으로 소개되었을 것이다.

기독교인들은 경제적 파국을 맞이하여 교회가 자본주의 발전에 적극적으로 참가할 것을 권장하고 그 방법으로 공상적 사회주의자 생시몽의 '신기독교론'과 새로운 산업사회론(통치자는 인민에게 직업을 주고 구성원은 노동에 따라 보수를 받는 제도)을 소개하였다.[80] 나아

---

78) "資本主義倒壞說은 上述과 갓치 集積된 資本은 一般社會에 流通하여야 할것을 몃몃 資本家의게만 集積되여잇기 때문에 社會의 生産力에 妨害가 될 것이다. 다윈氏에 自然淘汰說에 依支하야 이러한 資本主義의 社會는 그만 沒落하고 말니라고하는 것이다." 채필근, 앞글, 1929. 12. 4.

79) "나는 이제 다른 方面으로 크로포트킨씨를 愛의 使徒로써 讚頌하지 안을 수가 업다고 말하고 십다. 그의 名著 相互扶助論은 平和의 經典이라는 別名까지 엇어가면서 발서 여러 나라 말로 飜譯이 되엿다." "아 우리 同胞는 相互寬容하며 相互扶助하자 이리하야써 理想世界를 實現하여보자 이것이 하나님의 道理며 예수기독의 精神이다 아- 우리는 서로 돕아주면서 나아가자. 또 나아가면서 서로 돕아주자." 채필근, 「서로 돕아주자」, 『眞生』 1928년 10월호, 18면, 21면.

80) 채필근, 「예수와 사회사상문제」 1, 『신보』 1929. 11. 20.

가 미국의 사회복음주의자 라우셴부시의 주장도 소개하여 기독교인들의 사회문제에 관한 관심을 종교적으로 촉구하였다.[81]

채필근은 계급혁명에 대한 반대를 종교적으로 강화하였다. 채필근은 예수는 사회개량자라 할 수 있으나 직접적으로 국가사회를 개혁한 것이 아니며, 더구나 폭력적 행동으로 개혁을 강제한 것도 아니라고 하였다. 인류의 정신을 개혁하고 우리 마음속에 천국을 건설하려 하였다고 종교적 원리를 앞세웠다. 계급투쟁설을 기반으로 한 사회개혁이나 다윈의 학설에 기초한 생존경쟁으로는 사회개혁은 불가능하며[82] 예수가 실행한 정신적인 개혁을 통하여 사람의 마음에 천국을 건설하는 것이 올바른 개혁이라고 주장하였다.

기독교인들은 공산주의가 주장하는 계급혁명의 폭력성과 파괴성이 가져올 결과를 우려하고 방지하려 하였다. 폭력혁명을 방지하려는 노력은 계급투쟁설을 무산계급의 계급혁명을 이기적 운동으로 규정하고, 이기적 운동으로는 사회에 이익을 줄 수 없다고 규정하였다.

또한 계급혁명을 통한 균등분배는 가급적 적은 노력을 들여 다른 사람과 동일한 보수를 받으려 하므로 능률이 떨어지고 생산력을 저하시키는 것으로 생각하였다.[83] 따라서 균등분배로는 개혁이 불가능하고, 경제가 쇠퇴하므로 상호부조만이 개혁의 길임을 강조하였다. 구체적으로는 자신의 일을 사랑하고 사회의 행복을 위하여 일하는 지식계급의 정신을 노동자에게 주입하는 것이 사회개혁을 위하여 바람직한 방법이라고 보았다.[84]

기독교인들은 1920년대 말 세계정세의 변화와 그에 따른 국내 공산

---

81) 채필근, 「예수와 사회사상문제」 1·2, 『신보』 1929. 11. 20: 1929. 11. 27.
82) 채필근, 「예수와 사회사상문제」 4, 『신보』 1929. 12. 11.
83) 채필근, 「예수와 사회사상문제」 5, 『신보』 1929. 12. 18.
84) 채필근, 윗글.

주의 세력의 노선 변화에 대응하여 자본주의 도괴설과 정신적이고 평화적인 개혁을 주장하였다. 공산주의자들의 운동이 고조되는 상황에서 자본주의 도괴설과 기독교의 종교적 원리를 앞세워 일제의 수탈과 직접적이고 폭력적인 계급혁명을 반대하였다. 그리고 사회개혁의 대안으로 점진적이고 평화적인 개혁방안들을 제시하였다.

"간듸이" 박사는 그리스도의 심판은 돌발적인 것이 아니라 역사적으로 진행되는 것이며, 그 과정에서 나타나는 파괴는 죄악의 마지막 정복이며 개조사업은 천국을 완성하는 것이라고 전제하였다. 예수님이 말씀하신 하나님 나라도 도덕적이고 신령한 것이며 돌발적이거나 권세나 폭력으로 단번에 이루는 것은 아니고 사랑과 정의 그리고 결백과 희생적 봉사로 점진적으로 이루는 것이라고 하였다.[85] 또 인류사회를 구제하는 방법은 크게 두 가지가 있는데 첫째는 물질적인 것으로 마르크스가 대표적이며, 둘째는 정신적인 것으로 그리스도가 대표적이라 하였다. 마르크스의 사회구제 방법은 현 사회제도와 계급을 타파하고 자본가를 박멸하는 혁명을 통하여 의식주를 해결하는 것이요, 그리스도는 사랑을 통하여 사람을 회개시키고 하나님 나라의 건설운동을 통하여 사회를 개조하는 것이라고 비교하였다.[86] 경제적 위기를 맞이하여 기독교인들은 개혁의 방법에서 기독교적 덕목을 더욱 강조하게 되었다.

개혁 방법에서 종교성을 강조하는 경향은 공산주의에 관한 이해에도 영향을 미쳤다. 기독교인들은 공산주의는 과학과 공업만능에 대항하여 인간의 생존문제를 해결하려는 사상이지만 구체적으로 노동자의

---

85) 간듸이 박사, 「天國은 漸進的으로 臨함」, 『신학세계』 1929년 6월호, 92~93면.
86) 社說, 「基督敎의 社會事業」 상, 『신보』 1930. 7. 9.

단결로 사회의 물적 제도와 단체의 개혁을 이루려는 사상으로 생각하였다.[87] 그런데 사회개혁의 방법인 단결(노동자의 단결 또는 계급혁명 - 연구자)은 물적 제도와 단체를 중시한 나머지, 개인의 가치를 부인함으로써 원래 개혁의 목적인 인간을 무시하게 되므로 개혁에서도 성공할 수 없다고 하였다. 결국 생존의 입각지는 인간을 초월한 곳에 있음을 자각하고 신(神)에게 귀의하는 것이 인간의 생존을 해결하는 방법이라고 하였다.[88] 한치진은 공산주의의 개혁 방법인 노동자의 단결(계급혁명 - 연구자)을 부정하고, 인간의 힘을 초월한 신(神)에게로 귀의하여야 사회개혁은 완성된다고 하였다.[89]

공황의 타격을 극복하기 위하여 경제적 활로를 찾던 기독교인들은 경제적 발전을 도모하는 부분에서는 적극적이었으나 파괴성과 탈취를 전제한 계급혁명에 대해서는 추호의 양보도 없이 반대하면서 가장 적극적으로 기독교의 종교성을 앞세웠다. 결국 이러한 태도는 현실에서 공산주의와의 갈등을 해결하는 데에 도움이 되지 못하고 기독교인들의 욕구만 강조하여 대결 양상만 고조시켰다.

이런 답답한 상황을 맞이하여 기독교인들의 사회에 대한 태도 전환을 촉구하는 경우도 있었다. 김춘배(金春培)는 기독교인들은 신앙의 개인적 경험을 중시하여 예수의 교훈을 사회에 적용하는데 게을렀다고 보았다. 그러나 현대에 이르러 사회문제가 심각하므로 서구의 교회

---

87) "科學主義와 工業萬能主義의 惡結果를 對抗하려고 니러난 生存運動은 社會主義運動이니 이는 第三次의 立脚地 發見이다. 이 運動主張은 簡單하니 사람은 自然과 그 法則을 밋고 살 수 업고 오직 우리 사람끼리 밋고 依支하고 살 수 밧게 업다하는 것이 그것이다. 우리 生存의 立脚地는 無我界나 自然界에 잇는 것이 안이라 우리 人間界에 잇다하는 것이 이 社會運動의 基本的 精神이다." 韓雉振, 「生存의 立脚地」 2, 『신보』 1930. 6. 11.

88) 한치진, 윗글.

89) 한치진, 윗글.

들은 기독교의 사회적 사명을 중시하고 사회문제 해결에 적극적으로 나서고 있으나, 한국 기독교인들은 사회변화에 대처할 시기를 놓쳤으니[90] 사회변화에 적응하기 위해서 노력할 것을 요구하였다. 그리고 이를 위하여 행동지침을 소개하였다.[91]

소개된 행동지침의 내용은 현재 경제체제는 예수의 교훈과 상반되며, 사회조직도 특권계급의 이익을 옹호하는 구조라고 전제하였다. 현대 사회의 모순 속에서 사회를 개혁하려면, 대중의 이익을 보장하는 방법을 총동원하고 예수 정신의 실천을 요구하였다. 기독교적 계급투쟁을 요구하고 구체적 방안으로는 먼저 언론, 문서활동, 영화, 방송, 집회 등을 통하여 계급문제를 일반에게 널리 알리고, 자본의 사유와 독점을 폐멸하고 노동자와 농민의 권익을 옹호하는 정치운동을 일으키고, 이를 위하여 노동자와 농민의 정치집단화를 도모하라고 하였다. 나아가 식민지의 해방을 지지하며 제국주의자들의 군비확장, 병역제도, 교련 등을 반대하며, 제국주의의 침략이 계급투쟁에 악용되는 것도 막으라고 하였다. 공산주의를 실시하는 소련에 대해서도 외교관계를 수립하고 이들의 계급문제 처리방안을 잘 연구하여 이용할 것도 주장하였다. 또한 정치적, 제도적 개혁만이 아니라 노동자들에 대한 직업훈련과 직업윤리를 확립하여 임금의 많고 적음만을 중시하는 물

---

90) "우리 釣船敎友 敎會만은 그러치못한 現象이다. 다른 나라 다른 民族보다 政治的으로나 經濟的으로보와 우리 敎會며 信徒의 社會的 使命이 더욱 重함을 생각할 때 우리 敎會의 態度야 遺感이업다 아니치 못할 것이다." "우리의게는 이갓치 社會的으로 進出하는 團體나 個人이 極히 少數이어니와 健全한 社會戰術을 發見하고 實行하기가 어려운 處地이다. 一般의 적지안은 企待를 두는 信友會의 어물어물이 우리의 事情을 잘말하여준다. 이글의 目的인 社會戰術을 아래에 紹介하고 끗치겟다." 김춘배, 「基督敎會의 社會的 戰術」1, 『신보』1930. 4. 2.

91) 김춘배, 윗글.

질주의적 풍조도 없앨 것도 주장하였다.[92]

김춘배는 서구의 기독교적 계급혁명 방안을 소개하여 식민지 수탈을 배격하고 노동자와 농민의 이익을 옹호하는 데 기독교인들이 사명감과 윤리를 가지고 참여할 것을 요구하였다. 기독교인들은 세계경제공황과 공산주의자들의 급진화로 사회문제가 극도로 혼란해지자 적극적으로 사회문제 해결에 참여하려 하였으며, 제국주의의 침략도 극복할 것을 주장하였다. 뿐만 아니라 사회주의의 자본주의 비판에도 귀를 기울여 자본주의의 모순도 해결해야 한다고 생각하였다.

그러나 1931년에 정세가 급박해지면서 공산주의자들은 적색농민운동과 적색노동운동을 통하여 국내의 혁명적 분위기를 고조시키면서 민족주의자들과의 협동전선을 폐기하고 극좌적인 혁명봉기를 유도하였다.[93] 공산주의자들의 좌경화 노선이 적극적으로 발동되면서 위협을 느끼던 민족주의자들은 공산주의에 대한 융통성 있는 이해를 폐기하고 보수화되었다.

기독교인들은 마르크스·레닌이 주장하는 계급혁명설을 폭력적으로 자본주의를 파괴하려는 사상으로 이해하였다.[94] 『신보』의 사설에서는 공산주의자들의 계급혁명을 "의식주 문제만 해결하려고 뚜드리고 부시고 깨뜨리는 파괴적인 혁명"으로 보았고,[95] 간디의 비폭력 무저항

---

92) 김춘배, 「기독교회의 사회적 전술」 2, 『신보』 1930. 4. 9.

93) 임경석, 「세계공황기 사회주의민족주의세력의 정세인식」, 『역사와 현실』 11, 1994, 25~37면.

94) "맑스-레닌主義의 革命이 부르좌를 미워하라는 階級鬪爭의 原理 위에 선것 모양으로", "맑스-레닌主義의 革命思想으로 말하면 暴力을 가지고 反對勢力인 階級을 殲滅하거나 壓伏하는 手段을 取한다." "맑스-레닌主義가 革命하려는 것은 —즉 破壞하려는 것은 브르좌 社會機構요 그 자리에 建設하려는 것은 프로레탈리아 獨裁의 共産主義 社會다." 李光洙, 「그리스도의 革命思想」, 『청년』 1931년 1월호, 23~24면.

주의를 그리스도 혁명사상을 해득한 운동으로 평가하였다.[96] 결과적
으로 혁명은 정신과 인격을 개조하여 자기희생적, 무저항적 비폭력적
으로 전개할 것을 주장하고, 공산주의자들이 주장하는 폭력적 혁명은
어떻게 해서든지 저지하려 하였다.

기독교인들의 계급혁명에 관한 인식은 1930년에 이르러 정리되었다.
정리된 내용은 첫째 무산자운동은 공산주의자들의 지도하에 노동조합
을 조직하고 동맹파업과 시위로 자본가에게 저항하는 것으로 정리하
였다. 둘째 폭력으로 정부를 전복하고 공산주의를 실시하려는 것으로
생각하였다.[97] 셋째 무산계급의 대표를 의회로 진출시켜 노동자의 이
익을 정책적으로 실현하려는 것을 올바른 계급혁명으로 간주하였다.
결국 기독교인들은 계급혁명을 무산자의 권익을 보호하기 위하여 현
체제를 전복하는 폭력으로, 사유재산제도를 전면적으로 소멸시키는 파
괴적인 것으로 이해하고, 적극적으로 방지하려 하였다. 반면 자기희생
적 혁명과 무저항 그리고 비폭력적인 종교적 개혁을 강조하였다.

세계공황의 파괴적인 영향으로 공산주의자들은 급진적이 되었고,
기독교인들은 공산주의의 과격한 혁명을 막기 위해 여러 가지로 노력
하였다. 기독교인들은 사회주의자들이 주장하는 자본주의 도괴설, 그
리고 무정부주의자들의 상호부조론까지 동원하여 계급혁명을 방지하
려 하였다. 그러나 위기에 처한 기업을 살리려는 노력은 오히려 토착
자본가들의 공산주의에 대한 태도를 경직화시켰다. 식민지 토착자본의
경제적 한계가 여러 사상에 대한 개방적 견해를 가지게 하였으나, 반
면 기업의 생존이라는 면에 국한되게도 만들었다. 식민지 토착자본가

---

95) 社說, 「基督敎와 社會事業」 下, 『신보』 1930. 7. 16.
96) 이광수, 「그리스도의 革命思想」, 『청년』 1931년 1월호, 23면.
97) 하경덕, 「現代思潮問題와 우리의 態度」 2, 『청년』 1930년 10월호, 235~
237면.

들은 자본주의를 발전시키려는 요구만큼 공산주의를 배척하였다. 즉 기독교인들은 제국주의를 극복하는 데에는 적극적이었으나 자기희생적 무저항 비폭력주의와 상호부조를 주장하여 노동자와 농민의 과격한 혁명은 방지하고 자본주의 발전에 전력을 동원하려 하였다.

제3절 균등분배에 관한 인식

1. 평등에 관한 인식

기독교인들은 선교의 대상으로서 인간은 평등하다고 생각하였다.[98] 예수는 강도나 간음도 용서하였으므로 사회운동이나 해방운동 없이도 인간은 모두 동등하다고 하였다.[99] 현대 사회의 정치·경제적 입장에서 인간의 평등을 주장한 이대위도 인간의 신성한 가치와 절대적 자유를 인정하였다. 그리고 인간은 누구나 균등한 기회를 이용하여 자신의 인격을 발전시켜야 하고, 남의 인격도 존중해야 한다고 하였다.[100] 기독교인들은 인간의 평등을 선교의 차원에서 그리고 현대 사회의 특성상 부정할 수 없는 것으로 인정하였다.

그러나 기독교인들은 인간의 평등은 실질적으로는 불가능한 것으로 생각하였다. 신흥우(申興雨)는 인간을 똑같이 대우하면(모든 사람에게

---

98) "예수끠서 사름을 差別ᄒ야 待遇ᄒ신 例가 잇ᄂ가 예수의 말슴대로 행ᄒ기만 ᄒ면 세계는 춤평등으로 사는 셰상이 될지라." 홍병선, 「今代雜感」 3-긔독교와 평등쥬의, 『신보』 1919. 8. 6.
99) 鐵漢, 「예수主義가 敎會로부터 實現함을」, 『신보』 1927. 1. 5.
100) 이대위, 「社會主義와 基督敎의 歸着点이 엇더ᄒ가」 1, 『청년』 1923년 9월호, 10면.

1,000만 원을 주고 일생을 향락하게 함) 10분도 못 되어 불만을 가질 것이라고 하였다. 노인들은 지각과 경험에서 열 살 된 소년보다 우월한데 소년과 같이 대우한다고 불평하고, 소년은 장래가 있는 나에게 노인과 똑같이 대우한다고 불평한다는 것이다. 곧 인간을 균등하게 대우하면 심리적으로나 형식적으로 평화를 유지하기 어렵다고 생각했다.[101] 기독교인들은 인간의 능력은 나이, 경험, 학식 그리고 신체적 차이와 노력 때문에 동일하지 않으며, 균일하지 않은 인간을 균일하게 대우하는 것은 공정하지 못하며 불가능한 처사로 여겼다.

인간의 능력이 동일하지 않다는 이해는 이외에도 상당수 존재하였다. 김영구는 인간은 경험상 평등할 수 없다고 고등수학에 관한 이해력을 예로 들었으며, 계급을 나누어 생각하는 것이 편리하다고 하였다.[102] 함일돈은 사람은 재능과 기예가 달라 어떤 사람은 하루에 5원을 벌고 어떤 사람은 하루에 100원을 벌 수 있는 재능의 차이가 있다고 하였다. 재능의 차이는 세월이 지나면 능력 있는 사람은 자본가가 되고, 능력 없는 사람은 노동자가 된다. 따라서 공산주의가 도래하면 자본가가 되거나 될 수 있는 재능을 가진 사람은 다 죽거나 추방되어 사회가 쇠퇴한다는 것이다.[103]

김광훈(金光薰)은 숙련공과 비숙련공의 훈련시간과 생산시간을 비교하여 인간 능력이 다르다는 것을 설명하기도 하였다.[104]

---

101) 一記者 抄(申興雨講演), 「近代思想과 靑年의 危機」, 『청년』 1921년 12월호, 14면.

102) "어이껜은 此와 如한 例를 引用하엿스니 「高等數學을 一般人의게 敎할 수는 無하니 時間이 無한 까닭이 안이오 才能不同한 까닭이다. 그래서 社會生活를 高階級과 低階級으로 分함이 全體를 爲하야 寧히 便利할 것이다.」 云云" 김영구, 「어이껜 博士의 社會主義 批判」, 『眞生』 1926년 8월호, 14면.

103) 함일돈, 「기독교와 공산주의」, 『진생』 1928년 6월, 15~16면.

기독교인들은 선교 대상으로서의 인간은 평등하다고 보았으나, 능력에 대한 평등은 받아들이지 않았다. 신체의 차이, 학력의 차이, 노력의 차이, 재능의 차이 등이 모두 경제와 결부되면서 인간은 경제적으로도 평등할 수 없다고 보았다.

2. 균등분배에 관한 인식

앞에서 살펴본 바와 같이 기독교인들은 인간 능력이 동일하지 않기 때문에 동일하게 대우하는 것은 불공평하다고 생각하였다. 신흥우는 균등분배를 실시하면 능력자는 자신의 능력을 인정받지 못한다고 불평하며, 불구자는 육체의 불편을 보상받지 못한다고 불평한다는 것이다.[105] 결국 균등분배제도는 운영하기 어렵다고 하였다.

함일돈(咸日頓)은 모든 사람은 자기 이익부터 생각하기 때문에 구원한 장래의 공공이익이나 균등분배로 나타나는 근본적 이익은 생각하지 못한다고 보았다.[106] 즉 인간의 이기심 때문에 균등분배제도의 운영은 어려울 것으로 보고, 공산주의는 인간을 오해한 잘못된 이론이며, 공산주의자들이 주장한 균등분배제도는 잘못된 인간성을 바탕으로 정립된 잘못된 제도라고 하였다.[107] 반면에 개인소득의 차이는 당연하며 이러한 조건을 무시하고 균등분배를 시행하면 능력 있는 자들의 활동을 기대하기 어렵다고 하였다. 예를 들면 100원을 벌 수 있는 자

---

104) 김광훈, 「맑스의 경제론과 그 비판」, 『진생』 1930년 11월호, 10면.
105) 신흥우, 일기자초, 「근대사상과 청년의 위기」, 『청년』 1922년 12월호, 12~14면.
106) 함일돈, 앞글, 1928. 6, 13면, 15면.
107) 함일돈, 윗글, 15~16면.

에게 7원을 분배하면 힘써 일하지 않고 받은 만큼만 일할 것이므로 결국은 국가 경제가 쇠퇴할 것으로 예상하였다. 균등분배제도를 실시하면 능력자는 노동의 동기를 상실하고 나태해지며 경제적 생산은 줄어든다는 것이다. 또한 국민들은 국가가 생활을 보장해줄 것이라고 믿고 노력하지 않을 것이라 하였다.[108] 소련에서 노동자의 생활을 향상시키기 위하여 공산주의를 실시하였으나 실패하고 신경제정책을 실시하였는데, 이것은 공산주의 실현으로 쇠퇴한 경제력을 부흥시키기 위하여 다시 자본주의로 회귀하는 것으로 생각하였다.[109] 결국 공산주의가 실현되면 국가 경제는 쇠퇴하며, 노동자들의 생활 향상도 어려울 것으로 전망하고 균등분배를 반대하였다.

함일돈의 논의에서 또 하나 강조된 것은 사회를 경영하는 기업가나 자본가들이 몰락하고 살해당하는 것이었다. 공산주의자들의 직접적이고 과격한 혁명은 사회 주도층의 소유를 탈취하며 탈취를 위하여 소유자들을 살해하거나 추방할 것이라고 예상하였다. 기독교인들을 중심으로 한 토착자본가들은 공산주의 실현이 가져올 사유재산의 탈취와 생명의 위협을 염려한 것이다. 즉 기독교인들은 균등분배제도는 능력과 노력을 무시할 뿐 아니라 인간의 생명도 위협하는 것으로 인식하고, 균등분배와 계급혁명을 강력하게 반대하였다.

채필근도 균등분배를 시행하면 사유재산의 소유자는 살해당한다고 보고 기독교적이 아니라고 하였다. 기독교인들은 균등한 분배는 폭력으로 탈취하여 분배할 때에만 이루어질 수 있는 것으로 여겼고, 예수님은 폭력적인 균등분배의 방법은 사용하지 않았다고[110] 종교적으로

---

108) 함일돈, 윗글, 15면.
109) 함일돈, 윗글, 15면.
110) 채필근, 「社會主義와 基督敎에 對한 一考察」 2, 『신보』 1927. 11. 2, 최계철, 「基督敎와 社會主義」, 『眞生』 1930년 3월호, 48면.

도 부인하였다.

균등분배에 대한 반대는 공산주의자들이 급진화되면서 더욱 강화되었다. 기독교인들은 공산주의를 실시하면 "가급적 적은 노력"으로 "평등의 보수"를 받으려 하므로 능률이 떨어지고 생산력이 쇠퇴하여 "인상식(人相食)하는 경제상태로 전락할 것"[111]이라고 걱정하였다. 극도의 경제적 쇠퇴를 가져오기 때문에 공산주의는 실시할 수 없으며, 종교적으로도 인간 사회는 선과 악이 공존하고 있으며 악마들이 횡행하는 사회이므로 평등이 존재할 수 없다고 균등분배를 반대하였다.[112] 박형룡(朴亨龍)도 생 시몽의 분배제도를 설명하면서 유식한 자(智者), 부지런한 자(勤者), 교만한 자(巧者)를 어리석은 자(愚者), 둔한 자(鈍者), 게으른 자(懶者)를 동등하게 대우하는 것은 공정한 것이 아니라고 평가하였다.[113]

기독교인들은 인간을 유식한 자(智者), 부지런한 자(勤者), 교만한 자(巧者)와 어리석은 자(愚者), 둔한 자(鈍者), 게으른 자(懶者)로 구분하여 인간은 불평등하다고 생각하였다. 그러므로 불평등한 인간에게 균등하게 분배하는 것은 불공정하다고 보았다. 만약 평등한 능력을 가지고 태어났다 하더라도 각자 노력의 정도가 달라 결과적으로는 능력에 차이가 나타나며, 사회가 악하고 악마가 횡행하기에 균등분배는 실행할 수 없다고 여겼다. 결국 균등분배를 실시하면 인간의 성취동기를 박탈하여 경제가 쇠퇴하며, 인간의 이기심을 조장하고 사회발전의 주도자를 몰락시켜 사회의 혼란을 부추길 것으로 우려하였다.

또한 폭력적 탈취와 분배과정에서 일어나는 파괴는 종교적으로도 정

---

111) 채필근, 「예수와 사회사상문제」 5, 『신보』 1929. 12. 18.
112) 채필근, 「사회주의와 기독교에 대한 일고찰」 1, 『신보』 1927. 10. 26.
113) 박형룡, 「現思想의 歷史的 背景」, 『神學指南』 1932년 3월호, 26면.

당하지 못하며, 모순덩어리인 현 경제제도보다도 더 나쁜 것으로 평가하였다.114) 자본주의가 인생을 인생답지 못하게 만들고 공가제도(工價制度: 임금제도 - 연구자)가 은근히 많은 폐단을 가지고 있지만, 농노제도나 노예제도보다는 우월하여 공장 노동자들의 자유가 어느 정도 보장되며 생활도 유지될 수 있다고 하였다.115) 기독교인들은 "경제를 쇠퇴시키고 생명을 위협하는" 균등분배제의 실현을 염려하여 자본주의에 대한 비판을 중지하고 공산주의보다 자본주의가 낫다고 평가하기에 이르렀다.

제4절 공정한 분배에 관한 인식

1. 공정한 분배론의 모색

기독교인들은 균등분배를 반대하면서 그 대안으로 공정한 분배를 주장하였다. 공작(工作)은 귀중한 것으로 마땅히 공정한 보수를 받아야 하며116) 이익 발생에 관계한 사람들에게 공정하게 분배하는 것은 사회주의가 주장하지 않아도 시행되어야 한다고 하였다.117)

기독교인들은 분배의 공정한 기준으로 생산요소와 생산업적을 제시

---

114) 강명석, 「空想的經濟思想論」, 『청년』 1927년 9월호, 38~39면.

115) 이대위, 「基督敎가 現代資本主義制度에 對ᄒ야 取홀 態度」 4, 『신보』 1924. 1. 23.

116) 이석천, 「최근 기독교인의 경제관」, 『청년』 1923년 1월호, 36면.

117) 맥도날드목사, 「사회문제에 대한 기독교의 태도」, 『神學世界』 1925년 8월호, 35면. 채필근, 「사회주의와 기독교에 대한 일고찰」 4, 『신보』 1927. 11. 27.

하였다. 생산업적을 분배기준으로 설정한 것과 기준으로 적용하는 것은 비교적 용이한 것이다. 측정에 기술적 문제가 있기는 하지만 설정이나 기준에 이의를 제기하기는 어려운 비교적 객관적인 기준이었다. 그러한 이유인지는 몰라도 생산업적을 기준으로 하는 것에 대한 논의는 별로 보이지 않는다.

반면에 생산에 참여한 사람 내지 요소를 기준으로 설정하는 문제에 관한 논의는 분분하였다. 신흥우는 생산의 요소를 자연(원료 혹은 토지 –연구자), 자본, 노동 그리고 기업가의 기업정신을 들고 이러한 생산의 요소를 공급한 지주, 자본가, 노동자, 기업가에게 생산에 참여한 만큼 분배하는 것이 공정하다고 하였다.[118] 신흥우와 같이 생산요소를 분배의 기준으로 삼는 것은 안국선과 이대위에게서도 나타난다. 안국선은 생산요소로 토지, 자본, 노동, 기업의 4종으로 구분하였고[119] 이대위는 자본, 노동, 관리자, 공중수요로 구분하여 제시하였다.[120] 이대위의 경우 관리자와 공중수요를 구분하였는데 이것은 기업가의 경영과 기획을 표현하는 것으로 기업가의 역할을 강조한 것으로 보인다. 결국 자본과 노동과 기업가라는 요소를 분배 대상으로 여긴 것이다.

이렇게 볼 때 신흥우를 비롯하여 기독교인들이 생산요소를 분배의 기준으로 인식할 때 보이는 특성은 자본가와 기업가를 구분한 것이라고 할 것이다. 기업에서 자본과 경영을 분리하는 것은 합리적이고 효율적인 경영을 보장하는 선진적인 경영기법이다. 그러나 기독교인들이 주장하는 자본가와 기업가의 구분은 선진 경영을 위한 구분이라기보다는 자본을 가지지 못하였으나 의욕적으로 기업을 운영하려는 영세

---

118) 신흥우, 「근대사상과 청년의 위기」, 『청년』 1922년 12월호, 13면.
119) 안국선, 「經濟上으로 見한 半島의 將來」, 『청년』 1921년 5월호, 5면.
120) 이대위, 「基督教가 現代資本主義에 取할 態度」 5, 『신보』 1924. 1. 30.

한 기업가의 입장을 반영한 분류라고 생각된다. 바꾸어 말하면 기독교인들이 자본가와 기업가를 구분한 것은 영세한 토착자본가들의 소규모 기업활동을 적극적으로 평가하는 분배론으로, 기독교를 중심으로 형성된 식민지 토착자본가들의 특성을 나타내는 부분이라고 생각된다.

기업활동을 생산의 중요한 요소로 보는 경향은 강명석의 노동가치설 인식에도 반영되었다. 노동의 종류를 노동자의 직접노동과 경영자의 간접노동 그리고 자본재의 기계노동으로 구분하고,[121] 경영자의 간접노동을 생산의 중요한 요소로 보고 분배의 몫을 할당하려 하였다. 그런데 강명석은 노동자의 임금을 우선적으로 분배하여 자본가의 몫을 희생하면 자본가는 투자하지 않을 것으로 생각하였다. 자본가가 투자하지 않으면 노동자는 일자리를 잃고 실업자가 되므로 자본가의 몫을 우선적으로 고려하는 것이 노동자에게 유리하다고 보았다. 리카도의 학설을 이용하여 자본가〈지주와 구분되는 농업자본가: 차지농(借地農) - 연구자〉에게 이윤을 배당하여 기업활동을 보장하는 것이 자본가와 노동자 모두에게 이익이라고 생각하였다.[122]

이렇게 분배기준에 관한 논의가 활발하게 일어난 것은 공산주의의 영향과 식민지 토착자본의 형편 때문이라고 생각된다. 제국주의 침략으로 수탈당하던 식민지 사회는 노동자와 농민의 생존을 보장하는 문제도 중요하지만 토착산업의 기반 확충도 중요하였다. 따라서 공산주의가 풍미하면서 나타난 노동운동에 직면하게 된 영세한 토착자본가들은 노동운동과 일제의 착취라는 이중적 모순 구조에 처하여 기업의 생존을 염려하였다. 즉 기독교인들이 생산요소를 중심으로 기업가의 몫을 확보하려는 것은 노동운동과 일제의 착취로부터 벗어나 산업 기반

---

121) 강명석, 「칼 맑쓰의 經濟思想」 2, 『청년』 1928년 7・8월호, 42~43면.
122) 강명석, 「經濟思想의 變遷과 今日의 朝鮮敎會」 10, 『신보』 1927. 9. 14.

을 확립하려는 토착자본가들의 이해가 반영된 분배론이라 할 것이다.

그러나 노동자를 위한 분배제도를 전혀 고려하지 않은 것은 아니다. 노동자의 몫을 증가시키는 방법을 여러 가지로 소개하였다. 그중에서 순익분파제(純益分派制: 종업원주주제도 - 연구자)라는 것이 있는데, 이것은 임금 이외에 사업에서 발생하는 이익을 노동자에게 분배하려는 것이다. 순익분파제를 권유하는 이유를 살펴보면 외면적으로는 자본가에게 손해이나, 결국에는 노동자도 자본에 참여하여 자본가에게 호감을 가지고 기계를 효율적으로 사용하고, 원료를 절약하며, 생산력과 품질의 향상을 도모하여 실질적으로는 자본가에게 이익이 된다고 권장하였다. 또한 생산과정에서의 이익만이 아니라 자본가와 노동자의 협조를 가져와 노동문제도 해결해 줄 것으로 믿었다.[123] 기독교인들은 노동문제를 해결하고 자본가의 이익도 증대하려는 의도에서 순익분파제를 주장하였다. 그러나 식민지 조선의 영세한 토착자본가들은 노동자에게 자본의 일부를 할당하고 그 이윤의 일부를 분배할 만큼의 여력이 없었다. 순익분파제가 생산성의 향상과 생산공정의 통제를 통해 노동문제를 해결하려는 선진적인 방법이었으나 식민지 조선의 영세한 토착자본가들이 받아들이기에는 경제구조가 허락하지 않았으며 받아들일 만한 의식적 수준에도 이르지 못하였다.

노동에 대한 분배를 증가시키는 방법으로 노동자가 직접 공장을 운영하는 영국의 자영공장과 프랑스의 생디칼리즘도 제시되었다. 생디칼리즘에 대한 소개는 많지는 않지만 1920년대 초반 브로크만(P. Brockman - 당시는 '뿌락만'으로 표기하였음)의 강연에서 나타났다.[124] 브로크만은

---

123) 이대위, 「世界覺悟中 半島의 勞動問題」, 『청년』 1923년 7 · 8월호, 6면.

124) "佛蘭西의 經濟學者中 싼지칼늬슴의 주장들은 말ᄒ기를 「資本家를 업시고 工場과 生産을 다 勞動者들이 맛하셔 分配ᄒ면 貧富가 업셔질것이다. 그러면 인생의 행복이 되겟다고」 ᄒ엇슴니다." 푸레춰 뿌락만 氏

자본가를 없애고 노동자들이 직접 공장을 운영하고, 그 이익을 분배하는 제도로 생디칼리즘을 소개하였다. 그러나 이 사상은 사회주의, 무정부주의와 같이 인간의 악한 특성을 이해하지 못하여 나타난 것으로 인간의 악함 때문에 실현할 수 없다고 하였다.[125] 개혁성은 인정하였으나 현실성은 부정하였다.

그러나 생디칼리즘에 관한 인식은 1920년대 말에 이르러 다시 나타났다.

"勞動總同盟은 一切의 政黨政派를 떠나서 雇主와 産人을 消滅케하기 爲하야 戰鬪하려는 一切의 勞動者를 團結한다." 直接行動으로써 勞動者自身이 直接으로 産業을 管理하는 勞動組合을 通하야 政治的 行動을 할 것을 主張한다.[126]

위의 인용문에서 보듯 생디칼리즘을 노동조합주의로 번역하고 영국의 노동조합주의나 마르크스주의와 명확히 구분하였다.[127] 계급혁명이나 국가를 매개로 한 정치활동이 아니라 조합을 통해 산업활동을 관리함으로써 자본가의 노동자에 대한 착취를 근절하는 방법이라고 하였다. 직접적인 경제활동으로는 사보따지(태업), 보이콧트(불매동맹), 첩경법(스티카제도) 등을 들었다. 김준성은 생디칼리즘을 정확하게 인식하였으나, 운동 방법에 대해서는 비애국적, 비군사적, 반주지주의적으로 사회 전체의 이익은 전혀 돌아보지 않고 노동자의 이익만을 도모하여 사회적 지지를 얻지 못한 것으로 평가하였다.[128] 김준성의 인식은 1920년대 전반 브로크만이 소개할 때 보여준 인식보다 후퇴하

講演, 「新文明의 基礎」, 『청년』 1922년 6월호, 7면.
125) 푸레춰 뿌락만, 윗글, 7면.
126) 김준성, 「基督敎와 社會主義」 21, 『신보』 1930. 10. 15
127) 김준성, 윗글.
128) 김준성, 앞글, 1930. 10. 15.

였다. 브로크만도 생디칼리즘을 반대하였지만 개혁의 정신마저 부정한 것은 아니고 인간의 악함 때문에 실시할 수 없다고 실현불가능을 강조하였던 것이다. 그런데 김준성에 이르러서는 방법론에 대하여 강력하게 부인하였다. 경제가 어려워지면서 기독교인들은 노동자들의 직접적인 공장 운영이 가져올 자본가의 몰락을 더욱 두려워하였다고 추측된다.

반면 생디칼리즘을 부정적으로 평가한 한국 기독교인들은 영국의 기독교사회주의자들이 실천한 직공조합운동은 적극적으로 평가하였다. 1920년대 초에는 적은 돈이라도 합하여 스스로 공장을 설치하고 관리하여 남은 이익을 능률에 따라 분배하려는 것이라고 간략하게 소개하였다.[129] 이러한 인식은 1930년대 초반 남북감리교의 통합이 가져온 감리교 선교에 대한 이해의 증진과 맞물려 본격적으로 소개되었다. 전영택의 작업으로 나타난 직공조합운동에 관한 설명은 생산수단 공유에 관한 인식(제4장 제4절)에서 살펴보았듯이 아주 상세하였다.[130] 즉 기독교인들을 중심으로 생산조직을 만들고 이를 통하여 몰락하는 토착자본가들을 살리고, 생존에도 이르지 못하는 임금제도도 개선해 보려는 노력이 이러한 작업으로 나타난 것이다. 그러나 공황의 파괴적인 영향하에서 구체적 방법을 획득하지 못하고 이론적 소개에 그치고 말았다.

공정한 분배제도의 모색을 위하여 노력하였지만 분배문제가 해결된 것은 아니었다. 한국 기독교인들은 일제의 착취로 생존을 위협받는 동족을 저버릴 수 없었다. 기독교인들은 여러 가지 노력에도 불구하고 빈곤문제를 해결하지 못하자 다시 종교적인 방법으로 회귀하였다. 빈

---

129) 이대위, 「최근 세계적 합작사업의 개관」 2, 『청년』 1924년 11월호, 3면.
130) 田榮澤, 「十九世紀基督敎社會運動」 5~7, 『신보』 1931. 3. 25~1931. 5. 6.

민을 구제하기 위한 종교제도를 고찰하였다. 구약시대의 희년제도, 로마시대 알렉산드리아에서 실행한 '알고'나 '고르반'제도, 중세 말에 나타난 재세례파운동 등에서 빈자(貧者)와 약자(弱者)에 대한 구제를 살펴보았다.131) 또 산업혁명 이후 사회문제를 해결하려는 영국 교회와 미국 교회의 해결책을 고찰하여 빈자와 약자에 대한 종교적 해결책으로 제시하였다.132) 그러나 미국이나 영국과 같은 선진국에서 실시한 해결책을 식민지 조선에 적용하기는 매우 어려웠을 것이다. 따라서 가장 단순한 빈민선교를 채택하게 되었으며, 이의 모범으로 가가와(賀川豊彦)의 선교를 주목하였다.(5장 3절) 즉 종교적 구제사업을 불공정한 분배제도의 모순을 해결하는 보완책으로 채택하게 되었다.

종교적 구제는 사회문제를 해결하는 가장 소극적인 방법이지만, 식민정권의 정책 대상에서 소외당한 식민지 조선의 기독교인들로서는 동족의 빈곤문제를 해결하는 최선의 방책이었을 것이다. 연구자는 이러한 노력이 교회가 할 수 있는 최선이라고는 생각하지 않으나 식민 지배라는 특수한 조건 속에서는 소극적이지만 보완책이 될 수도 있다고 생각한다. 즉 여러 노력에도 불구하고 해결책을 발견할 수 없을 때 사용할 수 있는 방책이라는 면에서 일제시대 기독교인들이 채택한 빈민구제책을 인정하는 것이다.

한국 기독교인들은 공산주의가 주장하는 균등분배론을 사유재산을 폭력적으로 탈취하여 분배하는 것으로, 경제적 발전을 방해하고 사회의 발전을 막는 잘못된 것으로 보았다. 그러나 노동자나 농민의 생존을 위하여 순익분파제, 러들로의 직공조합운동, 생디칼리즘도 살펴보

---

131) 賀川豊彦 著, 赤城學人 譯, 「기독교사회주의론」 2, 『신보』 1927. 3. 16, 「기독교사회주의론」 4, 『신보』 1927. 4. 6.
132) 채필근, 「敎會의 産業問題에 對하여」, 『진생』 1930년 6월호, 5면.

고 실현하기에는 이론적으로나 현실적으로 어려움이 많다고 생각하였다. 그리고 현실적으로 이상적인 분배제도를 실현할 수 없었음으로 민족의 생존을 위하여 불공정한 분배제도를 보완하는 방법으로 종교적 빈민구제를 채택하고 권장하였다고 생각된다.

2. 공상적 사회주의의 분배론에 관한 인식

공정한 분배제도를 모색하는 과정에서 기독교인들이 또 하나 주목한 것은 공상적 사회주의자들의 분배론이다. 공상적 사회주의는 1920년대 초에 균등분배를 주장하는 과격한 사회주의와 구분하기 위하여 차등분배론을 주장하는 사회주의로 소개되었다.[133] 그러나 농민과 노동자들의 생활이 피폐해지고 노농운동(勞農運動)의 사회적 영향력이 증대되면서, 사유재산제도를 폐기하고 공산주의를 실현하려는 운동과는 다른 사회주의 특히 기독교를 신봉하며 인간 능력의 차이를 인정하는 사회주의로 주목을 받게 되었다. 생산수단을 중심으로 한 공상적 사회주의에 관한 기독교인들의 이해는 이미 살펴보았으므로(제4장 제4절) 여기서는 분배론을 중심으로 고찰하려 한다.

(1) 생 시몽의 분배론에 관한 인식

1920년대 초반 생 시몽의 분배론은 노동의 효능에 따라 차등분배를 실시하는 사상 정도로 소개되었다가[134] 1920년대 중 후반에 이르면서 구체화되었다. 공상적 사회주의는 인간의 재능이 동일하지 않음을 인

---

133) 尹權, 「共産主義의 思潮史」, 『청년』 1922년 10월호, 20~21면.
134) 尹權, 윗글, 20~21면.

정하고 절대적 균등분배를 부정하는 사회주의로 인식하였다.[135] 기독교인들은 인간의 불평등을 인정하고 균등분배제도 반대하는 이들의 분배기준을 소개하는 데 노력하였다.

> "시몬은 土地나 惑은 資本等의 總生産機關의 共有는 主張하엿스나 勞力의 結果로 엇은 것은 共有를 主張한 일이 조금도 업다. 다만 生産機關을 共有하여 各 사람은 自己能力을 딸아서 生産機關을 使用하야 그 使用分量에 比例하야 報酬를 밧아가는 것은 얼마를 밧아가든지 그것은 私有로 是認하여주엇다."[136]

기독교인들은 공정한 분배를 위하여 먼저 생 시몽이 주장하는 생산의 기회균등을 요구하였다. 즉 토지나 기계와 같이 빈곤한 사람이 사용하기 곤란한 생산수단은 누구나 사용할 수 있도록 공유할 것을 주장하였다. 그러나 생산에 참여한 결과를 분배하는 데에서는 업적에 따를 것을 주장하였다. 즉 일한 만큼, 노력한 만큼의 보수를 받는 것이 공정하다는 것이다. 그렇지 않고 노력에 상관없이 균등하게 분배한다면 불공정할 뿐만 아니라 현재의 공정하지 못한 분배제도보다 더 나쁜 결과를 초래할 것으로 보았다. 노력의 대가는 엄격하게 보장받으려 하였다.

인용문으로 볼 때 기독교인들은 생산수단의 공유를 주장하였다. 이

---

135) "여긔 한가지 注意할 點은 시몬이 民衆의 絶對的平等待遇는 排斥한 것이다. 例를 들어말하면 勞動者의 報酬를 支拂할때에 絶對로 平等하게 支拂하는 것은 排斥하엿다. 시몬이 그러케 主張한 까닭은 絶對的 平等은 不平等한 現經濟社會보담도 弊害가 더욱 잇는 따문이다." "각사람의 才能은 나면서부터 不平等한 것을 아는 따문이라고 하엿다." 강명석, 「空想的 經濟思想論」, 『청년』 1927년 9월호, 38~39면.

136) 강명석, 윗글, 39면.

것은 기독교인들이 생산활동에 참여하려는 의욕이 강하였음을 보여주는 것이다. 그리고 생산활동에 참여한 만큼, 즉 노력한 만큼 분배받는 것을 공정한 분배라고 생각하였다. 결과적으로 1920년대 중 후반에 기독교인들은 자본부족으로 인한 생산수단 소유의 어려움을 생산수단의 공유로 해결하려 하였으며, 생산결과는 철저하게 보장받기를 원하였다. 이러한 인식은 1920년대 말에도 계속되었다.

> "또한 싼시몬의 分配에 대한 觀念에 注意할 것이 있다. 그는 生覺하기를 人은 先天的으로 才能이 不平等이다. 그런 故로 絶對的 平等은 不可하다. 그런故로 各各 其能力에 應하야 勞動하고 其業績의 多寡에 比例하야 報酬를 줄 것이라."[137]

인용한 글은 생 시몽이 사회주의자이지만 생산업적의 많고 적음에 따라 분배할 것을 주장하였다고 보았다. 즉 인간의 능력에 따른 생산업적을 분배의 기준으로 받아들이는 것이 공정하다는 것이다. 기독교인들은 생 시몽의 분배론에 찬성하였으며, 박형룡도 생 시몽의 분배론에 찬성하였다. 박형룡은 생 시몽의 분배론을 반(反)군사적 원리하에 등급과 능률을 공정하게 적용한 분배론이며 원시 기독교로 돌아가게 만드는 분배론이라고 평가하였다.[138] 생 시몽의 분배론은 분배의 방법을 구체적으로 제시하지는 않았지만 노동의 능률과 업적에 따라 비례로 분배하는 원칙을 제공하였으며 기독교인들은 이것을 기독교적 분배론으로 까지 생각하였다.

---

137) 김준성, 「기독교와 사회주의」 12, 『신보』 1930. 3. 26.
138) 박형룡, 「현사상의 역사적 배경」, 『신학지남』 1932년 3월호, 26면.

(2) 샤를르 푸리에의 분배론에 관한 인식

분배원칙을 구체적으로 제공한 것은 샤를르 푸리에의 분배론이었다. 1920년대 초반에 일제의 보호관세철폐(1920년 8월)에 위기를 느낀 식민지 토착자본가들이 경제적 활로를 찾으려는 노력이 고조될 무렵, 한국 기독교인들은 푸리에의 노동자생산조합과 그에 대한 보조금 지급 문제에 관심을 두었다.[139] 식민지 조선의 토착자본가들은 노동자생산조합을 중심으로 국립공장을 설립하며, 국가적 지원을 바탕으로 국립공장을 안정적으로 운영하기를 희망하였다. 그러나 일제의 식민지 경제정책은 일본자본의 식민지 진출을 지원하려는 것이었으므로 한국인들의 요구를 무시하고 종래의 경제정책을 재확인하는 데에 그쳤다. 한국 기독교인들은 영세한 자본가들이 운영할 수 있는 공장이 필요하였고, 이러한 요구는 푸리에의 팔랑주(phalange)에 관한 관심으로 발전하였다. 나아가 기독교인들은 팔랑주에 관한 이해에 그치지 않고 분배론의 이해로 이어졌다.

팔랑주는 팔랑스테르(phalanstére)라는 공동생활장에서 공동으로 생산하고 생활하는 체제이다. 생산의 결과는 공동체의 기본 생활과 교육 등에 사용하고 나머지는 노동자에게 5/12, 출자자에게 4/12, 감독자에게 3/12로 분배하도록 정했다. 푸리에의 분배론은 개인의 생산력을 최대한으로 발휘할 것을 전제(적당한 직업과 노동의 유희화)로 생산에 참여한 요소들의 기본적인 삶을 보장하고 나머지는 공정하게 분배하라고 하였다.[140] 이것은 생산에 참여한 노동자와 자본가 그리고 경영자에게 생산한 만큼 분배하는 것을 공정하게 본 것이며 자본가와 경영자를 중시한 것이다.

---

139) 윤근, 앞글, 1922년 10월호, 21면
140) 강명석, 「공상적경제사상론」 속, 『청년』 1927년 11월호, 32면.

푸리에 관한 한국 기독교인들의 관심은 1930년대 초에도 계속되었다.

> "農業을 主로하고 商工業은 最小限度로 縮小하야 生産능률을 增進하
> 여 이제 其利益을 分配하는데 勞動과 資本과 才能의 三組에 分하되
> 其比率은 勞動은 十二分之五 資本은 十二分之四 才能은 十二分之三의
> 比例로 하야 協同主義的 基礎 위에 私有財産을 認容한 것이다."[141]

1920년대 중 후반에는 분배를 노동자와 출자자 그리고 감독자로 구분하여 분배할 것을 요구하였으나 1930년대 초에는 생산요소가 제공한 내용에 따라 분배할 수 있는 기준을 제안하였다. 생산요소를 제공한 사람의 업적만큼 분배하는 것을 이상으로 여겼다. 기독교인들은 생산에 대한 참여를 기반으로 나타난 업적을 분배의 기준으로 여겨 인간의 노력을 평가하려 하였다.

이상적인 분배론에 대한 이해와 제도적 모색이 있었지만 현실적으로 실행할 수 없었기 때문에 현실에 대한 불만은 계속되었다. 한국 기독교인들은 이상적 분배가 실현되지 않는 이유는 분배조직의 문제보다 생산조직에 문제가 있다고 보았다. 강명석은 생산조직의 모순인 생산수단의 독점으로 빈궁이 격심해졌다고 보았다.[142] 식민지 경제문제를 자본주의 모순으로 보지 않고 제국주의 침략으로 인한 생산조직의

---

141) 김준성, 「기독교와 사회주의」 14, 『신보』 1930. 4. 9.

142) "엇던 經濟學者는 오날날 社會의 經濟組織의 缺點은 分配에 잇다고한
다. 機械가 만흔 物品을 生産하지마는 그 分配方法이 잘못된 까닭에 오
날날 貧民이 만히 생기게 된다고한다. 그러나 經濟組織의 缺點을 實狀
으로 드러말하자면 그것은 分配잇는 것이 안이고 이우에 쓴바와갓치
生産에 잇다 이러케 生産의 組織이 根本的으로 틀닌 까닭에 오늘날 狀
態와갓치 만흔 貧民을 産出케된다. 즉 特別히도 오늘날와서 貧窮한 生
活을 하는 이가 激甚하게 된 原因은 이 生産組織에 잇다는 말이다." 강
명석, 「빈궁과 기생충」, 『청년』 1928년 4월호, 47면.

독점으로 보고, 분배의 불공정도 분배과정에서 발생하는 것으로 여기지 않고 보다 원천적인 생산수단의 소유 여부로 파악하였다.

이것은 식민지 조선을 강점한 일제가 정책적 지원과 각종 혜택을 통하여 일본인 자본가들로 하여금 식민지 경제를 주도하게 하였고 그 과정에서 한인 자본이 고통을 당한다고 본 것이다. 결국 기독교인들이 주장하는 분배의 공정은 노동자의 입장이 아니라 토착자본가의 입장에서 일제에 대한 정책적 지원과 선진성을 갖춘 침략자들의 수탈에 대한 불만을 이론적으로 정립한 것이라 하겠다. 이러한 경향은 빈곤문제에도 반영되어 빈궁의 원인은 자본주의의 모순이 아니라 일제 침략과 수탈에서 비롯된 것이라 하였다. 일본인 자본의 식민지 진출이 식민지 권력의 정책적 지원과 특혜를 받아 왕성하게 전개되는 것에 대한 비판으로, 생산제도를 평등하게 소유하려는 토착자본가의 입장을 강하게 반영한 견해라고 하겠다. 이렇게 볼 때 기독교인들의 분배론은 자본가적 입장을 중심으로 침략자의 수탈을 극복하고 자본주의적 생산에 참여하여 참여한 만큼 분배받는 것을 공정한 것으로 여기고 실행하려 하였다고 생각된다.

결 론

한말 기독교를 수용하여 근대화 세력으로 성장하던 기독교인들은 일제의 경제적 침략을 겪으면서 민족적 성격을 지니게 되었다. 기독교인들의 민족적 역량은 3·1운동을 통해 적극적으로 표출되었으나 민족해방에 현실적으로 공헌하지 못하였다. 3·1운동 이후 기존의 민족운동을 비판적으로 성찰하던 한국 사회의 일각에서는 공산주의를 새로운 민족해방운동의 이념으로 수용하게 되었다.

공산주의자들은 민족운동을 전개하면서 민족주의 좌파와 손잡고 기독교인들을 포함한 민족주의 우파를 고립시키려 하였다. 이 과정에서 공산주의자들은 기독교인들의 근대화는 미신으로, 자본주의화 과정에서 나타나는 타협성은 비민족적으로 비판하면서 반기독교운동을 적극적으로 전개하였다. 기독교인들은 반기독교운동에 대응하여 민족적으로 고립되지 않으면서도 자본주의적 발전을 도모하려 하였다. 따라서 공산주의에 관한 기독교인들의 인식은 민족운동과 경제활동을 중심으로 나타나게 되었다.

본 연구는 1920년대의 사회변화에 직면하여 나타난 기독교와 공산주의의 갈등을 이해하려는 데에 일차적 목적이 있다. 나아가 기독교인들의 사회주의에 관한 인식을 고찰하여 기독교인들이 주어진 현실을 어떻게 인식하고 대응하였는가를 이해하려 하였다.

이를 위하여 기독교인들의 경제적 기반이 무엇인가를 고찰하였으나 결과는 만족스럽지 못했다. 단지 초기 기독교인들이 영세한 상인들을 중심으로 형성되었음은 발견할 수 있었다. 영세한 상인들은 일제의 경제적 침탈을 겪으면서 몰락하였고, 몰락을 방지하기 위해서 일본 상인들과 치열하게 경쟁하였다. 기독교인들의 민족적 성격의 형성은 일본의 경제적 침략을 극복하려는 과정에서 형성되었다고 하겠다.

이러한 기독교인들의 민족적 역량은 3·1운동 전개에 적극적으로 동원되었으나, 그것을 구명할 자료는 대부분 종교적으로 희석되었다. 필자는 이것을 보완하기 위하여 사회주의에 관한 기독교인들의 인식 속에서 자본주의에 관한 기독교인들의 욕구를 살펴보았다. 이것은 방법론적으로 실제 경제활동을 다루지 못했다는 면에서 간접적이지만 일제의 가혹한 수탈에 대응하는 기독교 토착자본가들의 노력을 사상적으로 살펴본다는 면에서 의의가 있다고 생각하였다. 더구나 종교집단의 경제적 활동 자료가 빈약한 형편에서는 사상적 고찰이 오히려 실상을 이해하는 데에 도움이 된다고도 생각하였다.

한 가지 더 고려할 것은 일제의 경제적 기반이다. 일본 경제는 세계사적으로 뒤처진 후발(後發) 자본주의이기도 하지만, 생산확대와 비례하는 국민경제의 형성이 미비한 기형적인 자본주의였다. 즉 민족국가의 형성과 자본주의 발전에 수반하는 국민시장 형성에 실패한 구조적 모순을 가지고 있었다. 일제의 식민지 진출은 경제력 확대에 따르는 것이 아니라 산업화의 모순으로 빚어진 국내 문제를 해결하려는 후진성에서 비롯된 것이었다. 일본 경제의 어려움은 1920년대에 이르러 전후공황(1920년), 震災恐慌(1923년), 금융공황(1927년), 세계대공황(1929년) 등으로 더욱 가중되었다. 일제는 식민지 조선을 본격적으로 수탈하기 위하여 1910년대의 본원적 수탈에서 벗어나 후진 자본주의의 경쟁력을 보강하는 식민지 자본주의화로 전환하였다. 여기서 일부 원료 가공업이 나타났으며, 보수적 후진 상업자본의 유입으로 금융업과 유통업이 증대되었다. 1920년대 일제의 식민지 경제정책은 파탄에 이른 일본 기업에게 초과이윤을 보장해 주는 식민지 수탈구조의 자본주의화이며, 수탈의 대상은 자원과 노동이었다.

그러므로 수탈구조의 자본주의화 과정에서는 토착자본가들의 경제활동도 수탈의 대상이었으며 수탈 구조에 편입되는 경우만이 기업으로서 존재할 수 있었다. 즉 토착자본가들은 자기 완결적인 규모의 경제를 이룰 수 없었으며, 일본 경제를 위한 보조적 역할을 극복할 수 없었다. 식민지 조선의 토착자본가들은 규제와 제한에서 벗어나 국민적인 경제활동을 전개하려 하였으나 일제의 제약으로 국민적 경제활동은 불가능한 것이었다. 또 기업의 생존을 위하여 일제와 타협하는 경우도 있었고, 이로 인하여 민족 역량을 소모시키기도 하였다. 그러나 일시적 타협이 일제의 규제와 수탈을 근본적으로 해결해 주는 것은 아니었다. 오히려 일본 경제의 어려움에 따라 식민지 수탈은 강화되었고, 토착자본가들은 기업의 생존을 위하여 제국주의에 저항해야만 했다. 형식적인 타협이 없었던 것은 아니지만 자본재 사용과 시장의 확보에서 식민지 토착자본은 제국주의와 근본적으로 대립할 수밖에 없었다. 한국 기독교인들은 식민지 조선의 산업화를 추구하면서 일제의 식민지 산업화 정책이 내포한 수탈성을 체험적으로 이해했으며, 자본주의 발전을 위하여 일제의 경제정책과 공산주의에 모두 동의할 수 없었다. 이러한 면에서 기독교인들의 사회주의에 관한 인식을 살피려 하였다.

한국 기독교인들은 공산주의가 전파되던 초기, 소련을 통하여 들어오는 공산주의에 경계심을 가지고 바라보았다. 러시아혁명을 지켜보았던 기독교인들은 소련에서 일어난 혁명과 반기독교운동에 두려움을 가지고, 볼셰비즘을 사회주의와 구별하였다. 기독교인들은 식민지 조선에 수용된 사회주의를 공산주의나 레닌주의로, 그리고 자본주의를 파괴하는 빈자(貧者)들의 운동으로 이해하였다. 그러나 빈자들의 계급성에 관한 인식은 소박하여 공산주의를 이론적으로 이해하지 못하고, 볼셰비즘을 과격하고 폭력적이며 기독교를 박멸하려는 사상으로만 인식하였다.

그러나 1920년대 중 후반에 공산주의가 사회 세력으로 성장하면서 양 세력의 갈등은 본격화되었다. 공산주의자들의 비판에 귀를 기울이고 적극적으로 사회문제를 해결하려는 세력도 나타나 사회주의에 대한 이해가 다양해졌다. 또 종교적 해결책을 형성하려는 '기독교사회주의'에 관한 이해도 나타났으나 사회주의의 과격성과 폭력성을 우려하는 자본가들의 입장도 강력하게 대두하였다. 이러한 견해들은 볼셰비즘을 사회주의와 구별하는 작업으로 나타났으며, 소련을 통해서 들어온 사회주의는 과격하고 폭력적이어서 사회개혁을 제대로 수행할 수 없는 것으로 평가하였다. 공산주의자들의 비판에 관한 긍정적 인식과 부정적 인식이 공존하면서 각 집단의 사회적 입장을 반영하는 다양한 사상적 이해가 나타나게 되었다. 그러나 다양한 의견이 사회적 의견 수렴을 어렵게 한 것만은 아니었다. 기독교인들의 사회주의에 관한 인식을 다양하고 심도 있는 것으로 만드는 데에 도움을 주기도 하였다.

1920년대 말 세계공황이 일어나자 국제공산당의 전략도 변하였다. 공산주의자들은 국제공산당의 지도 노선과 식민지 조선의 현실을 반영하여 대중혁명을 고조시키는 방향으로 노선을 전환하고 그때까지의 민족협동전선을 폐기하였다. 기독교인들은 과격한 공산주의에 대한 입장을 정리하기 위해 사회주의와 공산주의를 구별하고 공산주의에 대해서는 단호하게 적대적인 입장을 취하였다. 나아가 공산주의가 사회과학으로 잘못 이해되고 있는 것도 해결하려 하였다. 식민지 조선에서 공산주의를 '사회과학'으로 불리는 이유는 일본과 식민지 조선의 특수성에서 비롯된 것이며, 공산주의는 과학성을 가진 사회과학이 아님을 명확하게 정의하였다.

유물사관에 관한 인식도 사회주의 개념에 대한 인식과 보조를 맞추고 있었다. 1920년대 초반에 기독교인들은 공산주의는 기독교를 박멸하려는 무신론과 유물론으로 규정하고, 그 철학적 기반을 유물사관에서 찾았다. 이러한 인식은 사회주의 이론에 관한 이해가 부족하여 나타난 미숙한 것이기도 하지만, 사실에 대한 이해(소련과 중국의 반기독교운동에 관한 이해)가 이론적 인식을 제한하여 나타난 현상이기도 하였다.

그러나 공산주의 세력의 성장은 민족협동전선의 추진으로 나타나 민족운동을 주도하였으므로 기독교인들도 '신간회'에 가입하여 민족협동전선에 참가하는 것이 필요하게 되었다. 상황이 이에 이르자 기독교인들은 민족적 협동을 위한 최소한의 일치점은 찾아야만 했고, 이 과정에서 유물사관을 진보적으로 인식하려는 움직임이 나타났다. 즉 민족적 입장이 사회주의에 대한 기독교인들의 부정적 입장을 제한하고, 사회주의에 관한 기독교인들의 태도를 변화시켰다. 먼저 사회주의를 명확하게 이해하려는 경향이 나타나 사회주의 이론의 객관적 인식에 어느 정도 접근하였고, 나아가 기독교적인 사회주의를 발굴하여 사회개혁에 적극적으로 적용하려 하였다. 1920년대 중 후반에 식민지 조선의 주·객관적인 환경의 변화에 의해 기독교인들의 유물사관에 관한 인식은 상당히 긍정적인 경향을 가지게 되었다. 특히 경제적인 역사해석을 통하여 유물론적 무신론과 구별하여 이해하려 하였다. 이러한 논의는 최상현, 강명석, 이창희 등에 의해 사적 유물론과 유물론의 구별로 구체화되었다.

그러나 공산주의의 반기독교적 성격이나 반자본주의적 성격이 작동하는 상태에서 기독교와 공산주의의 협동관계는 유지되기 어려웠다. 더구나 1920년대 말 공산주의자들이 좌경화하면서 기독교인들은 사회주의에 대한 부정적 입장으로 회귀하였다. 기독교인들은 유물사관에 관한 부정적 입장을 새로운 유물론과 무신론으로 재무장하였고, 공산주의자들은 공산주의의 반종교론을 이해하고 적극적인 반종교운동을 전개하였다.

이러한 사상적 경향은 식민지 민중의 경제문제에 부딪혀서 격렬하게 충돌하였다. 특히 1920년대 일제의 산업화 정책에 편승하던 기독교 자본가들은 노동운동의 발전으로 어려움에 직면하였다. 산업화 과정의 어려움을 해결할 수 없었던 자본가들은 총독부에게 국가적 규모의 지도와 지원을 요구하였으나 그러한 지원은 기대할 수 없었다. 기독교인들은 국가적 규모의 지원을 도출하기 위해 교회를 중심으로 집단적 산업화를 도모하려 하였다. 즉 영세한 자본과 기술부족을 해결하기 위하여 교회를 적극적으로 이용하였다. 교회를 통해 경제운동을 전개하고, 교인들로 하여금 적극적으로 산업화에 참여하도록 독려하였다. 절제운동을 통한 자본축적운동을 전개하고, 보수적 지주자본이나 고리대자금을 근대 산업자본으로 전환시키는 노력을 기울였다. 나아가서 기독교인들의 산업화를 도덕적으로 정화하도록 요구하고, 종교적 활동으로 장려하였다.

기독교인들은 자신들의 산업활동을 방해하는 일제의 생산수단의 독점과 자원의 수탈을 기독교 전통 속에 숨어 있는 공유사상과 관리사상으로 비판하였다. 또한 탐욕스런 자본가의 이기심이 자본주의 모순을 가져온다고 일제의 수탈을 강하게 비판하였다. 한국 기독교인들은 일제의 자본주의화에 참여하였으나 토착자본의 영세성과 후진성을 해결해 줄 어떤 지원도 받지 못하는 가운데 자본재와 시장마저 **빼앗겼**던 것이다. 기독교인들은 식민지 지배의 실상을 경험하면서 자본주의화에 대한 강렬한 의지를 교회를 통하여 표현하려 하였다. 일제의 독점과 수탈을 종교에 의지하여 자본가의 탐욕과 낭비로 비판하고, 사회주의 이론을 빌려 생산수단의 공유를 희망하기도 하였다. 한국 기독교인들은 기독교를 중심으로 생산수단의 집단적 소유를 주장하던 공상적 사회주의에 대하여 호의를 가지고, 산업화에 필요한 자본과 자본재 그리고 기술을 획득하기 위하여 미약한 힘을 모으는 협동조합운동과 자본축적운동(절제운동), 인재양성운동(기술학교 설립, 유학생 파견을 통한 실력양성운동) 등을 전개하였다.

식민지 조선에서 기독교인들을 괴롭힌 것은 농민과 노동자의 빈곤이었다. 이들의 빈곤은 봉건적 조선 사회의 모순에서 시작되었으나 일제의 침략과 수탈로 더욱 가중되었고, 해결을 담당할 주체마저 상실하였다. 기독교의 선교는 빈궁한 이들을 외면할 수 없었으며 자본주의 발전을 위해서도 간과할 수 없었다. 노동문제는 기업의 사활(死活)과 직결되었으므로 기독교인들은 노동운동의 해결책 모색에 부심하였다.

그런데 공산주의가 수용되면서 자연발생적 노동운동은 공산주의의 이론과 방법을 제공받아 이념 설정과 실천에서 현실성을 획득하였다. 기독교 자본가들은 노동운동의 치명적 타격을 극복하기 위하여 노동에 대한 기독교의 입장을 정립하였다. 근대적 노동을 근대적 산업활동에서 나타나는 비인간화로 규정하고, 정신과 영혼을 중시하는 기독교적 특성을 이용하여 물질적 노동운동을 비판하였다. 고전경제학파의 노동가치설을 강조하여 공산주의자들의 노동가치설을 대체하려 하였다.

그러나 현실적으로 닥쳐오는 노동자와 농민들의 빈곤을 간과할 형편이 아니었다. 기독교 자본가들도 이들을 위한 경제적 조치가 용이한 것도 아니었다. 교회는 영세한 사업자들이 개별적으로 실시할 수 없는 노동자의 생활개선을 선교적 차원에서 도와주려 하였다. 자본주의화 과정에서 나타나는 노동자와 농민의 빈곤을 선교 측면에서 범교회적으로 전개하려고 하였다. 여기서 선진 서구 교회의 해결책인 영국의 사회선교와 기독교사회주의 나아가 미국 교회의 노동문제 해결책을 살펴보았다. 그러나 자본주의를 확립한 선진 사회의 방법을 후진 식민지 조선의 교회가 받아들이기는 더욱 어려웠다. 한국 기독교인들은 일본에서 나타난 가가와(賀川豊彦)의 빈민구제 방법을 수용하였다. 이것은 고차원적인 사회개혁이 아니라 간단하고 즉각적인 구제를 사회문제의 해결책으로 선택한 것이다. 한국 교회가 가가와(賀川豊彦)의 선교를 최고의 방책으로 받아들인 것이 아니라 기독교 토착자본가들의 영세성과 후진성이 이러한 선택을 하도록 만들었다고 할 것이다. 바꾸어 말하면 수탈적 제국주의의 지배하에서 형성된 식민지 토착자본가들의 취약성이 선진 사회의 해결책을 받아들일 수 없게 만들었다고 하는 것이 올바른 평가일 것이다. 후진 제국주의의 희생물이었던 식민지 조선의 토착자본가들이 행할 수 있는 노동자에 대한 배려는 농민에 대한 선교(농촌운동)보다도 더욱 협소하여 구제밖에 없었다고 하겠다. 기존 사회에 대한 커다란 개혁 없이 즉각적인 재원(財源)의 동원과 구제로 과격한 노동운동을 방지할 수 있다는 면에서 가가와(賀川豊彦)의 빈민구제선교가 호응을 얻을 수 있었을 것이다. 이런 면에서 빈민구제선교는 기독교인들의 사회개혁을 지연시켰고, 보수적 경향은 공산주의자들의 좌경화와 맞물려 강화되었다.

근대 사회의 주제인 인간의 자유와 평등은 경제문제를 통해서 구체적으로 실현되는 개념이다. 특히 분배의 공정성은 평등 실현을 좌우하는 중요한 개념으로 공산주의자들은 계급혁명을 통하여 계급착취를 철폐해야 인간의 자유와 평등이 보장된다고 주장하였다.

1920년대 초반에 기독교인들은 계급착취를 자본주의가 초래한 구조적 모순으로 파악하지 못하고, 제국주의의 군사적 침략과 비도덕적 인간성이 초래한 착취로 파악하였다. 그러나 1920년대 중 후반에 이르러 제국주의의 수탈을 군사적, 비도덕적 착취로 인식하였던 것을 극복하고 자본주의의 착취문제로 이해하게 되었다. 그러나 자본주의 발전을 갈망하는 기독교인들은 자본주의 모순에 대한 객관적인 비판을 수용하지 못하였다. 그것은 일제의 침략과 수탈이라는 현실적 제한에서 벗어나지 못하였기 때문이기도 할 것이다. 계급착취에 대한 인식과 계급혁명에 관한 인식은 별개로 전개되었다. 계급착취에 대한 이해가 계급혁명의 정당성을 인정하였지만 계급혁명은 부정하였다. 식민지 조선의 단계는 계급혁명의 단계가 아니라 산업화를 본격적으로 추진해야 할 단계라는 것이다. 기독교인들의 시각은 공산주의자들과 달랐고, 이러한 근본적인 차이로 우호적인 관계 형성에는 이르지 못하고, 신간회를 매개로 적대적 대립관계를 모면하는 정도였다. 불안한 관계는 1920년대 말에 닥쳐온 경제적 파국과 공산주의자들의 좌경화로 단절되고 급격하게 적대적 관계로 흘러갔다.

기독교인들은 사회개혁에는 동의하였으나 그 목표는 공산주의자들과는 달리 자본주의 산업화였으며 방법적으로는 정신적이고 평화적인 개혁이었다. 반면 집단적, 폭력적, 물질적, 급진적인 계급혁명에는 적극적으로 반대하였다. 공산주의가 사회적 지지를 얻어 커다란 세력으로 성장하면서 기독교인들과 공산주의자들은 개혁 방법과 목표를 중심으로 격심한 갈등을 야기하였고, 1930년대 초반에는 극단적인 투쟁

상태에 들어가게 되었다. 기독교인들은 공산주의자들이 주장하는 계급혁명이 자본주의를 파괴하고 자본가를 몰락시키며 사유재산제도마저 탈취하고 기독교를 박멸할 것으로 생각하였다. 기독교인들은 공산주의 계급혁명에 위협을 느꼈고, 시행되어서는 안 될 것으로 규정하였다. 여기서 종교적 개혁의 특성이 강력하게 작동하였다. 사랑으로 정신적이고 내면적인 개혁을 이루는 것이 공산주의의 파괴적 개혁에서 벗어나 기독교적 개혁 목표인 자본주의화를 지켜내는 방법으로 이해하게 되었다. 기독교인들은 종교를 강조함으로써 기독교 집단의 이익을 확보할 수 있다고 생각하였다. 적극적인 종교활동을 요구하였으며 선교의 성공적 수행이 기독교인들의 목표를 사회적으로 실현하는 방법이라고 생각하였다. 이러한 면에서 식민지 조선의 기독교인들은 신앙에 철저하였다. 더욱이 세계공황이 닥치자 공산주의자들의 급진적 개혁의 소리가 높아지면 질수록 기독교인들은 종교적 성격을 강화하였다.

또한 사유재산제도의 철폐와 균등분배제도에 대해서도 강력하게 반대하였다. 기독교인들은 먼저 인간 능력의 균등을 부정하고 균등분배는 인간의 이기심을 조장하고 성취동기를 박탈하여 경제를 쇠퇴시키는 것으로 이해하였다. 공산주의자들이 주장하는 균등분배는 제국주의의 수탈적 분배제도보다 더 나쁘다고 공산주의의 분배론을 강하게 비판하였다.

기독교인들은 공산주의자들의 균등분배에 반대하여 공정한 분배론을 형성하려고 노력하였다. 생산에 참여한 요소에게 참여한 만큼, 투여한 노력과 업적에 따라 분배하는 것을 공정한 분배로 인식하였다. 생산에 참여한 만큼 분배하는 기준을 사람으로 구분할 때에는 출자자, 노동자, 관리자로 나누고, 노동의 형태를 기준으로 구분할 때에는 기계노동, 직접노동, 간접노동으로 나누고, 투여되는 자본의 형태에 따라

310

구분할 때에는 노동과 자본과 재능 등으로 지칭하였다. 이러한 분류들은 형태는 다르지만 기업가와 자본가의 몫을 보장하려는 성격을 강하게 유지한 것이다. 특히 기업가(자본가와 분리되는 우수한 경영능력을 가진 자, 식민지 토착자본가-연구자)의 몫을 강조하고 그 이론적 기반으로 공상적 사회주의자들의 분배론을 이용하였다.

그러나 자본가 위주의 분배는 노동자나 농민을 빈곤하게 만들고 생산과정의 비능률 초래를 우려하지 않을 수 없었다. 이에 빈곤문제와 생산과정의 비능률을 해결하기 위해 생디칼리즘이나 노동자들의 공장 운영 등이 소개되었다. 또 이윤의 일정 부분을 노동자에게 양도하여 성취동기를 높이는 순익분파제(종업원 주주제도-연구자)를 소개하기도 하였다. 이러한 방법의 소개는 자본가의 이익을 보존하고 빈곤으로 인한 사회불안을 제거하려는 노력이었으나 더 이상 구체화되지 못하였다. 게다가 일제의 식민지 수탈이 가혹해지고 정교해지면서 식민지 토착자본가들의 수지 불균형은 더욱 악화되었다. 취약한 토착자본가들의 노동자들에 대한 배려는 교회의 몫이 되었다.

기독교인들은 역사적으로 시행된 구제제도를 고찰하고 구제정신의 철저와 신앙심을 강조하였다. 종교적 신앙심의 강조가 여기서는 사회 구제의 방법으로 기능하였다. 식민지 모순 구조 속에서 신앙심은 일제의 수탈로 인한 취약성을 보완해 주는 구실을 담당하였으며, 나아가 일제의 수탈을 방어하는 역할도 담당하였다. 공산주의자들의 비판에 대응하여 기독교인들의 자본주의적 근대화를 지켜주는 이념적 실제적 역할을 수행하였다. 결론적으로 1920년대에 기독교인들은 신앙의 강화를 통하여 일제의 수탈에서 토착자본가의 이익을 보호하였으며, 공산주의에 대응하여 자본주의 근대화를 지켜내는 방법과 이념으로 사용하였다. 또 취약한 자본의 활동을 보완해 주기도 하였다. 그러므로 일제하 기독교인들은 신앙심을 돈독히 하는 것이 곧 사회문제를 해결하는 길이었으며 삶을 보장하는 방법이었다.

기독교인들은 공상적 사회주의에 대단히 호의적인 반응을 보였다. 공상적 사회주의를 생산수단의 공유를 통하여 생산수단의 독점을 막고 실업을 방지하는 방법으로 이해하였다. 이것은 식민지 지배로 인한 취약성을 일거에 해결해 주는 방법으로 자본과 생산수단의 소유, 판로의 확보, 노동력의 공급, 분배를 일시에 해결해 주는 사회주의로 이해하였다는 것을 보여주는 것이다. 기독교인들은 공상적 사회주의에서 1920년대 기독교 토착자본가들이 당하는 어려운 문제의 해결책을 찾고 있었다. 그리고 영국적 기독교사회주의에서는 산업화의 모순을 해결해 줄 종교적 방법을 찾고 있었다. 반면 사유재산제도를 폐기하고 균등분배를 실시하려는 공산주의에 대해서는 적극적으로 반대하였다.

앞에서 살펴본 바와 같이 한국 기독교인들의 사회주의에 관한 인식은 토착자본가로서의 입장이 강하게 반영된 것이었다. 기독교인들은 자본과 기술 그리고 특혜를 독점한 일본인 자본가를 비판하고 생산수단의 공유를 주장하였다. 반면 공산주의자들에 대해서는 공정한 분배론을 이용하여 균등분배를 반대하였다. 뿐만 아니라 생존이 어려운 노동자들을 위해서 서구 교회의 해결책도 살펴보았다. 기독교인들은 자본주의 발전을 위하여 과격한 공산주의에 적대적이었으며 일제의 수탈도 비판하였다. 토착자본의 후진성을 해결하기 위해서는 기독교 사회주의와 공상적 사회주의에도 호의적으로 접근하였다. 기독교인들의 사회주의에 관한 인식은 제국주의 침략에 저항하는 반제국주의적 인식과 공산주의를 비판하는 자본주의적 인식이 공존하고 있었다. 기독교의 사회주의에 관한 인식은 자본주의 발달을 위해서 공산주의도 일제도 모두 배척하였다는 사실을 확인할 수 있었다. 반면 자본주의의 발전을 위해서는 사회주의도 포용할 수 있다는 것을 보여주었다. 이런 면에서 기독교인들의 일제에 대한 저항의식은 1920년대를 통해 계속적으로 유지되었으며 공산주의자들과는 달리 자본주의 발전을 지향하는 민족운동을 전개하였다고 할 것이다.

1920년대 식민지 지배하에서 기독교인들은 자본주의 발전을 위하여 국가적 지도와 지원의 필요성을 절감하였다. 그러나 일제의 식민지 지배는 파탄에 직면한 일본 경제를 살리기 위해 식민지 초과이윤을 보장하는데 부심하였다. 기독교인들은 일제의 정책과 수탈을 경제활동 속에서 구체적으로 이해하게 되었고 일제의 지배에서 벗어날 필요성을 절실하게 느끼게 되었다. 기독교인들의 개혁은 공산주의자들의 개혁과 방법은 달랐지만 민족국가 수립의 필요성마저 유보한 것은 아니었다. 기독교인들은 식민지 자본주의화에 참여하면서 자본주의적 발전을 위해서 더욱 일제로부터의 해방을 원했다고 할 것이다.

참고 문헌

1. 자 료

朝鮮總督府, 商工調查第4編 – 『朝鮮ニ於ケル會社及工場ノ狀況』, 朝鮮總
　　　　督府殖産國, 1923.
『基督申報』, 『獨立新聞』, 『東光』, 『新民』, 『新生』, 『新生活』, 『神學世界』,
『神學指南』, 『眞生』, 『靑年』, 『東亞日報』, 『朝鮮日報』, 『時代(中外)日報』.

2. 저 서

강동진, 『일제하침략정책사』, 한길사, 1983.
고승제, 『한국사회경제사론』, 일지사, 1988.
고준석 저, 박기철 역, 『한국경제사』, 동녘, 1989.
김경일, 『일제하 노동운동사』, 창작과비평사, 1992.
김경일 편, 『북한학계의 1920, 30년대 노동운동연구』, 창작과비평사, 1989.
김광수, 『한국기독교인물사』, 한국교회사 연구원, 1974.
김성수, 『일제하 한국 경제사론』, 경진사, 1985.
김성윤 엮음, 『코민테른과 세계혁명』 Ⅰ · Ⅱ, 거름, 1986.
김양선, 『한국기독교사연구』, 기독교문사, 1971.
김윤환, 『한국노동운동사』 Ⅰ, 청사, 1982.

김인걸·강현욱 저,『일제하 조선 노동운동사』, 조선노동당출판사간, 일
　　송정, 1989.
김종현,『근대일본경제사』, 비봉출판사, 1991.
김준엽·김창순,『한국공산주의운동사』1~5, 청계연구소, 1986.
김중열,『항일노동투쟁사』, 집현사, 1978.
김흥수 엮음,『일제하 한국 기독교와 사회주의』, 한국기독교사연구소, 1992.
노치준,『일제하 한국교회 민족운동의 특성에 관한 연구』, 연대 사회학
　　과 박사학위논문, 1990.
노치준,『나라사랑의 참기업인 柳一韓』, 유한양행, 1995.
梶村秀樹 외,『한국근대경제사연구』, 사계절, 1983.
민경배,『교회와 민족』, 대한기독교출판사, 1981.
민경배,『한국기독교사회운동사』, 대한기독교출판사, 1987.
민경배,『한국민족교회형성사론』, 연세대출판부, 1987.
박경식,『일본제국주의의 조선지배』, 청아, 1986.
박영석,『재만한인독립운동사연구』, 일조각, 1988.
박영석,『일제하독립운동사연구』, 일조각, 1993.
박용규,『한국교회인물사』1~6, 한조문화사, 1978.
박찬승,『한국근대정치사상사연구』, 역사비평사, 1992.
박현채·정창렬 편,『한국민족주의론』Ⅰ~Ⅲ, 창작과비평사, 1985.
배성찬 편역,『식민지시대사회운동론연구』, 돌베게, 1987.
백낙준,『한국개신교사』, 연세대출판부, 1973.
並木眞人 외 지음,『1930년대 민족해방운동』, 거름, 1984.
스칼라피노·이정식, 한홍구 역,『韓國共産主義運動史』1, 돌베게, 1986.
스칼라피노·이정식 외 6인 지음,『신간회연구』, 동녘, 1983.
신용하,『독립협회연구』, 일조각, 1976.
신재홍,『대한민국임시정부의 외교활동』, 보훈처, 1993.
아시아문제연구소,『일제의 경제침탈사』, 현음사, 1982.
안병직·이대근·中村哲·梶村秀樹,『근대조선의 경제구조』, 비봉출판
　　사, 1989.

오세창 著, 김도태 述,『南岡 李昇薰傳』, 서울시교육회, 1950.

遠山茂樹 외,『일제하 한국사회구성체론』, 청아출판사, 1986.

유형기,『은총의 팔십오년 회상기』, 한국기독교문화원, 1983. 8.

윤경로,『「105인사건」을 통해본 신민회연구』, 고려대 사학과 박사학위
　　　논문, 1988.

윤병석·신용하·안병직,『한국근대사론』Ⅰ·Ⅱ·Ⅲ, 지식산업사, 1977.

이광린,『한국개화사상연구』, 일조각, 1979.

이균영,『신간회연구』, 역사비평사, 1993.

이기하,『해방전 정당·사회단체연구 참고자료-초기공산주의운동을 중
　　　심으로』, 국토통일원, 1980.

이만열,『한국기독교문화운동사』, 대한기독교출판사, 1987.

이만열,『한국기독교와 민족의식』, 지식산업사, 1991.

이만열 외 7인,『한국기독교와 민족운동』, 보성, 1986.

이반송·김정명 편저, 한대희 편역,『식민지시대사회운동』, 한울림, 1986.

이병천,『개항기 외국상인의 침입과 한국상인의 대응』, 서울대 경제학
　　　과 박사학위논문, 1985.

이한구,『일제하한국기업설립운동사』, 청사, 1989.

이헌창,『개항기 시장구조와 그변화에 관한 연구』, 서울대 경제학과 박
　　　사학위논문, 1990.

임영태 편,『식민지시대 한국사회와 운동』, 사계절, 1985.

전석린,『사회주의 공산주의』, 선명문화사, 1972.

조기준,『한국경제사』, 일신사, 1962.

조기준,『한국자본주의성립사론』, 대왕사, 1973.

조동걸,『한국민족주의의 발전과 독립운동사연구』, 지식산업사, 1993.

주종환,『한국자본주의론』, 한울, 1990.

채필근,『한국기독교개척자-한석진목사와 그 시대』, 대한기독교서회, 1971.

최단옥,『신교의 한국전래와 서북지방의 민부성장』, 성균관대 경제학과
　　　박사학위논문, 1984.

평남민보사,『古堂 曺晩植』, 1966.

한국기독교사연구소 북한교회사집필위원회, 『북한교회사』, 한국기독교
　　　역사연구소, 1996.
한국기독교사연구회, 『한국기독교의 역사』 Ⅰ·Ⅱ, 기독교문사, 1989·1990.
한국역사연구회 근현대청년운동사 연구반, 『한국근현대청년운동사』, 풀
　　　빛, 1995.
한규무, 『일제하 한국 개신교회의 농촌운동 연구(1925~1937)』, 서강대
　　　사학과 박사학위논문, 1995.
한영제 편, 『한국기독교문서운동100년』, 기독교문사, 1987.
한영제 편, 『한국기독교정기간행물100년』, 기독교문사, 1987.
황명수, 『기업가사연구』, 단대출판부, 1976.
대한예수교장로회평양노회, 『평양노회사』, 1990.
釜山日報社, 田中市之조, 『全鮮商工會議所發達史』, 1937.
平壤民團役所 編纂, 韓國地理風俗誌叢書70, 『平壤發展史』, 民友社, 1914,
　　　(경인문화사 영인).
平壤商業會議所, 『平壤全誌』 上·下, 1929. 韓國地理風俗誌叢書71·72.
황해노회100회사편찬위원회, 『황해노회100회사』, 1971.
『정기간행물기사색인』-해방전간행분(1910~1945)-국회도서관, 1982.

3. 외국서 및 번역서

A. F. MacGovern 지음, 강문구 역, 『마르크시즘과 기독교』, 한울, 1988.
F. H. Harrington, 이광린 역, 『개화기의 한미관계』, 일조각, 1973.
Norman Mackenzie, 양호민 역, 『사회주의』, 탐구당, 1965.
T. I. Oizerman 지음, 윤지현 옮김, 『맑스주의철학성립사』, 아침, 1988
W. Eichler, 이태영 역, 『독일사회주의 100년』, 중앙교육문화, 1989.
W. Z. Foster, 『세계사회주의운동사』 1·2, 동녘, 1987.
Walter Rauschenbusch 著, 高永煥 譯, 『耶穌의社會訓』, 조선야소교서회,
　　　1930.

김계일 편역, 『중국민족해방운동과 통일전선의 역사』 I, 사계절, 1987.
라인홀트 니버 엮음, 김승국 옮김, 『맑스 · 엥겔스의 종교론』, 아침, 1988.
마트뮐러 · 부에스 著, 손규태 譯, 『예언자적 사회주의』, 한국신학연구
　　　소, 1987.
梅道捺 著, 崔相鉉 · 金觀植 共譯, 『기독교사회사상』, 조선야소교서회,
　　　1926.
石井寬治 저, 이병천 · 김윤자 역, 『일본경제사』, 동녘, 1984.
永原慶二 著, 박현채 역, 『일본경제사』, 지식산업사, 1983.
워커 原著, 柳瀅基 譯, 『기독과 실제문제』, 조선감리교련합 도서출판위
　　　원회, 1930.
李時岳 외 지음, 이은자 옮김, 『근대 중국의 반기독교운동』, 고려원, 1992.
쟝세노 외 3인 지음, 신영준 옮김, 『중국현대사』, 까치, 1982.
제임스 벤틀리 저, 김쾌상 역, 『기독교와 마르크시즘』, 일월서각, 1987.
賀川豊彦, 『聖書社會學の硏究』, 日曜世界社, 1925.
賀川豊彦, 趙信一 譯, 『신생의 종교』, 조선기독교서회, 1941(재판발행).
賀川豊彦, 조신일 譯, 『사선을 넘어서』, 대한기독교서회, 1975.
賀川豊彦, 한인환 譯, 『생애와 중생』, 한종출판사, 1975.
호세미란다 저, 김쾌상 역, 『마르크스와 성서』, 일월서각, 1987.
後藤靖 著, 이계황 譯, 『일본자본주의발달사』, 청아, 1985.

4. 논 문

강명숙, 「1920년대 한국 개신교의 사회주의에 관한 인식」, 『한국근현대
　　　사연구』 5, 한국근현대사연구회, 1996.
강명숙, 「1920년대 말 1930년대 초 민족주의자들의 사회주의에 관한 인
　　　식」, 『숙명한국사론』 2, 1996.
강명숙, 「1920년대 초반 기독교에 대한 사회의 비판」, 『한국기독교와
　　　역사』 5, 한국기독교사연구소, 1996.

강영심, 「1920년대 조선물산장려운동의 전개와 성격」, 『국사관논총』 47, 1993.

고정휴, 「태평양문제연구회 조선지회와 조선사정연구회」, 『역사와 현실』 6, 1991.

권희영, 「코민테른의 민족·식민지논쟁과 한국의 민족해방운동」, 『역사비평』 1988년 겨울.

김경택, 「일제하 국내사회주의들의 민족협동전선론」, 『통일전선과 민주혁명』 II, 사계절, 1988.

김광운, 「원산총파업을 통해본 노동자조직의 건설문제」, 『역사와 현실』, 1989.

김명구, 「1920년대 전반기 사회운동이념에 있어서의 농민운동론」, 『한국근대농촌사회와 농민운동』, 열음사, 1988.

김상태, 「1920~1930년대 동우회와 흥업구락부연구」, 『한국사론』 28, 1992.

김영근, 「세계대공황기 노동력의 성격과 파업투쟁」, 『역사와현실』 11, 1994.

김원모, 「미국에 대한 거중조정」, 『사학지』, 1974.

김 준, 「일제하 노동운동의 방향전환에 관한 연구」, 『일제하 사회운동』, 문학과지성사, 1987.

도진순, 「북한학계 민족부르조아와 민족개량주의 논쟁」, 『역사비평』, 1988년 가을호.

문인현, 「3·1운동과 개신교지도자연구」, 『사총』 20, 1976.

민경배, 「3·1운동과 외국선교사들의 관여문제」, 『동방학지』 59, 1988.

박성수, 「1920년대초 독립운동의 제문제-독립준비론문제」, 『한국사학』 14, 한국정신문화연구원, 1994.

박순경, 「기독교와 공산주의의 이론과 현실」, 『기독교사상』, 1983. 3.

박찬승, 「1920년대 중반~1930년대 초 민족주의 좌파의 신간회운동론」, 『한국사연구』 80, 1993.

박찬승, 「일제하의 자치운동과 그 성격」, 『역사와 현실』 2, 역사비평사, 1989.

박찬승, 「항일운동기 부르주아민족주의 세력의 신국가 건설구상」, 『대동문화연구』 27, 성균관대, 1992.

박충석, 「일본에서의 마르크스주의의 수용」, 『동아연구』 7, 서강대, 1986.

백낙준, 「3·1운동까지의 외국인의 대한 여론」, 『3·1운동 50주년기념논집』, 동아일보사, 1969.

서중석, 「한말·일제침략하의 자본주의 근대화론의 성격 - 도산 안창호 사상을 중심으로」, 『손보기박사정년기념한국사학논총』, 1985.

손보기, 「3·1운동에 대한 미국의 반향」, 『3·1운동 50주년 기념논집』, 동아일보사, 1969.

水野直樹, 「코민테른의 민족통일전선론과 신간회운동」, 『역사비평』 1988년 봄호.

안태정, 「1920년대 이광수의 '민족운동론'의 성격」, 고대석사학위논문, 1986.

오미일, 「1910~1920년대 공업발전단계와 조선인자본가층의 존재양상 - 평양지역을 중심으로」, 『한국사연구』 87, 1994.

오미일, 「1910~1920년대 평양지역 민족운동과 조선인자본가층」, 『역사비평』 1995년 봄호.

유승렬, 「한말·일제강점초기의 시장정책과 시장변동」, 『한국사연구』 88, 1995.

유예경, 「1920년대 조선에서의 개신교선교사배척운동에 관한 연구」, 고대 교육대학원, 역사전공 석사학위논문, 1992.

유재천, 「일제하 한국신문의 공산주의 수용에 관한 연구」 1, 2, 『동아연구』 7·9, 1986.

유재천, 「일제하 한국잡지의 공산주의 수용에 관한 연구」, 『동아연구』 15, 서강대, 1988.

윤경호, 「일제하 국내 공산주의자들의 민족문제인식과 민족협동전선론」, 연대 정외과 석사논문, 1987.

윤해동, 「일제하 물산장려운동의 배경과 그 이념」, 『한국사론』 27, 서울대, 1992.

이균영, 「신간회 창립에 대하여」, 『한국사연구』 37, 1982.

320

이균영, 「신간회 결성에 따른 양당론과 청산론 검토」, 『한국학논집』 7, 한양대, 1985.

이균영, 「신간회 지회의 해소운동과 조선공산당의 재건운동조직」, 『국사관논총』 40, 1992.

이균영, 「지회설립에 따른 신간회의 「조직형태」 검토」, 『한국학논집』 11, 1987.

이균영, 「코민테른 제6회대회와 식민지 조선의 민족문제」, 『역사와 현실』 7, 1992.

이만열, 「민족운동과 민족자결주의」, 『한민족독립운동사』 11, 국사편찬위원회, 1992.

이순영, 「물산장려운동에 대한 연구」, 이화여대 정치외교학과 석사학위논문, 1985.

이승렬, 「일제하 조선인 고무공업자본」, 『역사와 현실』 3, 1990.

이애숙, 「세계대공황기 사회주의 진영의 전술전환과 신간회해소문제」, 『역사와 현실』 11, 1994.

이종민, 「당재건운동의 개시」, 『일제하 사회주의 운동사』, 한길사, 1991.

이준식, 「세계대공황기 민족해방운동연구의 의의와 과제」, 『역사와 현실』 11, 1994.

이준식, 「일제침략기 기독교지식인의 대외인식과 반기독교운동」, 『역사와 현실』 10, 1993.

이현주, 「신간회에 참여한 사회주의자들의 운동론-ML당계를 중심으로」, 『한국민족운동사연구』 4, 1989.

이현희, 「대한민국 임시정부의 외교정책연구」, 『한국사학』 7, 한국정신문화연구원, 1986.

이현희, 「태평양회의에의 한국외교후원문제」, 『한국사학논총』, 성신여사대, 1976.

이호재, 「노일전쟁을 전후한 한국인의 대외인식의 변화-대한매일신보를 중심으로」, 『사회과학논집』 6, 고려대, 1977.

이호재, 「1920년대 한국인의 대외인식의 변화-동아일보를 중심으로」,

『사회과학논집』 10, 고려대, 1982.

이호재, 「춘원 이광수의 대외인식과 주장 분석」, 『사회과학논집』 14, 고려대, 1988

이홍락, 「일제하 '식민지 공업화'에 대한 재고」, 『동향과 전망』, 1995년 겨울호.

임경석, 「세계대공황기 사회주의 민족주의 세력의 정세인식」, 『역사와 현실』 11, 1994.

임경석, 「일제하 공산주의자들의 국가건설론」, 『대동문화연구』 27, 성균관대, 1992.

장상수, 「일제하 1920년대 민족문제논쟁」, 『한국근대국가형성과 민족문제』, 문학과지성사, 1986.

장석흥, 「대한독립애국단연구」, 『한국독립운동사연구』 1, 독립기념관한국독립운동사연구소, 1987.

장석흥, 「대한민국청년외교단연구」, 『한국독립운동사연구』 2, 1988.

장시원, 「식민지반봉건사회론」, 『한국자본주의론』, 까치, 1977.

장창진, 「일제하 민족문제논쟁과 반종교운동」, 서울대 종교학과 석사학위논문, 1994.

전우용, 「개항기 한인자본의 형성과 성격」, 『국사관논총』 41, 1993.

전우용, 「원산에서의 식민지 수탈체제의 구축과 노동자계급의 성장」, 『역사와 현실』, 1989.

정용욱, 「신간회 조직의 한계와 반제민족통일전선」, 『역사비평』, 1989년 겨울호.

정진상, 「일제하 한국인 토착자본의 성격」, 『한국근대농촌사회와 일본제국주의』, 문학과지성사, 1986.

조기준, 「조선물산장려운동의 전개과정과 그 역사적 성격」, 『역사학보』 41, 1969.

주익종, 「일제하 조선인 회사자본의 동향」, 『경제사학』 15, 1991.

주익종, 「식민지기 평양 메리야스자본의 생산합리화」, 『경제사학』 18, 1994.

지수걸, 「1930년대 전반기 부르조아민족주의자의 민족경제건설전략」, 『국사관논총』 51, 1994.

지수걸, 「1930년대 초반기(1930~1933년) 사회주의자들의 민족개량주의
　　　운동 비판」, 『한국인문사회과학의 현단계와 전망』, 1988, 역사비
　　　평사.

진덕규, 「1920년대 국내 민족주의운동에 관한 고찰」, 『한국민족주의론』
　　　Ⅰ, 창작과비평사, 1982.

진덕규, 「분단사회의 민족주의 형성에 관한 고찰」, 『분단시대와 한국사
　　　회』, 까치, 1985.

진덕규, 「한국민족운동에서의 코민테른의 영향에 대한 고찰」, 『한국독립
　　　운동사연구』 2, 한국독립운동사연구소, 1988.

프랑크 볼드윈, 「3·1운동과 미국선교사」, 『한국학국제학술회의 논문집』,
　　　한국정신문화연구원, 1980.

프랑크 볼드윈, 「윌슨, 민족자결주의, 3·1운동」, 『한국학국제학술회의
　　　논문집』, 한국정신문화연구원, 1980.

한상구, 「1926~1928년 민족주의 세력의 운동론과 신간회」, 『한국사연
　　　구』 86, 1994.

허수열, 「식민지경제구조의 변화와 민족자본의 동향」, 『한국사』, 한길
　　　사, 1994.

허영란, 「일제시기 '시장'정책과 재래시장상업의 변화」, 『한국사론』 31,
　　　서울대, 1994.

• 저자 •

강명숙　**•약　력•**
서울대학교 사범대학 졸업(학사)
숙명여대 대학원 졸업(박사)

•주요논저•
≪아카이브 만들기≫
≪공공부문의 기록물관리: 사례연구3≫
〈 1920년대 한국개신교의 사회주의에 관한 인식 〉
〈 1920년대 한국기독교의 노동문제에 관한 인식 〉
〈 1920년대 일본인 자본가들에 대한 한국인 자본가들의 저항〉1, 2
〈 한일합병 이전 일본인들의 평양침투 〉
〈 1920년대 초반 동아일보에 나타난 자치에 관한 인식 〉
외 다수

일제강점기 한국기독교인들의 사회경제사상

• 초판 인쇄	2008년 10월 30일
• 초판 발행	2008년 10월 30일
• 지 은 이	강명숙
• 펴 낸 이	채종준
• 펴 낸 곳	한국학술정보㈜
	경기도 파주시 교하읍 문발리 513-5
	파주출판문화정보산업단지
	전화 031) 908-3189(대표) · 팩스 031) 908-3189
	홈페이지 http://www.kstudy.com
	e-mail(출판사업부) publish@kstudy.com
• 등 　 록	제일산-115호(2000. 6. 19)
• 가 　 격	31,000원

ISBN　978-89-534-0447-2　93900 (Paper Book)
　　　　978-89-534-0448-9　98900 (e-Book)